普通高等教育汽车类专业系列教材

汽车智能辅助驾驶系统技术

主　编：高镇海　孙天骏
副主编：胡宏宇　何　磊　高　菲
参　编：王媛媛　于　桐　鲍明喜
　　　　郝鹤声　唐明弘　韩宗志
　　　　温文昊　郑程元　张汉英
　　　　刘达禹　张秀才　宋林炜
　　　　刘　俊

机械工业出版社

汽车智能化技术已经成为国内外汽车工业新的增长点和车辆工程领域研究的热点。本书系统地介绍了汽车智能辅助驾驶系统的发展需求、物理架构、功能算法、技术原理以及应用场景，全面阐述了将环境感知、规划决策与运动控制等多功能集成于一体的先进辅助驾驶系统，分析了面向不同交通场景的典型功能算法逻辑、核心技术原理模型及实践应用效果，总结了综合运用计算机、人工智能以及自动控制等多领域前沿技术实现更加安全、更加宜人的汽车智能辅助驾驶系统全过程技术实现手段。

本书适用于车辆工程领域的研究生培养过程中的教学与实践，也适用于汽车使用、智能驾驶等行业的有关人员学习参考，同时还可作为大专院校汽车相关专业师生的参考书。

图书在版编目（CIP）数据

汽车智能辅助驾驶系统技术／高镇海，孙天骏主编. -- 北京：机械工业出版社，2024. 10. --（普通高等教育汽车类专业系列教材）. -- ISBN 978-7-111-76887-6

Ⅰ. U463.61

中国国家版本馆 CIP 数据核字第 20241ME172 号

机械工业出版社（北京市百万庄大街 22 号　邮政编码 100037）
策划编辑：孙　鹏　　　　　责任编辑：孙　鹏　丁　锋
责任校对：郑　婕　李　杉　　封面设计：张　静
责任印制：张　博
北京雁林吉兆印刷有限公司印刷
2025 年 2 月第 1 版第 1 次印刷
184mm×260mm・16.5 印张・399 千字
标准书号：ISBN 978-7-111-76887-6
定价：69.90 元

电话服务　　　　　　　　　网络服务
客服电话：010-88361066　　机　工　官　网：www.cmpbook.com
　　　　　010-88379833　　机　工　官　博：weibo.com/cmp1952
　　　　　010-68326294　　金　书　网：www.golden-book.com
封底无防伪标均为盗版　　机工教育服务网：www.cmpedu.com

前　言

目前，汽车智能化技术已成为国内外汽车工业新的增长点和车辆工程领域研究的热点，许多国家都将智能汽车作为智能交通系统中的重点发展对象。

智能汽车的核心在于智能驾驶系统，其通过增加先进的传感器、控制器、执行器等装置，将环境感知、规划决策、多等级辅助驾驶等诸多功能集于一体，并综合运用计算机、现代传感、信息融合、通信、人工智能及自动控制等多领域的前沿技术，完成了对车辆态势、行车环境和交通情况等信息的提取和分析，从而实现了对车辆行驶状态、行驶路径的决策规划和自主控制。近年来，以自动驾驶汽车、车联网、软件定义汽车与共享出行为代表的新技术与新业态相互渗透、交织，全球汽车产业正面临着前所未有的颠覆性变革。

相比于如火如荼的国内外智能网联汽车技术发展，我国高等学校车辆工程专业人才培养体系动态升级相对滞后，存在知识体系偏机械与力学、教学内容重理论轻工程实践、课程内容与企业实际产品研发需求脱节等问题；同时，外国高校也没有设置车辆工程这一相对独立的学科，现有研究多是在工学或机电学中开展特色研究。因此，设置相关的智能驾驶系统关键技术课程，在国内外尚处于空白与探索阶段，没有太多可供参考与借鉴的经验。

为此，本书强化在技术变革浪潮下对传统车辆工程专业的知识设计与智能驾驶技术的全面导入，强调智能驾驶开发流程与测试应用服务，包含汽车智能辅助驾驶系统的发展需求、物理架构、功能算法、技术原理及应用场景，分析了面向不同交通场景的典型功能算法逻辑、核心技术原理模型及实践应用效果，打造了一条智能驾驶"核心技术、功能开发、测试验证"的课程体系链条。

本书由吉林大学汽车工程学院及汽车底盘集成与仿生全国重点实验室的诸多专家、学者共同参与编写。本书将成为国内高等院校车辆工程专业及智能交通、智能自动化等相关专业的基础必备专业教材，同时也可以作为行业内专业技术人士的工具手册，对于智能网联汽车专业人才的培养、新时代课程体系的升级改革具有重要的意义。

目 录

前 言

第一篇 基 础 篇

第1章 需求分析 … 3
- 1.1 需求挖掘 … 3
- 1.2 标准法规分析 … 3
- 1.3 ODD 定义 … 4
- 1.4 场景分析 … 7
- 1.5 系统需求 … 9

第2章 系统架构设计 … 11
- 2.1 功能架构 … 11
- 2.2 物理架构 … 16

第3章 环境感知 … 18
- 3.1 概述 … 18
- 3.2 传感器与通信技术 … 20
  - 3.2.1 超声波传感器 … 20
  - 3.2.2 毫米波雷达 … 22
  - 3.2.3 激光雷达 … 23
  - 3.2.4 视觉传感器 … 25
  - 3.2.5 V2X 技术 … 27
- 3.3 定位技术 … 28
  - 3.3.1 车辆定位需求 … 28
  - 3.3.2 车辆定位要素 … 29
  - 3.3.3 车辆定位技术 … 29

第4章 决策规划 … 38
- 4.1 概述 … 38
- 4.2 预测简介 … 38
- 4.3 预测算法 … 39
  - 4.3.1 基于物理学的方法 … 39
  - 4.3.2 基于经典机器学习的方法 … 40
  - 4.3.3 基于深度学习的方法 … 41
- 4.4 全局路径规划简介 … 44
  - 4.4.1 基于图搜索的方法 … 44
  - 4.4.2 基于空间采样的方法 … 46
  - 4.4.3 基于人工智能的方法 … 46

4.5	局部路径算法简介	47
4.6	局部路径规划算法介绍	47
	4.6.1 基于采样的规划算法	47
	4.6.2 基于优化的规划算法	48
	4.6.3 时空联合规划算法	49
4.7	基于有限状态机的行为决策模型	49
	4.7.1 有限状态机模型的原理	49
	4.7.2 有限状态机模型在车辆决策中的应用	50
4.8	基于深度强化学习的行为决策模型	51
	4.8.1 深度强化学习模型的原理	51
	4.8.2 深度强化学习算法	51
	4.8.3 基于深度强化学习模型的应用	52

第 5 章　运动控制　53

5.1	概述	53
5.2	无模型运动控制	53
	5.2.1 基于 PID 的运动控制	54
	5.2.2 基于模糊逻辑控制的运动控制	55
5.3	基于模型的运动控制	55
	5.3.1 基于滑模控制的运动控制	56
	5.3.2 基于鲁棒控制的运动控制	56
	5.3.3 基于 LQR 方法的运动控制	57
	5.3.4 基于 MPC 的运动控制	58
	5.3.5 基于多模型自适应理论的车辆控制	60
5.4	基于学习的运动控制	61
	5.4.1 基于神经网络的运动控制	62
	5.4.2 基于强化学习的运动控制	62

第 6 章　安全技术　64

6.1	主动安全	64
	6.1.1 纵向主动安全	64
	6.1.2 横向主动安全	65
6.2	被动安全	66
	6.2.1 人体数字模型	66
	6.2.2 乘员约束系统	69
6.3	功能安全	72
	6.3.1 功能安全概念与安全形势	72
	6.3.2 功能安全法规与标准	73
	6.3.3 设计流程与关键技术	74
6.4	预期功能安全	80
	6.4.1 预期功能安全概念与形势	80
	6.4.2 预期功能安全法规与标准	82
	6.4.3 预期功能设计流程与关键技术	82
6.5	信息安全	85
	6.5.1 车联网生态系统	86

6.5.2 典型车联网安全事件 ... 87
6.5.3 车联网信息安全风险 ... 88
6.5.4 车联网信息安全解决方案 ... 90

第二篇 功 能 篇

第7章 车道偏离预警系统 ... 97
7.1 车道偏离预警系统简介与系统定义 ... 97
7.2 车道偏离预警系统的工作原理 ... 97
7.3 道路识别 ... 99
7.3.1 道路识别的分类 ... 99
7.3.2 图像特征的分类 ... 100
7.3.3 道路识别方法 ... 103
7.4 车道偏离预警系统的系统功能 ... 105
7.4.1 基本要求 ... 105
7.4.2 操作要求 ... 106
7.4.3 人机交互 ... 106
7.5 未来发展趋势 ... 107

第8章 前向碰撞预警系统 ... 108
8.1 前向碰撞预警系统简介与系统定义 ... 108
8.2 前向碰撞预警系统的工作原理 ... 108
8.3 前向碰撞预警系统的工作模式 ... 109
8.4 前向碰撞预警系统的警告功能 ... 110
8.4.1 警告目标对象功能 ... 110
8.4.2 预备碰撞警告及碰撞警告 ... 111
8.4.3 警告形式 ... 111
8.4.4 不警告条件 ... 112
8.5 障碍车检测区域 ... 112
8.6 警告距离 ... 114
8.6.1 前车匀速行驶 ... 114
8.6.2 前车静止 ... 114
8.6.3 前车减速 ... 115
8.7 未来发展趋势 ... 116

第9章 盲区监测技术 ... 117
9.1 盲区监测技术概述 ... 117
9.2 盲区监测技术的原理 ... 120
9.3 盲区监测技术的评价方法 ... 122
9.4 盲区监测技术的法规和标准 ... 123

第10章 车道保持技术 ... 126
10.1 车道保持技术概述 ... 126
10.2 车道保持技术原理 ... 128
10.3 车道保持技术的实际应用 ... 132
10.4 车道保持技术的发展趋势 ... 133

第 11 章　自主换道技术 ··· 135
11.1　自主换道技术简介 ··· 135
11.2　自主换道技术方法设计 ·· 135
11.2.1　自主换道决策方法设计 ·· 135
11.2.2　自主换道轨迹规划方法设计 ·································· 137
11.2.3　自主换道轨迹跟踪控制方法设计 ···························· 137
11.3　自主换道技术实例分析 ·· 138
11.3.1　自主换道决策实例分析 ·· 138
11.3.2　自主换道轨迹规划实例分析 ·································· 142

第 12 章　自适应巡航控制技术 ·· 144
12.1　ACC 简介与系统定义 ··· 144
12.2　ACC 工作原理 ··· 144
12.3　ACC 系统功能 ··· 145
12.3.1　环境感知系统 ··· 145
12.3.2　驾驶人行为特性分析 ··· 146
12.3.3　车辆动力学建模 ··· 148
12.3.4　ACC 系统控制算法 ·· 150
12.4　现有主要问题 ··· 152
12.5　仿真案例分析 ··· 152
12.5　应用案例分析 ··· 154

第 13 章　自动紧急制动技术 ·· 155
13.1　AEB 简介与系统定义 ··· 155
13.2　AEB 的工作原理 ·· 157
13.3　AEB 系统功能 ··· 157
13.4　AEB 的仿真实例 ·· 161
13.5　AEB 系统的局限性 ··· 162

第 14 章　自动泊车 ·· 163
14.1　自动泊车简介 ··· 163
14.2　技术框架 ·· 164
14.3　具体开发应用 ··· 170
14.4　自动泊车应用现状 ·· 171
14.5　自动泊车发展趋势 ·· 172

第 15 章　交叉口通行协同控制技术 ··· 173
15.1　交叉口通行协同控制技术简介 ······································· 173
15.2　交叉口通行协同控制方法设计 ······································· 174
15.2.1　交叉口通行协同控制方法分类 ······························ 174
15.2.2　基于规则的交叉口通行协同控制方法 ····················· 175
15.2.3　基于优化的交叉口通行协同控制方法 ····················· 176
15.3　交叉口通行协同控制技术实例分析 ································ 179
15.3.1　安全性指标设计 ··· 180
15.3.2　舒适性指标设计 ··· 180
15.3.3　通行效率指标设计 ·· 181

15.3.4 驾驶风格个性化的优化目标函数 ·· 181

第三篇　测试验证篇

第16章　测试体系 ·· 185
16.1　辅助驾驶系统测试的必要性 ·· 185
16.2　辅助驾驶系统测试内容 ·· 186
16.2.1　测试内容 ·· 186
16.2.2　感知环节测试 ·· 188
16.2.3　决策规划环节测试 ·· 190
16.2.4　综合功能测试 ·· 191
16.2.5　整车测试 ·· 192
16.3　测试方法 ·· 192
16.3.1　基于用例的测试方法 ·· 193
16.3.2　基于场景的测试方法 ·· 193
16.3.3　公共道路测试方法 ·· 194
16.4　辅助驾驶系统测试体系 ·· 194
16.4.1　实验室阶段测试 ·· 195
16.4.2　车辆在环测试 ·· 197
16.4.3　道路在环测试 ·· 199
16.4.4　对比及分析 ·· 200
16.5　实车测试-道路测试场地及政策 ·· 201
16.5.1　封闭测试场现状 ·· 201
16.5.2　开放道路测试现状 ·· 204

第17章　仿真测试 ·· 206
17.1　引言 ·· 206
17.2　仿真测试技术的概述、定义和流程 ·· 206
17.2.1　仿真测试技术概述 ·· 206
17.2.2　仿真测试技术的定义 ·· 206
17.2.3　仿真测试技术的流程 ·· 207
17.3　自动驾驶车辆安全性验证确认法规与标准 ·· 208
17.3.1　自动驾驶车辆安全性验证确认相关的国际和国内法规 ·· 209
17.3.2　自动驾驶车辆安全性验证确认相关的国际和国内标准 ·· 209
17.4　仿真测试的核心要素 ·· 209
17.4.1　仿真测试的要素种类 ·· 209
17.4.2　仿真测试的相关数据 ·· 210
17.4.3　仿真测试的处理方法 ·· 212
17.5　自动驾驶汽车仿真测试方法 ·· 212
17.5.1　平台系统架构概览 ·· 212
17.5.2　仿真测试的关键技术 ·· 213
17.5.3　自动驾驶仿真场景验证和认证方法的先进技术 ·· 213
17.6　自动驾驶汽车仿真测试方法 ·· 219
17.6.1　车辆动力学与驾驶模型仿真技术 ·· 219

17.6.2 环境感知传感器仿真模型搭建技术 · 219
17.7 自动驾驶汽车仿真测试技术的研究展望 · 219
17.8 GCKontrol 与 GCAir 仿真软件概述 · 220
   17.8.1 GCKontrol 系统设计与仿真软件概述 · 221
   17.8.2 GCAir 系统仿真测试验证一体化平台概述 · 221
17.9 GCKontrol 与 GCAir 仿真软件功能 · 222
   17.9.1 软件功能布局 · 222
   17.9.2 GCKontrol 软件功能 · 223
   17.9.3 GCAir 软件功能 · 225
17.10 GCKontrol 与 GCAir 仿真软件优势 · 226
   17.10.1 GCKontrol 软件优势 · 226
   17.10.2 GCAir 软件优势 · 227
17.11 GCKontrol 与 GCAir 仿真软件应用实例 · 227
   17.11.1 实例概述 · 227
   17.11.2 GCAir 与 Simulink 联合仿真 · 228
   17.11.3 联合仿真应用 · 229

第 18 章 实车测试 · 230

18.1 客观评价 · 232
   18.1.1 客观评价的定义 · 232
   18.1.2 客观评价的分类 · 232
18.2 主观评价 · 233
   18.2.1 主观评价的定义 · 233
   18.2.2 主观评价的指标 · 233
18.3 开放道路测试 · 236
   18.3.1 开放道路测试概念 · 236
   18.3.2 实车测试的一般步骤 · 236
   18.3.3 常见的场地测试类型 · 237
   18.3.4 测试项目设置 · 240
18.4 场地测试 · 242
   18.4.1 场地测试的定义 · 242
   18.4.2 综合驾驶能力测试场景 · 244
   18.4.3 测试场景构建技术 · 248

参考文献 · 250

第一篇

基 础 篇

第1章 需求分析

我国目前正处于从部分驾驶辅助 L1 级升级到有条件自动驾驶 L2 级 + 的阶段，同时高级驾驶辅助系统（ADAS）作为过渡产品也在普及。L2 级辅助驾驶技术已经逐渐成熟，其渗透率也在逐步提高。自动驾驶技术正朝着 L3 级快速发展。为了满足目标用户的需求，新能源汽车还添加了更多具有科技属性的增值功能。随着配备辅助驾驶系统的新车陆续上市，L3 级的渗透率将持续增加。

1.1 需求挖掘

近年来，配备 ADAS 功能的汽车数量不断增加，这种智能化的趋势正在深刻地改变着汽车生产和人们的生活方式。ADAS 为汽车提供了更安全、更舒适的驾驶体验，有助于减少交通事故的发生并提高交通效率。

国信证券研究所的最新分析表明，目前全球 ADAS 的渗透率已超过 20%，而我国 ADAS 的渗透率也在快速增长，预计已达 10%～15%。预计到 2030 年，全球 ADAS 市场规模将达到 1000 亿美元。

根据中国汽车工业协会的预测，到 2025 年，汽车辅助驾驶、部分自动驾驶和有条件自动驾驶的新车装配率将超过 70%，网联式辅助驾驶系统的装配率将达到 30%，以适应智慧城市的发展需求。预计到 2030 年，ADAS 的总渗透率将达到 90%。

中国汽车工业协会的测算显示，到 2025 年，ADAS 主要功能市场规模将达到 1600 亿元，同比增长 25%。随着 5G、人工智能等技术的不断发展，预计到 2030 年，ADAS 市场规模将达到 3500 亿元。其中，L2 及以下级别功能中的自动泊车入位和自适应巡航将继续保持高速增长，分别贡献 600 亿元和 500 亿元的市场规模。此外，L3 及以上级别的自动驾驶功能也将成为市场的新增亮点。

1.2 标准法规分析

随着科技的不断发展，ADAS 在汽车行业中得到了广泛的应用。辅助驾驶系统通过使用传感器、计算机等技术手段，为驾驶人提供支持、警示和控制功能，以提高车辆的安全性能和驾驶的舒适度。然而，由于辅助驾驶系统涉及车辆控制和驾驶安全等重要方面，各个国家和地区都制定了相应的法规和标准来规范其使用和运营。

1. 国际法规

国际上，联合国欧洲经济委员会（UNECE）是辅助驾驶系统法规制定的重要机构。UNECE 制定了一系列相关的规则和标准，其中包括对自动驾驶车辆的定义和分类、车辆安全性能要求、驾驶人监控要求等。例如，《道路交通安全公约》（*Convention on Road Traffic*）

规定了道路交通规则和行驶要求,为自动驾驶技术的使用提供了指导。《机动车辆技术规则》(Regulation No. 79)则规定了自动驾驶车辆的安全性能要求,包括对制动系统、转向系统和防抱死制动系统等的要求。这些国际法规为各国制定和实施辅助驾驶系统的法规提供了参考和指导。

2. 美国法规

美国是辅助驾驶系统发展最为活跃的国家之一,美国运输部(Department of Transportation,DOT)制定了一系列的法规和标准来规范辅助驾驶系统的研发、测试和运营。其中最重要的是《规范自动驾驶系统的国家标准》(Federal Motor Vehicle Safety Standards,FMVSS),该标准规定了自动驾驶系统的安全要求,如对转向和制动等功能的性能要求。此外,美国运输部还制定了《自动驾驶车辆测试导则》(Automated Vehicle Testing Guidance),提供了针对自动驾驶车辆测试的指导和建议。除了联邦法规,一些州也制定了自己的法规来规范辅助驾驶系统的测试和运营。例如,加利福尼亚州(简称加州)是全球辅助驾驶系统测试最活跃的地区之一,加州州立法规定了自动驾驶车辆的测试和运营要求。

3. 欧洲法规

欧洲联盟对辅助驾驶系统的发展和应用也制定了一系列的法规和标准。例如,《欧洲联盟对发展自动驾驶汽车所采取的战略》(European Union Strategy on Automated and Connected Mobility)提出了欧洲在自动驾驶技术发展方面的目标和计划。此外,欧洲还制定了《自动驾驶车辆安全性规范》(Automated Driving Vehicles Safety Specification),提供了对自动驾驶系统的安全性要求和测试方法。欧洲还推出了一系列的研究和试点项目,以推动自动驾驶技术的发展和应用。

4. 亚洲法规

亚洲地区也在积极推动辅助驾驶系统和自动驾驶系统的发展,并制定了相应的法规和标准。例如,我国上海市发布了《关于推进自动驾驶车辆道路测试的实施细则》,明确了自动驾驶车辆测试的程序和要求。此外,我国交通运输部也制定了《无人驾驶和辅助驾驶技术路试管理办法》,规定了无人驾驶和辅助驾驶技术的路试管理要求。韩国、日本和新加坡等国家和地区也积极推动辅助驾驶系统的发展,并制定了相应的法规和标准。

5. 数据隐私和安全法规

随着辅助驾驶系统的发展,相关的数据隐私和安全问题也日益受到关注。各国和地区制定了相应的法规来保护消费者的数据隐私和确保系统的安全。例如,欧盟于2018年颁布了《通用数据保护条例》(General Data Protection Regulation,GDPR),该条例规定了对个人数据的收集、处理和保护的要求。此外,一些国家还制定了专门的网络安全法规,要求车辆制造商和运营商加强车辆网络安全的防护措施。

1.3 ODD 定义

运行设计域(Operational Design Domain,ODD)是自动驾驶汽车能够正常安全行驶的外部条件,如道路类型、行驶区域、速度、环境(天气、白天/夜间等)等。ODD定义了自动驾驶系统的自动驾驶能力,制造商应定义每个自动驾驶系统的运行设计域。这些条件包括但不限于道路类型、行驶区域、速度、环境、时间的限制及道路特性等。在工信部发布的GB/T 40429—2021《汽车驾驶自动化分级》推荐性国家标准中，ODD被定义为设计时确定的驾驶自动化功能的本车状态和外部环境。可以说，ODD定义了自动驾驶系统的能力，并且通过限制行驶环境和行驶方式，提前预防可能发生的事故。

以美国高速公路安全管理局（NHTSA）在《自动驾驶系统的可测试案例和场景框架》（*A Framework for Automated Driving System Testable Cases and Scenarios*）中采用的六大要素构建ODD为例，包括基础设施（Physical Infrastructure）、驾驶操作限制（Operational Constraints）、周边物体（Objects）、互联（Connectivity）、环境条件（Environmental Conditions）和区域（Zones），如图1-1所示。这些要素综合考虑了自动驾驶系统的运行条件，包括道路和交通设施的状况、驾驶操作的限制、周围物体的存在、系统的互联性、环境的变化及特定区域的特性等。明确这些要素，可以帮助确保自动驾驶系统在特定的ODD下能够安全、有效地运行。

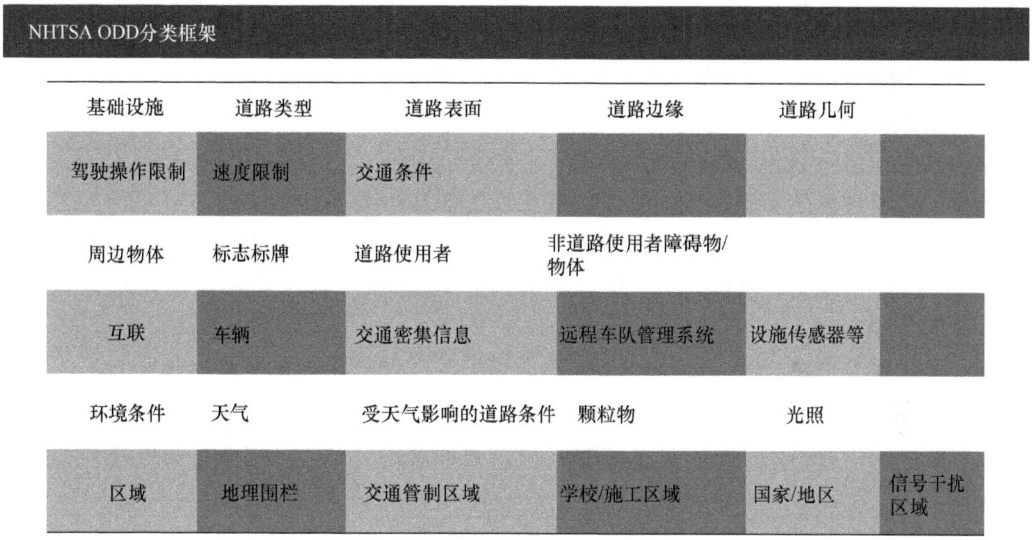

NHTSA ODD分类框架

基础设施	道路类型	道路表面	道路边缘	道路几何	
驾驶操作限制	速度限制	交通条件			
周边物体	标志标牌	道路使用者	非道路使用者障碍物/物体		
互联	车辆	交通密集信息	远程车队管理系统	设施传感器等	
环境条件	天气	受天气影响的道路条件	颗粒物	光照	
区域	地理围栏	交通管制区域	学校/施工区域	国家/地区	信号干扰区域

图1-1 自动驾驶运行条件

1. 基础设施

道路类型：分隔公路、不分隔公路、主干道、城市、农村、停车场、多车道、单车道、高载客量车辆（HOV）车道、入口/出口匝道、紧急疏散路线、单向道、转弯专用车道、私家路、双向车道、交叉口（信号灯、掉头、四向/双向停车、环岛、合并车道、转弯专用车道、人行横道、收费广场、铁路穿越）。

道路表面：沥青、混凝土、混合料、格栅、砖、泥土、砾石、刮过的道路、部分堵塞、减速带、坑洼、草地。

道路边缘：标记线、临时标记线、路肩（铺砌或砾石）、路肩（草）、混凝土护栏、格栅、栏杆、路缘、锥体。

道路几何：直线、弯道、山丘、侧峰、拐角（常规、死角）、障碍物、车道宽度。

2. 驾驶操作限制

速度限制：最低和最高限速（绝对、相对于限速、相对于周围交通）。

交通条件：最小交通量、正常交通量、交通条件变化（事故、应急车辆、施工、封闭道路、特殊事件）。

3. 周边物体

标志标牌：标志（如停车、让行、行人、铁路、学校区域等）、交通信号（闪光、学校区域、消防部门区域等）、人行横道、铁路交叉口、停止的公共汽车、施工标志、急救信号、遇险信号、道路用户信号、手势信号。

道路使用者：车辆类型（乘用车、轻型货车、大型货车、公共汽车、摩托车、宽载车辆、应急车辆、施工设备、马车/四轮马车）、停车车辆、移动车辆（手动、自动）、行人、自行车手。

非道路使用者障碍物/物体：动物（如狗、鹿等）、购物车、碎片（如轮胎碎片、垃圾、梯子）、施工设备、行人、自行车手。

4. 互联

车辆：车辆间的通信（V2V）[如蜂窝车联网（C-V2X）/专用短程通信技术（DSRC）、Wi-Fi]、应急车辆。

交通密集信息：众包数据（如Waze）和车辆与道路基础设施之间的通信（V2I）。

远程车队管理系统：车辆由可执行远程操作的操作中心支持。

设施传感器等：工作区警报、易受伤害的道路使用者、路线和事件管理、全球定位系统（GPS）、三维高清地图、坑洞位置、天气数据、云端数据等。

5. 环境条件

环境条件主要考虑天气、受天气影响的道路条件、颗粒物和光照四项属性。

（1）天气

天气情况对传感器的影响较大。根据统计，在高速公路上，小雨或小雪可使平均车速降低3%~13%；大雨可以使平均车速降低3%~16%；大雪可以使平均车速下降5%~40%。

设计运行域主要考虑风、雨、雪、雨夹雪、温度等天气情况。

（2）受天气影响的道路条件

雨雪天气下产生的道路积水、淹没、结冰、积雪等情况减小了轮胎的道路附着力，进而影响智能驾驶系统的运动控制能力。

（3）颗粒物

大气中的雾、霾、烟雾、灰尘等都会影响可见度，降低传感器的感知能力。

（4）光照

光照太强或光照太弱都会影响摄像头的感知能力，实际中所处时段（白天、黎明、黄昏、夜晚）、道路周边设施照明（路灯、建筑灯光）和车灯都会影响光照条件。

6. 区域

智能驾驶功能可能受到所处区域的空间限制，这些区域的边界可以是固定的，也可能是动态的。

（1）地理围栏

所谓地理围栏指的是用一个虚拟的栅栏围出一个虚拟地理边界，典型应用包括中央商务区（CBD）、园区等。

（2）交通管制区域

交通管制区域可能包括临时车道封闭、动态交通标志、可变限速标志、临时车道标记、人工交通引导等。

（3）学校/施工区域

在学校或施工区域，动态限速、行人和车辆行为均不稳定。

（4）国家/地区

不同国家或地区存在交通法规、交通标记等差异。

（5）信号干扰区域

隧道、停车场、茂密的树叶、高层建筑、大气条件等都会影响全球导航卫星系统（GNSS）信号。

1.4 场景分析

1. 自适应巡航控制（ACC）技术

自适应巡航控制（Adaptive Cruise Control，ACC）技术是一种汽车辅助驾驶技术，通过使用雷达、激光或摄像头等传感器，实时感知和监测前方车辆的距离和速度，并根据预设的车距和速度范围，自动调整车辆的巡航速度和距离。自适应巡航控制技术的工作原理是在车辆前方建立一个安全区域，并维持与前车的安全距离。传感器会不断地检测前方车辆的距离和速度，然后根据预设的车距，自动调整巡航速度和距离。如果前方车辆速度减慢或停车，ACC 会自动减速或停车，并在前车重新起动后恢复巡航速度。

2. 自动紧急制动（AEB）

自动紧急制动（Automatic Emergency Braking）是一项汽车安全技术，旨在帮助驾驶人避免碰撞或减轻碰撞的后果。它通过使用传感器和控制系统，实时监测车辆前方的障碍物，并在发现潜在碰撞风险时，自动触发制动系统，减速或停止车辆。AEB 系统的传感器通常包括前置毫米波雷达、激光、声呐、红外线、摄像头等。这些传感器会扫描车辆前方的区域，检测障碍物的距离和速度。控制系统根据传感器提供的数据，与预设的碰撞风险模型进行比较，判断是否需要触发紧急制动。当 AEB 系统判断出潜在碰撞风险时，它会向驾驶人发出警告，提醒驾驶人采取行动。如果驾驶人未能及时回应或采取适当的行动，AEB 系统将自动触发制动系统，进行紧急制动，这有助于减缓车辆的速度或使其完全停下来，以避免或减轻碰撞的后果。

3. 自适应灯光控制（ALC）技术

自适应灯光控制（Adaptive Lighting Control，ALC）技术是一种用于汽车照明系统的技术，旨在提高夜间驾驶的安全性和舒适性。它通过使用传感器和控制系统，根据驾驶环境和条件，自动调节车辆的前照灯，以提供最佳的照明效果。该技术中使用的传感器通常包括前置摄像头、雷达或激光器等。这些传感器会感知车辆周围的环境和条件，如路况、车速、周围车辆和行人等。控制系统根据传感器提供的数据，实时调节车辆的前照灯，以适应不同的驾驶情况。自适应灯光控制的主要功能包括以下三个方面：

1）自动切换远光灯和近光灯：根据传感器检测到的车辆或行人，系统可以自动切换远光灯和近光灯。当没有其他车辆或行人在附近时,系统会自动启用远光灯,以提供更好的照明效果。当有其他车辆或行人接近时,系统会自动切换回近光灯,以避免对其他道路使用者造成眩目。

2)转向辅助灯光:当驾驶人打开转向灯时,自适应灯光控制系统可以自动调节对应一侧的前照灯,以照亮转弯方向,提高转弯的可见性。

3)动态转向灯:一些自适应灯光控制系统还具有动态转向灯的功能。这种灯光系统可以根据车辆的行驶轨迹和转向角度,自动调节前照灯的照射范围和方向,使灯光更加准确地照亮车辆行驶的方向。

4. 盲区检测(BSM)

盲区检测是指通过使用传感器和系统来检测驾驶人视线范围内无法直接看到的区域,即车辆盲区,以提醒驾驶人注意潜在的危险。它通常用于汽车安全系统,旨在减少盲区内的事故。该系统通常使用雷达、摄像头或超声波传感器等装置,安装在车辆的侧镜或后部保险杠等位置。这些传感器会监测车辆周围的区域,并检测到靠近车辆的其他车辆或物体。当传感器检测到潜在的盲点区域有其他车辆或物体时,系统会发出警示来提醒驾驶人。这样,驾驶人在变道或转弯时就能更好地注意到盲区内的其他车辆或物体,从而降低事故的风险。

5. 抬头显示(HUD)

抬头显示通常是通过投影仪或者透明显示屏将信息直接投射到驾驶人的视线上方,以在驾驶人目光直视前方的同时,将信息投射到车辆的前风窗玻璃或者其他特制的透明显示屏上。这样,驾驶人就能够获得诸如车速、导航指示、道路标志、警告信息等重要信息,而无须转动头部或者将目光从道路上移开。

6. 车道偏离预警(LDW)系统

车道偏离预警系统是由抬头显示器、摄像头和控制器等组成的。当车辆开启车道偏离预警系统时,摄像头通常安置在车身侧面或后视镜位置,并实时采集行驶车道的标识线。通过图像处理,系统可以获取车辆在当前车道中的位置参数。一旦系统检测到车辆偏离了车道,传感器会即时收集车辆数据和驾驶人的操作状态。然后,控制器会发出警报信号。整个过程大约需要0.5s完成,为驾驶人提供更多的反应时间。需要注意的是,如果驾驶人打开转向灯,正常进行变道行驶,车道偏离预警系统不会做出任何提示。

7. 自动泊车辅助(PA)系统

自动泊车辅助系统旨在帮助驾驶人更轻松地完成泊车操作。该系统通常由车辆的传感器、摄像头和控制器组成。当驾驶人希望使用自动泊车辅助系统时,系统会利用车载摄像头和传感器来扫描周围的环境,包括停车位和其他障碍物。通过分析环境数据,系统可以确定可用的停车位,并计算出最佳的泊车路径。一旦最佳路径被确定,系统会自动控制车辆的转向盘、加速踏板和制动踏板,以实现精准的泊车操作。驾驶人只需要按照系统的指示进行相应的操作,如挂入适当的档位、控制车速等。在整个泊车过程中,系统会发出声音或通过显示屏提示,以引导驾驶人完成操作。一旦车辆成功泊入停车位,系统会发出提示,驾驶人可以停止操作。

8. 商业应用场景分析

从技术应用的难易情况及受法律法规的影响程度来看,自动驾驶商业化应用路径将遵循先封闭后开放、先载货后载人的原则,以此来选择商业化场景,首先应用在限定场景下的封闭或半封闭区域,如主动泊车、封闭园区内物流运输,其次是干线物流、末端配送、固定线路的环卫领域、公交通勤以及网约车等,最后才是私人场景的自动驾驶。图1-2所示是自动驾驶商业合作模式。

图1-2 自动驾驶商业合作模式

1.5 系统需求

随着科技的不断发展,智能辅助驾驶系统在汽车行业中得到了广泛的关注和应用。这些系统通过使用传感器、计算机等技术手段来辅助驾驶人或完全取代驾驶人的部分或全部驾驶任务,以提高车辆的安全性能、减少交通事故,以及改善驾驶的舒适性和便利性。下面将从安全性、舒适性和便利性等方面详细介绍智能辅助驾驶系统的需求。

1. 安全性需求

1)预防事故:智能辅助驾驶系统需要具备预测和避免事故的能力,能够识别并警示驾驶人有潜在危险的情况,如碰撞、追尾、偏离车道等,并采取相应的控制措施。这需要可靠的传感器和算法,能够及时准确地感知周围环境的变化,并根据实时的道路和交通状况做出合适的反应。

2)智能辅助驾驶能力:智能辅助驾驶系统需要能够完全接管车辆的驾驶任务,在各种道路和交通条件下都能够安全驾驶,并能够应对突发情况和不可预见的道路情况。这需要先进的感知、决策和控制算法,能够准确地理解和解释道路标志、交通信号、行人和其他车辆的行为,并根据其预测的轨迹做出相应的决策和控制动作。

3)通信与协同:智能辅助驾驶系统需要能够与其他车辆、交通设施和交通管理系统进行通信和协同,实现车辆之间的协同行驶和交通信息的共享,以提高道路交通的安全性。这需要标准化通信协议和互操作性,能够实时交换车辆的位置、速度、行驶意图等信息,并根据这些信息做出合适的决策和控制动作。

4)数据安全:智能辅助系统需要具备强大的数据安全能力,包括对车辆数据的保护、防止黑客攻击和数据泄露等,以确保对驾驶过程安全和隐私的保护。这需要采用加密和认证技术,确保数据的机密性和完整性,并防止未经授权的访问和篡改。

2. 舒适性需求

1）智能驾驶辅助体验：智能驾驶辅助系统需要提供良好的自动驾驶体验，包括平稳加减速、转弯和换道等动作，以及舒适的驾驶环境，如降低噪声、减小振动和疲劳等。这需要优化传感器和控制系统的性能，使其能够实时地感知和响应车辆的动态变化，以及提供舒适的座舱环境，如自动调节座椅、空调和音响等。

2）驾驶人监控：智能驾驶辅助系统需要对驾驶人进行监控，确保其能够及时接管驾驶任务，并防止驾驶人因过度依赖系统而忽略对驾驶的关注。这需要使用摄像头和传感器监测驾驶人的状态和行为，如注意力、疲劳和情绪等，并根据这些信息做出相应的警示和提示。

3）座舱环境：智能驾驶辅助系统需要提供舒适的座舱环境，包括舒适的座椅、良好的空气质量和温度控制，以提升驾驶舒适性和乘坐体验。这需要使用先进的座椅技术和空调系统，能够根据驾驶人和乘客的需求自动调节座椅的姿势和温度，并保持良好的空气质量。

3. 便利性需求

1）自动泊车：智能驾驶辅助系统需要具备自动泊车功能，能够帮助驾驶人完成停车操作，减少驾驶人的操作烦恼和停车难题。这需要使用传感器和控制系统，能够自动识别并控制车辆加速、制动和转向，以实现精确停车操作。

2）路线规划：智能驾驶辅助系统需要提供智能的路线规划功能，能够根据驾驶人的需求和实时交通情况，为驾驶人提供最佳的行驶路线和时间预估。这需要使用先进的地图和导航系统，能够实时地获取和分析交通信息，并根据驾驶人的偏好和目的地做出合适的路线规划。

3）交通拥堵处理：智能驾驶辅助系统需要具备处理交通拥堵的能力，如通过智能的交通信号控制和路线调整，减小交通拥堵的影响。这需要使用实时的交通信息和先进的路线优化算法，能够预测和避免交通拥堵，并为驾驶人提供合适的针对交通状况的建议和决策。

4）远程操作：智能驾驶辅助系统需要支持远程操作和控制，如通过智能手机或互联网连接实现对车辆的远程控制、远程查看车辆状态等功能。这需要使用安全的通信协议和身份认证机制，能够远程连接和控制车辆的各种功能和系统。

第 2 章 系统架构设计

智能驾驶系统架构设计的核心目标是实现车辆的感知、决策和控制。智能驾驶系统的架构设计需要考虑多个方面，包括传感器层、感知层、决策层、控制层、用户界面、数据管理和通信模块。

传感器层是智能驾驶系统的基础，通过各种传感器（如摄像头、雷达、激光雷达等）采集车辆周围环境的信息。这些传感器可以提供车辆周围的物体、道路、交通标志等信息，为感知层提供基础数据。

感知层负责处理传感器层采集到的数据，并进行目标检测、识别和跟踪等任务。感知层一般采用计算机视觉和机器学习的技术，通过算法分析传感器数据，提取有用的信息，如识别其他车辆、行人、交通标志等。决策层根据感知层提供的信息，做出相应的决策和规划。

决策层需要考虑车辆当前的状态、周围的交通情况、道路规则等因素，通过算法生成安全且高效的行驶路径，决定车辆的行驶策略。

控制层接收决策层的控制指令，并控制车辆的各种执行机构，如发动机、转向机构、制动系统等。控制层需要实时响应决策层的指令，保证车辆按照规划的路径行驶，并根据实时的环境变化做出相应的调整。

用户界面负责与驾驶人进行交互，向驾驶人提供系统的状态和警告信息，并接收驾驶人的输入和指令。用户界面可以采用显示屏、语音提示等方式，让驾驶人了解系统的工作状态，并在需要时介入控制车辆。

数据管理和通信模块负责管理系统的数据流和通信。智能驾驶系统产生的数据量巨大，需要进行存储和处理。数据管理模块可以负责数据的存储、处理和传输，以保证系统的高效运行。通信模块负责车辆内部的数据传输和与外部的通信，如与其他车辆、交通管理中心等进行通信。

2.1 功能架构

智能驾驶功能软件平台基于不同厂商的技术实现方案进行功能抽象，共分为以下 6 个功能模块：传感器、感知融合、预测、决策规划、定位和执行器功能模块，如图 2-1 所示。

传感器功能模块负责将各种传感器的数据进行抽象和统一，提供给其他功能模块使用。不同厂商的传感器可能有不同的数据格式和接口，通过传感器功能模块，可以屏蔽这些差异，使其他模块能够方便地使用各种传感器的数据。

感知融合功能模块将来自不同传感器的数据进行融合和分析，生成车辆周围环境的感知结果。通过对不同传感器的数据进行综合分析，可以提高环境感知的准确性和鲁棒性。

预测功能模块根据感知结果和历史数据，对未来的交通情况和其他车辆的行为进行预测。预测功能模块使用机器学习和统计分析等技术，能够根据当前的环境和历史数据，预测

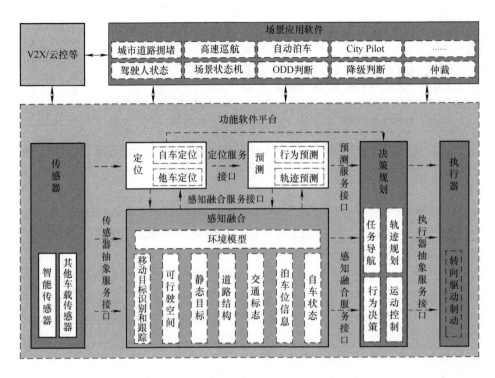

图 2-1　智能驾驶功能软件平台架构

其他车辆的行驶轨迹、速度变化等信息,为决策规划功能提供依据。

决策规划功能模块根据感知和预测结果,制订车辆的行驶策略和轨迹规划。决策规划功能模块需要考虑车辆的当前状态、道路交通规则,以及其他车辆的行为,通过算法生成安全且高效的行驶路径,为执行器抽象功能模块提供指令。

定位功能模块通过各种定位技术,如 GPS、惯性导航等,确定车辆的准确位置和姿态。定位功能模块的准确性对于智能驾驶系统的正常运行至关重要,可以提供车辆当前的位置和方向信息,为决策规划和控制模块提供准确的参考。

执行器功能模块负责将决策规划功能模块生成的指令转化为对车辆执行机构的控制指令。执行器功能模块能够将不同厂商的执行机构控制接口进行抽象,使得不同厂商的执行机构能够统一控制。

主机厂可以根据自身的策略,在设计和开发功能软件时选择不同的功能模块和算法组件,实现拼插式的功能组合。这种灵活构建的方式可以根据主机厂的需求和资源进行定制,实现智能驾驶系统级的解决方案。

1. 传感器功能模块

传感器功能模块主要提供两种类型的服务接口,如图 2-2 所示。一种是智能传感器的信息服务接口,该接口涵盖摄像头、激光雷达、毫米波雷达和超声波传感器等传感器类型,可以提供原始数据、特征数据和目标数据等信息。这些数据主要依赖于单个传感器的输出,并提供传感器的性能和状态信息。

另一种是其他车载传感器的服务接口,包括传统的轮速传感器、加速度传感器、里程计,以及反映车辆本身状态的传感器;还包括定位传感器,如全球定位系统和惯性导航系统(INS),以及通过 V2X 通信模块与其他车辆、路侧基础设施和云端进行信息交互的传感器。传感器抽象服务接口的设计规范不在智能驾驶功能软件平台中定义,可以参考 ISO/DIS 23150:2023《道路车辆 自动驾驶传感器与数据融合单元间数据通信 逻辑接口》等标准的定义。通过传感器抽象功能模块,不同厂商的传感器可以通过统一的接口进行交互,从而实现智能驾驶系统对车辆周围环境的感知。这种抽象的设计使得智能驾驶功能软件平台可以根据需求选择和集成不同厂商的传感器,提供灵活的智能驾驶解决方案。

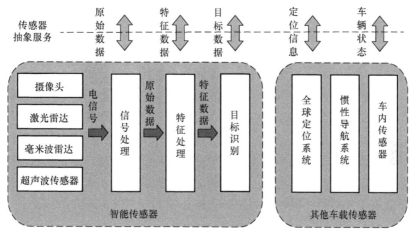

图 2-2 传感器功能模块

2. 感知融合功能模块

感知融合功能模块通过对传感器功能模块输入数据的融合,结合多种传感器的特性、工况和环境信息,完成对物理世界的数字呈现。该功能模块支持根据不同传感器的组合实现不同的感知任务,如图 2-3 所示。传感器组合可以包括激光雷达、摄像头、毫米波雷达

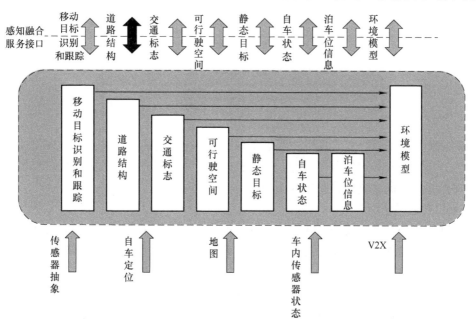

图 2-3 感知融合功能模块

等中的一种或多种组合。感知任务包括移动目标识别与跟踪、自由空间检测、交通灯和交通标志识别、道路结构识别等。通过基于各种传感器的输入，感知融合功能可以识别动态交通参与者和静态交通环境信息，并提供移动目标识别和跟踪、道路结构、可行驶空间、静态目标、交通标志、泊车位信息和自车状态等信息服务。此外，它还可以综合输出完整的环境模型信息。通过感知融合功能模块，智能驾驶系统能够更准确地感知周围环境，提供多维度的感知结果，为决策规划功能模块提供准确的输入。感知融合功能模块的设计和实现是智能驾驶系统中至关重要的一环，它能够较大地提高系统的感知能力和安全性，为实现高级驾驶辅助和自动驾驶功能奠定坚实的基础。

3. 预测功能模块

预测功能模块在智能驾驶系统中扮演着重要角色，它基于环境信息和交通参与者的历史测量数据，对其他交通参与者的未来行驶意图和轨迹进行预测，如图2-4所示。这些交通参与者包括行人、车辆、非机动车等。预测功能模块的输出是决策规划功能模块的关键输入之一。特别是在城市交叉路口等复杂场景下，对行人、目标车辆等障碍物的轨迹预测准确性将严重影响智能驾驶系统的整体表现和安全性。通过分析环境信息和交通参与者历史测量数据，预测功能能够推测其他交通参与者的行驶意图和可能的轨迹。这种预测可以基于机器学习、统计模型或规则推理等方法进行。预测功能的目标是提供准确、可靠的未来行驶情况估计，以便决策规划功能模块能够在实时决策中考虑到其他交通参与者的行动。

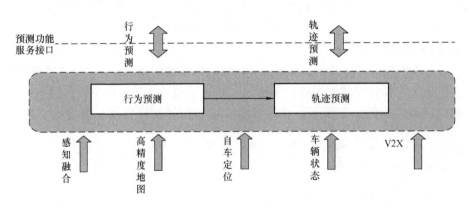

图 2-4　预测功能模块

预测功能模块的设计和实现需要考虑多种因素，包括交通参与者的行为多样性、环境的不确定性，以及感知和定位的误差等。通过实时更新和反馈机制，预测功能可以不断优化和调整预测结果，提高系统的预测准确性和鲁棒性。

4. 定位功能模块

定位功能模块在智能驾驶系统中扮演着关键角色。它基于高精度地图和传感器等信息输入，提供自车位置的准确性和稳定性，如图2-5所示。输入信息包括自车的绝对位置及在静态和动态环境中的相对位置。定位功能模块的实现依赖于传感器抽象功能和感知融合功能中的一些服务。传感器抽象功能是通过对传感器数据进行处理和解析，提取出自车位置相关的信息。这些传感器包括GPS、INS、摄像头、激光雷达等。

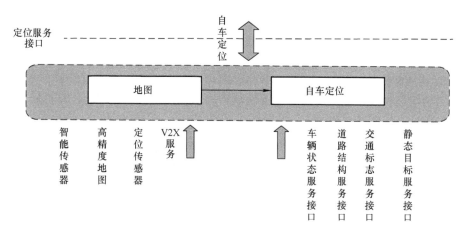

图 2-5 定位功能模块

定位功能模块的设计和实现需要考虑多种因素，包括传感器误差、环境的不确定性，以及地图的更新和匹配等。通过使用实时更新的高精度地图和传感器数据，定位功能可以不断优化和调整自车位置的估计结果，提高系统定位准确性和鲁棒性。

5. 决策规划功能模块

决策规划功能模块负责最终的驾驶行为决策和轨迹规划。它根据输入的信息，生成对车辆姿态控制的控制命令，如图 2-6 所示。决策规划功能模块的输入信息主要来自于感知融合服务、定位服务和预测服务。感知融合服务通过将来自不同传感器的数据进行融合和整合，提供关于周围环境和其他交通参与者的信息。定位服务提供自车的准确位置、姿态、速度和加速度等信息。预测服务则根据当前的感知数据和历史数据，预测其他交通参与者的行为和意图。

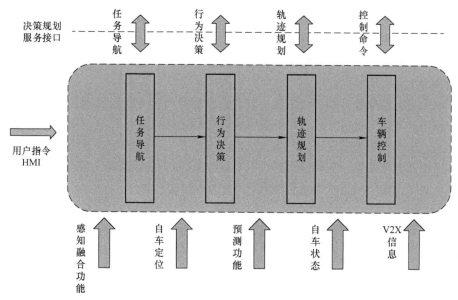

图 2-6 决策规划功能模块

此外，决策规划功能模块中的路点导航组件还可以通过人机界面（HMI）接口获取驾驶人的输入信息。驾驶人可以通过 HMI 接口，输入智能驾驶的目的地信息和用户要求。这些信息将作为决策规划功能模块的输入之一，影响最终的驾驶行为决策和轨迹规划。

6. 执行器功能模块

执行器功能模块执行决策规划功能模块输出的车辆控制命令，驱动汽车的转向、驱动和制动等执行部件，如图 2-7 所示。

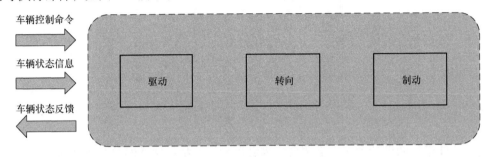

图 2-7　执行器功能模块

2.2　物理架构

智能辅助驾驶系统的物理架构是实现自动驾驶功能的关键。它由传感器、计算单元、执行器和通信模块等多个组件组成。下面将对智能辅助驾驶系统的物理架构进行描述。

1. 传感器

传感器是智能辅助驾驶系统的感知部件，用于感知车辆周围的环境信息。常见的传感器包括摄像头、激光雷达、毫米波雷达、超声波传感器等。摄像头可以捕捉图像，用于检测和识别物体、行人、车辆等。激光雷达可以测量目标物体与车辆的距离和位置。毫米波雷达可以探测物体并测量其速度。超声波传感器可以检测车辆周围的障碍物。传感器的选择和布置对于智能辅助驾驶系统的性能和可靠性至关重要。

2. 计算单元

计算单元是智能辅助驾驶系统的核心部件，负责处理和分析传感器获取的数据，实现对车辆行为和周围环境的理解。计算单元通常由高性能的嵌入式处理器、图形处理器和人工智能芯片组成。嵌入式处理器用于实时数据处理和算法执行。图形处理器用于加速图像和视频处理。人工智能芯片则用于实现深度学习和机器学习算法。计算单元需要具备高计算能力、低功耗和高实时性的特点，以满足智能驾驶系统的需求。

3. 执行器

执行器是智能辅助驾驶系统的执行部件，负责根据系统的决策输出来控制车辆的行驶。执行器通常包括电动机、电液伺服系统、制动器等。电动机用于驱动车辆的轮胎，实现车辆的加速、减速和转向。电液伺服系统用于控制转向机构，实现自动转向功能。制动器用于控制车辆的制动。执行器需要具备快速、准确和可靠的特性，以实现对车辆的精确控制。

4. 通信模块

通信模块是智能辅助驾驶系统中不同组件之间进行数据交互和命令传递的关键。通信模块可以使用 CAN 总线、以太网等标准通信协议，实现高速、可靠的数据传输。通信模块还可以与云平台进行通信，实现对车辆和驾驶行为的远程监控和管理。通信模块的设计要考虑到数据安全和实时性的要求。

5. 电源系统

电源系统是智能辅助驾驶系统的能源供应，为各个组件提供稳定、可靠的电力支持。电源系统需要具备高能量密度、高效率和快速充放电等特点，以满足智能辅助驾驶系统对电力的需求。此外，电源系统还需要具备智能管理和故障保护功能，确保系统的稳定性和安全性。

6. 冗余和安全性

智能辅助驾驶系统需要具备高度的冗余和安全性，以确保系统的可靠性和稳定性。冗余设计可以在一个组件出现故障时，保证系统的正常运行。安全性措施可以包括硬件故障检测和容错机制，以及对系统进行实时监控和自我诊断。此外，智能辅助驾驶系统还需要具备数据安全和隐私保护的功能，确保车辆和驾驶人的安全。

综上所述，智能辅助驾驶系统物理架构包括传感器、计算单元、执行器、通信模块、电源系统、冗余和安全性措施等多个组件。这些组件相互协作，实现对车辆周围环境的感知、对车辆行为的决策和对车辆的控制。物理架构的设计对于智能辅助驾驶系统的性能、可靠性和安全性具有重要影响，因此需要进行合理的设计和选择。

第3章 环境感知

3.1 概述

智能辅助驾驶环境感知是通过感知器件对周围环境进行实时感知和理解的过程。它是实现智能辅助驾驶功能的关键步骤，为系统提供了对道路、车辆、行人和障碍物等环境信息的准确感知，以便进行决策和控制。智能辅助驾驶环境感知涉及传感器选择和布置、数据融合、目标检测与识别、场景理解与感知，以及动态障碍物检测与跟踪等多个方面。环境感知的准确性和实时性对于智能辅助驾驶系统的安全性和可靠性具有重要影响，因此需要进行合理的设计和算法优化。本节将对部分传感器进行简要介绍。

1. 超声波传感器

超声波传感器是一种常用的环境感知传感器，主要通过发射超声波并测量回波时间来检测障碍物的距离。它可以快速、准确地获取目标物体与传感器之间的距离，并根据测量结果进行决策和规划。超声波传感器通常由发射器和接收器组成。发射器会发射超声波脉冲，而接收器会接收回波，并计算出回波的时间差，通过时间差来计算出目标物体与传感器之间的距离。超声波在空气中的传播速度已知（约为340m/s），因此可以根据时间差和传播速度计算出距离。超声波传感器在无人驾驶汽车中可以用于避障和停车辅助等功能。例如，在低速行驶或停车时，超声波传感器可以检测车辆前方的障碍物，并提供相应的警告或自动制动功能，帮助车辆安全避免碰撞。

2. 红外传感器

红外传感器是一种常用的环境感知传感器，它能够通过接收和解析红外辐射来感知物体的存在或测量物体的距离和温度。红外传感器广泛应用于安防、智能家居、工业自动化和医疗设备等领域，为各种应用提供了重要的环境感知能力。

红外传感器的工作原理是基于物体对红外辐射的吸收和反射特性。物体会发射或反射出不同频率和强度的红外辐射，传感器通过接收和解析这些红外辐射来获取有关物体的信息。红外传感器通常由发射器和接收器组成。发射器通常发出红外光束（通常为红外LED），而接收器会检测接收到的红外辐射，并将其转换为电信号。传感器通过测量红外辐射的强度和频率来判断物体的存在、距离或温度。

3. 激光雷达

激光雷达（Lidar）是一种利用激光束来测量目标物体位置和距离的传感器。它通过发射激光束，并接收目标物体反射回来的激光信号来实现对目标物体的感知和识别。激光雷达在自动驾驶、环境感知、机器人导航等领域有着广泛的应用，其工作原理基于光的传播和反射规律。它通过发射激光束，然后接收目标物体反射回来的激光信号，通过测量激光信号的时间延迟和角度差异来计算目标物体的位置和距离。具体来说，激光雷达会发射一束激光束,然后在接收器上接收反射回来的激光信号。通过测量激光信号的传播时间差,可以计算出激光束从传感器到目标物体的距离。同时,激光雷达还可以通过旋转或扫描的方式,测量激光束的角度差异,从而确定目标物体的方向和位置。

4. 毫米波雷达

毫米波雷达(Millimeter Wave Radar)是一种利用毫米波信号进行探测和测量的传感器。它可以在恶劣的天气条件下,如雨、雾、雪等,实现对目标物体的高精度感知和测量。毫米波雷达波束窄、角分辨率高、频带宽、隐蔽性好、抗干扰能力强、体积小、重量轻,而最大优点是可测距离远。与红外传感器、激光雷达相比较,毫米波雷达具有对烟、尘、雨、雾良好的穿透传播特性,不受雨、雪等恶劣天气的影响,抗环境变化能力强。毫米波雷达的工作原理基于电磁波的传播和反射规律。它利用发射器发射毫米波信号,然后接收目标物体反射回来的毫米波信号,通过测量信号的时间延迟和频率差异来计算目标物体的位置和距离。具体来说,毫米波雷达会发射一束毫米波信号,然后在接收器上接收目标物体反射回来的毫米波信号。通过测量信号的传播时间差,可以计算出信号从传感器到目标物体的距离。同时,毫米波雷达还可以通过测量信号的频率差异,从而确定目标物体的速度和方向。目前,大多数车载毫米波雷达都采用调频连续波方式,其测量原理如图 3-1 所示。

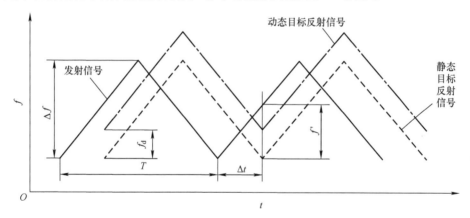

图 3-1 调频连续波雷达测量原理

调频连续波测距方式的雷达结构简单、体积小,最大的优势是可以同时得到目标的相对距离和相对速度。它的基本原理是当发射的连续调频信号遇到前方目标时,会产生与发射信号有一定延迟的回波。这个回波信号经过雷达的混频器进行混频处理,混频后的结果与目标的相对距离和相对速度有关。雷达测距和测速的计算公式为

$$\begin{cases} s = \dfrac{c\Delta t}{2} \\ \Delta t = \dfrac{Tf'}{2\Delta f} \\ v = \dfrac{cf_d}{2f_0} \end{cases} \tag{3-1}$$

式中,s 为相对距离,单位为 m;c 为光速,单位为 m/s;f' 为发射信号与反射信号的频率差,单位为 Hz;Δf 为调频带宽,单位为 Hz;T 为信号发射周期,单位为 s;f_d 为多普勒频

移,单位为Hz;f_0为发射信号的中心频率,单位为Hz;v为相对速度,单位为m/s。

5. 立体视觉

立体视觉是一种模仿人类视觉系统的技术,通过两个或多个摄像头来获取场景的多个视角,然后通过计算来重建出三维物体的深度和形状信息。立体视觉技术在计算机视觉、机器人、虚拟现实、增强现实等领域有着广泛的应用,其原理基于人类视觉系统的工作机制。人类的两只眼睛可以看到同一个物体的不同视角,通过两只眼睛之间的视差(即两个图像中对应像素点的位置差异),可以感知物体的距离和深度。在立体视觉系统中,通常使用两个或多个摄像头来模拟人类的双眼视觉。这些摄像头以一定的间距布置,并同时捕获同一个场景的多个视角图像。然后,通过图像处理和计算机视觉算法,利用这些图像的视差信息来重建目标物体的三维形状和位置。常见的立体视觉算法包括基于视差的算法和基于特征匹配的算法。基于视差的算法通过计算两个图像中对应像素点的位置差异来得到视差图,然后通过三角测量原理将视差转换为深度信息。基于特征匹配的算法则通过提取图像中的特征点,并通过匹配这些特征点来计算视差和深度。

3.2 传感器与通信技术

3.2.1 超声波传感器

1. 工作原理

本节将详细介绍超声波传感器的原理。超声波是指频率超过人类听觉范围(20Hz~20kHz)的声波。超声波传感器利用超声波在空气中的传播特性来实现测距和目标检测。

1)发射:超声波传感器通过超声波发射器(Transducer)产生超声波信号。发射器将电能转换为机械振动,进而产生超声波信号。

2)传播:发射的超声波信号在空气中传播。由于超声波的频率很高,因此它的传播路径相对来说是直线的,不会像声波那样受到弯曲和衍射的影响。

3)接收:当超声波信号遇到目标物体时,部分能量会被目标物体反射回来。超声波传感器的接收器(Receiver)会接收到反射回来的超声波信号,并将其转换为电信号。

4)信号处理:接收到的电信号会经过信号处理和滤波等操作。通过对信号的处理,可以提取出目标物体的特征,以及目标与传感器之间的距离信息。

5)数据分析和识别:经过信号处理后,得到的数据会进行分析和识别。通过算法和模式识别技术,可以识别出目标物体的类型和特征,并进行测距和定位。

超声波传感器的测距原理和之前介绍的激光雷达、毫米波雷达类似,距离=传播速度×传播时间/2。不同的是激光雷达和毫米波雷达的波速都为光速,而超声波传感器的波速与温度有关,近似关系如下:

$$C = C_0 + 0.607 \times T \tag{3-2}$$

式中,C_0为0℃时的声波速度,即332m/s;T为温度,单位为℃。

2. 超声波传感器类型

根据超声波传感器的工作原理和传感器类型,可以将超声波传感器分为以下4种类型:

1)声导波传感器(Guided Wave Sensor):声导波传感器是一种将超声波信号通过导波

结构传播的传感器。它通常由一个发射器和一个接收器组成，通过导波结构将超声波信号引导到目标物体上，并接收目标物体反射回来的超声波信号。声导波传感器适用于需要接触或靠近目标物体进行测量的场景，如液位测量和材料检测。

2）空气耦合传感器（Air Coupled Sensor）：空气耦合传感器是一种将超声波信号通过空气传播的传感器。它通常由一个发射器和一个接收器组成，通过空气传播超声波信号到目标物体上，并接收目标物体反射回来的超声波信号。与声导波传感器相比，空气耦合传感器不需要接触目标物体，适用于需要远距离测量或无接触测量的场景，如远距离障碍物检测和非接触式液体测量。

3）声呐传感器（Sonar Sensor）：声呐传感器是一种将超声波信号通过水或其他液体传播的传感器。它通常由一个发射器和一个接收器组成，通过液体传播超声波信号到目标物体上，并接收目标物体反射回来的超声波信号。声呐传感器广泛应用于水下测距、水下目标检测和海洋探测等领域。

4）声表面波传感器（Surface Acoustic Wave Sensor）：声表面波传感器是一种利用表面声波传播的传感器。它通常由一个发射器和一个接收器组成，通过表面声波传播超声波信号到目标物体上，并接收目标物体反射回来的超声波信号。声表面波传感器适用于需要高灵敏度和高分辨率的场景，如压力传感、温度传感和化学传感。

3. 超声波传感器优势与劣势

（1）优势

1）非接触式测量：超声波传感器可以实现非接触式测量，无须与目标物体接触，这样可以避免对目标物体造成损害，适用于需要无干扰或无接触的场景。

2）超强的穿透能力：超声波具有较强的穿透能力，可以穿透大多数固体和液体介质，包括尘埃、烟雾、雾气等，这使得超声波传感器适用于各种环境和条件下的测量和检测。

3）宽范围的测量距离：超声波传感器可以实现较大范围的测量距离，通常可达几米甚至几十米，这使得它适用于长距离测量的场景，如车辆倒车辅助和无人机导航等。

4）高精度的测量：超声波传感器可以实现高精度的距离测量，通常精度可达厘米级甚至毫米级，这使得它适用于需要高精度测量的场景，如工业自动化、机器人导航和航空航天等。

5）多功能性：超声波传感器不仅可以测量距离，还可以检测目标物体的速度、方向和形状等，这使得它适用于各种场景，如车辆安全、智能家居和人机交互等。

6）可靠性高：超声波传感器具有较高的可靠性和稳定性，能在恶劣的环境条件下正常工作，如高温、低温、湿度和灰尘等，这使得它适用于各种工业和户外场景。

（2）劣势

1）受环境干扰：超声波传感器容易受到环境因素的干扰，如温度变化、湿度变化和声波反射等。这可能会导致测量误差或信号干扰，需要进行合理的环境校准和滤波处理。

2）距离分辨率有限：超声波传感器在测量距离时，其分辨率受到一定限制。这意味着它可能无法精确测量非常短距离或非常小的尺寸差异，需要根据具体应用需求进行选择。

3）无法穿透透明材料：超声波无法穿透透明材料，如玻璃和水等。在这种情况下，超声波传感器将无法正常工作，需要考虑其他传感器或技术。

4）信号传输受限：超声波信号在传输过程中会受到衰减和散射等影响，特别是在长距离测量时。这可能会导致测量误差或距离限制，需要根据具体应用场景和要求进行信号处理和补偿。

5）较慢的测量速度：相比其他传感器技术，超声波传感器的测量速度较慢。这是由于超声波信号的传播速度较慢，需要一定时间才能完成测量。在一些需要快速响应的应用中，可能需要考虑其他更快的传感器技术。

3.2.2 毫米波雷达

1. 工作原理

在3.1节中简单介绍了毫米波雷达原理，本节将进行详细介绍，其工作原理如下：

1）发射毫米波信号：毫米波雷达通过天线系统发射高频率的毫米波信号。毫米波信号的频率通常在30~300GHz之间，波长在1~10mm之间，因此被称为毫米波。

2）接收反射信号：发射的毫米波信号会与目标物体相互作用，并发生反射。毫米波雷达的天线系统会接收到这些反射信号。

3）信号处理：接收到的反射信号会经过信号处理模块进行处理。首先，对接收信号进行滤波和放大，以增强信号的强度和质量。然后，对信号进行解调和调制，以提取目标物体的距离、速度和方向等信息。

4）距离测量：毫米波雷达利用接收到反射信号的时间延迟来测量与目标物体之间的距离。通过测量信号的往返时间，并根据信号的速度来计算目标物体与传感器之间的距离。

5）速度测量：毫米波雷达利用多普勒效应来测量目标物体的速度。当目标物体与传感器相对运动时，反射信号的频率会发生变化，这个变化的频率差就是多普勒频移。通过测量多普勒频移的大小和方向，可以计算目标物体的速度。

6）方向测量：毫米波雷达通过利用多个接收天线和相关算法来实现对目标物体方向的测量。通过比较不同接收天线接收到的信号强度和相位差异，可以确定目标物体的方向。

2. 毫米波雷达类型

毫米波雷达可以按照工作原理、探测距离和频段进行分类。

1）按工作原理分类。毫米波雷达按工作原理的不同可以分为脉冲式毫米波雷达与调频式连续毫米波雷达两类。脉冲式毫米波雷达通过发射脉冲信号与接收脉冲信号之间的时间差来计算目标距离；调频式连续毫米波雷达利用多普勒效应测量得出不同距离的目标的速度。脉冲式毫米波雷达测量原理简单，但由于受技术、元器件等方面的影响，实际应用中很难实现。目前，大多数车载毫米波雷达都采用调频式连续毫米波雷达。

2）按探测距离分类。毫米波雷达按探测距离可分为短程、中程和远程毫米波雷达。短程毫米波雷达（SRR）探测距离一般小于60m；中程毫米波雷达（MRR）探测距离一般为100m左右；远程毫米波雷达（LRR）探测距离一般大于200m。

3）按频段分类。毫米波雷达按采用的毫米波频段不同，分为24GHz、60GHz、77GHz和79GHz毫米波雷达。主流可用频段为24GHz和77GHz，其中24GHz适合近距离探测，77GHz适合远距离探测，79GHz有可能成为未来发展趋势。

3. 优势与劣势

（1）优点

1）探测距离远。毫米波雷达探测距离远，可达200m。

2）探测性能好。毫米波波长较短，汽车在行驶中的前方目标一般都由金属构成，这会形成很强的电磁反射，其探测不受颜色与温度的影响。

3）响应速度快。毫米波的传播速度与光速一样，并且调制简单，配合高速信号处理系统，可以快速地测量出目标的距离、速度、角度等信息。

4）适应能力强。毫米波具有很强的穿透能力，在雨、雪、大雾等恶劣天气依然可以正常工作，而且不受颜色和温度的影响。

5）抗干扰能力强。毫米波雷达一般工作在高频段，而周围的噪声和干扰处于中低频区，基本上不会影响毫米波雷达的正常运行，因此，毫米波雷达具有抗低频干扰的特性。

（2）劣势

1）覆盖区域呈扇形，有盲点区域。

2）无法识别交通标志。

3）无法识别交通信号。

3.2.3 激光雷达

利用激光雷达测距技术可以得到车辆周围的深度信息，从而可以准确地发现车辆周围存在的障碍。本节以64线Velodyne HDL-64E S2激光雷达为例，分别对它们的性能参数、数据通信及数据校验方式等进行介绍。

1. HDL-64E S2 激光雷达简介

Velodyne HDL-64E S2激光雷达是一款多光束三维成像激光扫描系统，被广泛应用于无人驾驶和三维地图等领域。Velodyne HDL-64E S2激光雷达共有64线激光扫描束，在其内部按垂直方向排列，垂直方向的可视范围为26.8°。由于激光发射与接收装置被安装在一个旋转电动机上，故水平方向的可视范围可以达到全向360°。Velodyne HDL-64E S2激光雷达的关键性能指标见表3-1。

表3-1 Velodyne HDL-64E S2 激光雷达的关键性能指标

性能指标	数值
激光发射器/接收器数目	64
最大水平扫描角度/（°）	360
垂直扫描角度/（°）	26.8
角度分辨率/（°）	0.09（可调）
扫描频率/Hz	5~20
最远检测距离/m	120
测量精度/cm	<2
旋转速度/（r/min）	300~1200
输入电压/VDC	12
数据量	每秒133万个点云数据

2. HDL-64E S2 激光雷达的接口

HDL-64E S2激光雷达与上位机之间的数据通信可以通过串口和网络接口两种方式进行。一方面，通过串口，上位机可以发送预定的控制指令来对激光雷达进行配置。这些控制指令主要包括设置激光雷达的旋转速度、IP 地址、端口号和水平视场角（HFOV）等参数。另一方面，上位机可以通过网络接口基于用户数据报协议（UDP）来接收激光雷达的测量数据。通过网络接口，激光雷达将采集到的点云数据以数据包的形式传输给上位机。上位机可以解析这些数据包，并进行进一步的处理和分析。

3. HDL–64E S2 激光雷达的数据协议

HDL–64E S2 激光雷达使用 UDP 向上位机发送测量数据，数据以 UDP 数据包的形式进行传输。每个数据包包含激光雷达返回的距离信息和角度信息。激光发射器和接收器分为上层和下层，每层分别有 32 对激光发射器和接收器。在数据传输过程中，上层和下层的检测数据分别被分开发送，如图 3-2 所示。以一层检测数据为例，一个完整的上层或下层检测数据被定义为一个子数据包。子数据包包括 2Byte 的激光层 ID，用于表示该子数据包是上层检测数据还是下层检测数据。激光层 ID 的值为 0xEEFF 时，表示上层雷达检测数据；值为 0xDDFF 时，表示下层雷达检测数据。此外，子数据包还包括 2Byte 的旋转角度，表示激光雷达电动机旋转的角度位置。接下来是激光雷达检测的 32 组检测数据，每组检测数据包括 2Byte 的距离值和 1Byte 的回波强度值。在同一角度位置下的两个相邻子数据包组成了 HDL–64E S2 激光雷达在某一位置、同一时刻的一次测量。这 64 个测量点近似在垂直方向上构成了一个扇面。一个扇面上的测量数据被定义为一扇数据包，而激光雷达旋转一周所测量到的完整数据被定义为一帧数据。

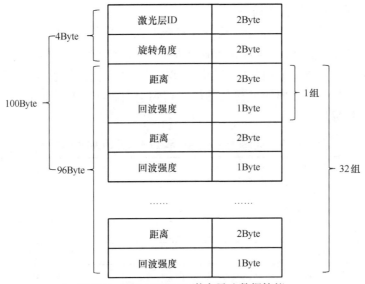

图 3-2　HDL–64E S2 激光雷达数据协议

4. HDL–64E S2 激光雷达的几何模型

HDL–64E S2 激光雷达坐标系如图 3-3 所示。在理想状态下，激光雷达的 64 束激光从坐标系原点射出，并且每束激光的起始位置都是坐标系原点。然而，在实际情况下，每个激光器的安装位置和光束的水平方位角存在差异，导致光束不在同一个垂直平面内。因此，每个激光器都需要一组校准参数。

为了将 HDL–64E S2 激光雷达返回的距离和角度信息转换为激光雷达坐标系中的笛卡儿坐标，需要使用 5 个参数对每条激光束进行建模：

(1) 距离校正因子 D_{corr}：表示每条激光束的距离偏差。将返回的距离值 D_{ret} 加上距离校正因子，得到激光束测得的真实距离 D。

(2) 垂直偏移量 V_0：表示竖直平面内激光束测量起点到雷达坐标系原点的偏移量。

(3) 水平偏移量 H_0：表示 xy 平面内激光束测量起点到激光雷达坐标系原点的偏移量。

(4) 垂直校正角 θ：表示激光相对于激光雷达坐标系 xy 平面的角度偏移量。向上偏移为正，向下偏移为负。

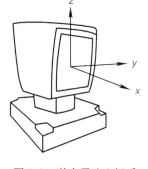

图 3-3 激光雷达坐标系

(5) 旋转校正角 α：表示激光束与激光雷达编码盘零度角之间的角度偏移量。假设当前激光雷达的旋转角度为 γ，每条激光束都有一个不同的旋转校正角 α，定义另外一个角度 $\beta = \gamma - \alpha$，表示激光束相对于 xy 平面的角度。

HDL-64E S2 激光雷达在出厂时已经对每条激光束的上述 5 个校准参数进行了标定。然而，由于时间和环境的影响，使用时通常需要重新标定这些参数。标定方法可以基于平面特征或改进的 Gauss-Helmert 平差模型方法。

在获取到 64 束激光的标定参数后，可以使用式（3-3）将每条激光束返回的距离值 D_{ret} 和当前激光雷达的旋转角度 γ 转换为激光雷达坐标系中的笛卡儿坐标 (P_x, P_y, P_z)，计算方法如下：

$$\begin{aligned} D &= D_{ret} + D_{corr} \\ D_{xy} &= D\cos\theta - V_0\sin\theta \\ P_x &= D_{xy}\sin\beta - H_0\cos\beta \\ P_y &= D_{xy}\cos\beta + H_0\sin\beta \\ P_z &= D\sin\theta + V_0\cos\theta \end{aligned} \quad (3-3)$$

3.2.4 视觉传感器

1. 视觉传感器原理

视觉传感器的原理是基于光的传播和反射原理。当光照射到物体上时，部分光线被物体表面反射，并进入到视觉传感器中。传感器通过感光元件接收光信号，并将其转化为电信号，其感光元件一般采用光敏材料，如硅、铟镓和硒化镉等。这些光敏材料可以将光能转化为电能，实现光电转换。接下来，电信号经过模数转换，被数字信号处理器处理，最终生成图像信息。

2. 视觉传感器分类

根据不同的原理和技术，视觉传感器可以分为以下 4 类：

1) 电荷耦合器件（Charge-Coupled Device，CCD）传感器：CCD 传感器是一种常用的光电转换器件，采用电荷耦合技术。它使用光敏元件将光信号转化为电荷，并通过转移和放大电荷来实现信号的读取和处理。CCD 传感器具有高灵敏度、低噪声和高动态范围等优点，广泛应用于数码相机和工业视觉等领域。

2) 互补金属氧化物半导体（Complementary Metal-Oxide-Semiconductor，CMOS）传感

器：CMOS传感器是一种基于互补金属氧化物半导体的传感器，与CCD传感器相比，CMOS传感器集成度高、功耗低、成本低。CMOS传感器逐渐取代了CCD传感器，在手机摄像头、安防监控等领域得到广泛应用。

3）红外传感器：红外传感器利用物体对红外辐射的吸收和反射来获取图像信息。红外传感器可以感知红外辐射的强度和波长，广泛应用于热成像、遥感、夜视设备等领域。

4）飞行时间（Time of Flight，TOF）传感器：TOF传感器利用光的飞行时间来测量物体与传感器之间的距离。TOF传感器发射一束脉冲光，通过测量光的飞行时间来计算物体与传感器的距离。TOF传感器具有高精度、快速响应的特点，被广泛应用于三维重建、人脸识别等领域。

3. 视觉传感器优势和劣势

（1）优势

1）高分辨率：视觉传感器能够获取高分辨率的图像信息，可以捕捉到细节丰富的图像，这使得它在图像识别、测量和检测等领域中有着重要的应用。

2）多功能性：视觉传感器可以应对不同的环境和任务需求。通过软件算法的改变，它可以适应不同的光照条件、物体形状和颜色等变化。

3）实时性：视觉传感器能够实时地获取图像信息，并进行实时的图像处理和分析，这使得它在安防监控、自动驾驶等实时决策的应用中非常有用。

4）非接触性：视觉传感器不需要与物体直接接触，可以通过远距离获取图像信息，这使得它在医疗影像、机器人技术等领域中具有优势。

（2）劣势

1）受光照条件影响：光照条件的变化会影响视觉传感器的性能。在弱光或强光环境下，视觉传感器可能无法获取清晰的图像，从而影响其应用效果。

2）处理复杂场景困难：对于复杂场景，视觉传感器可能会面临处理困难。例如，当背景复杂或物体之间有遮挡时，视觉传感器可能无法准确识别和测量物体。

3）数据量大：视觉传感器获取的图像数据量较大，需要进行大量的存储和处理，这对存储和计算资源提出了一定的要求。

4）成本较高：相比于其他传感器技术，视觉传感器的成本较高，这主要是由于其复杂的结构和制造工艺。

4. 视觉传感器处理算法

1）边缘检测算法：边缘检测算法用于提取图像中物体的边界。最经典的边缘检测算法是Canny算法。该算法首先对图像进行高斯滤波，以平滑图像并去除噪声。然后，利用梯度计算边缘的强度和方向。最后，通过非极大值抑制和双阈值处理来提取出真实的边缘。边缘检测算法在图像处理、目标检测和图像分割等领域中广泛应用。

2）特征提取算法：特征提取算法用于从图像中提取出具有代表性的特征，以用于目标识别和分类。其中，最常用的算法是尺度不变特征变换（SIFT）算法和方向梯度直方图（HOG）算法。SIFT算法通过检测图像中的关键点，并计算这些关键点的局部描述子，从而提取出具有尺度不变性和旋转不变性的特征。而HOG算法则通过计算图像中每个像素点的梯度方向直方图，来提取出物体的形状和纹理特征。这些特征在目标识别、人脸识别和图像检索等领域中得到了广泛应用。

3）目标检测算法：目标检测算法用于在图像中定位和识别出特定的目标物体。其中，最著名的算法是基于卷积神经网络（CNN）的目标检测算法，如 R-CNN、Fast R-CNN 和 Faster R-CNN。这些算法通过将图像划分为不同的候选区域，并将每个区域输入到 CNN 中进行分类，从而实现目标的定位和识别。目标检测算法在智能安防、无人驾驶和机器人视觉等领域中有着重要的应用。

4）图像分割算法：图像分割算法用于将图像分割成不同的区域或物体。最常用的图像分割算法之一是基于分水岭算法的分割方法。该方法首先使用梯度图像计算图像的距离变换，然后通过种子点的洪水填充来获取分割区域。图像分割算法在自动驾驶、医学图像处理、计算机视觉和图像编辑等领域中具有重要的应用。

3.2.5 V2X 技术

V2X 技术，即车联网技术，是指车辆与其他交通参与者（如道路设施、行人、其他车辆等）之间进行信息交换和通信的技术。V2X 技术旨在提高交通安全、流量效率、提升驾驶体验，为未来智能交通系统的建设奠定基础。

V2X 技术包括以下 4 个方面：

1）V2V（Vehicle-to-Vehicle）技术：车辆间的通信，使车辆能够相互交换位置、速度、加速度等信息，以实现车辆之间的协同行驶和碰撞预警等功能。

2）V2I（Vehicle-to-Infrastructure）技术：车辆与道路基础设施之间的通信，使车辆能够获取交通信号灯、路况信息等，并与路侧设施进行交互，以提高交通流量效率和安全性。

3）V2P（Vehicle-to-Pedestrian）技术：车辆与行人之间的通信，使车辆能够检测到行人的存在，并提供相应的警示或驾驶辅助功能，以提高行人安全。

4）V2N（Vehicle-to-Network）技术：车辆与云端网络之间的通信，使车辆能够获取实时的交通信息、路况预测等，并与其他车辆或交通管理中心进行交互，以优化路径规划和交通管理。

V2X 技术的应用场景包括但不限于碰撞预警、自动驾驶、交通信号优化、智能停车、远程诊断和车辆追踪等。V2X 技术的发展需要依赖高速可靠的无线通信网络、精确的定位技术、智能感知和决策算法等多个方面的支持。目前，V2X 技术已经在一些国家和地区开始实施，并且正在逐步推广和应用。

1. DSRC 技术

车辆专用短程通信（Dedicated Short-Range Communications，DSRC）技术发展较早，可以追溯至 2004 年。当时，IEEE 在其 802.11 无线局域网（Wireless Local Area Networks，WLAN）标准系列下，开始制定新的车载通信标准。这一标准即 IEEE 802.11p。在 2007 年左右，IEEE 802.11p 标准已经趋于稳定。而 DSRC 所采用的通信标准是 IEEE 802.11p 和 1609.x。因此，现在人们将 DSRC 和相应的下层标准统称为 DSRC。例如，美国联邦通信委员会提出的车载环境下的无线接入（WAVE）通信协议是目前最为完善的 DSRC V2X 通信标准之一，已经进行了多次大规模测试及应用。

DSRC 具有以下特点：美国在发展 DSRC 的初期，为其分配了专属带宽：位于 5.9GHz 频带的一段 75MHz 的带宽（5.850~5.925GHz）被划为 DSRC 专属的交通安全频谱。二十多年的发展过程中，国际上 DSRC 专用短程通信技术曾出现 3 个主要的工作频段：800～900MHz、2.4GHz 和 5.8GHz 频段。目前我们国家采用的是源于 ISO/TC204 国际标准化组织智能运输系统技术委员会（国内编号为 SAC/TC268）的 5.795～5.815GHz ISM 频段，下行链路（D-link）500kbit/s，2-AM；上行链路（U-link）250kbit/s，2-PSK 的技术标准。从覆盖的距离来看，DSRC 是一种相对来说距离较近的通信方式，一般有效通信距离不超过 1km。DSRC 的平均时延一般小于 50ms，因此在安全性相关的场景中更具有实用价值。

2. C-V2X 技术

3GPP 在 2017 年发布的第 14 版本（Release 14）的 LTE 技术中明确支持了 V2X，从而为 V2X 通信引入了基于 LTE 蜂窝技术的第二条技术路线，即 C-V2X（Cellular V2X），也称为 LTE-V2X。随着 3GPP 的第 16 版本（Release 16）在 2020 年下半年的完成，基于 5G 技术的 V2X 得到了支持，这被称为 5G-V2X 或 NR-V2X。5G-V2X 的推出，不仅提升了 V2X 通信的性能，还克服了基于 Wi-Fi 技术的 DSRC 所存在的局限性。DSRC 在高速移动场景下性能不稳定，信号可靠性差，且时延抖动较大，一直处于测试阶段。此外，DSRC 的有效工作距离较短，通常只有几十米，这要求全境覆盖需要部署大量的 RSU 设备，从经济成本和部署难度来看都是不切实际的。而 5G-V2X 则通过其更远的通信距离和更高的网络性能，显著降低了部署成本和难度，为智能交通系统的发展提供了强有力的技术支持。

因此，随着蜂窝网的逐步发展与 LTE 技术的演进，业界开始研究在蜂窝通信技术（Cellular）基础上重新设计 V2X 的构想，C-V2X（基于 LTE 技术）由此应运而生。就目前而言，主要有两种通信模式存在：集中式（LTE-V-Cell）和分布式（LTE-V-Direct）。

1）集中式（LTE-V-Cell）也称为蜂窝式通信或网络通信模式，需要基站作为控制中心，将基站作为集中式的控制中心和数据信息转发中心，使用网络运营商提供的频段，由基站完成集中式调度、拥塞控制和干扰协调等，支持大带宽、大覆盖通信，可以显著提高 LTE-V2X 的接入和组网效率，保证业务的连续性和可靠性，满足远程信息处理（Telematics）应用需求。

2）分布式（LTE-V-Direct）也称为直接通信模式，不需要基站作为支撑，可以独立于蜂窝网络，实现车辆与周边环境节点低时延、高可靠的直接通信，满足行车安全需求。基于"万物互联"的物联网思想也为未来平滑向 5G 进行演进转换提供渠道，保证向后兼容性。

总的来说，由于 C-V2X 的基础设施是在蜂窝技术上发展起来的，仅通过改造现有的基站，就可以将 C-V2X 基础设施集成进去；终端部署方面，可以延用 LTE 和 5G 的生态系统，在一个通信模块内把 LTE、V2X 集成在一起，形成一个统一的连接性的解决方案，部署成本较 DSRC 更低。

3.3 定位技术

3.3.1 车辆定位需求

车辆定位在无人驾驶和智能交通系统中有多种需求，包括以下 6 个方面：

1）精度要求：无人驾驶车辆定位需要达到很高的精度，通常在几厘米到几米之间。精确的定位可以帮助车辆准确感知周围的环境和障碍物,并做出相应的决策和控制。

2) 实时性要求:车辆定位需要实时更新,以确保车辆能够及时获取最新的位置信息并做出相应的行驶决策。实时性要求可以帮助车辆应对动态的交通情况和环境变化。

3) 可靠性要求:车辆定位需要具有高度的可靠性,以确保定位结果的准确性和稳定性。可靠的定位可以减少定位误差和不确定性,为车辆提供准确的位置信息。

4) 鲁棒性要求:车辆定位需要具有一定的鲁棒性,能够在复杂的环境条件下正常运行。例如,在恶劣的天气条件下、在高楼大厦密集的城市区域或隧道等特殊环境中,车辆定位系统仍然需要能够提供准确的定位结果。

5) 数据融合要求:车辆定位通常需要将来自不同传感器的数据进行融合,以提高定位的准确性和可靠性。例如,将 GPS 数据与激光雷达或摄像头数据进行融合,可以提供更全面、准确的车辆位置信息。

6) 安全性要求:车辆定位在无人驾驶和智能交通系统中是关键的安全性能之一。准确的车辆定位可以帮助车辆及时识别和避免潜在的危险情况,提高行驶安全性。

总而言之,车辆定位需要达到高精度、实时性、可靠性和鲁棒性,并能够与其他传感器数据融合,以提供准确、稳定和全面的车辆位置信息,从而支持无人驾驶和智能交通系统的正常运行和安全性能。

3.3.2 车辆定位要素

车辆定位要素主要包括以下 6 个方面:

1) 定位技术:车辆定位需要利用不同的技术手段来获取车辆的位置信息。常见的定位技术包括全球卫星定位系统(如 GPS)、惯性导航系统、激光雷达、摄像头等。不同的定位技术具有不同的精度、实时性和适用场景,可以根据具体需求选择适合的技术。

2) 传感器:车辆定位需要借助各种传感器来获取周围环境和车辆状态的信息。常见的传感器包括 GPS 接收器、惯性测量单元(IMU)、激光雷达、摄像头、雷达等。传感器的选择和配置可以根据应用场景和要求来确定。

3) 数据融合:车辆定位需要将来自不同传感器的数据进行融合,以提高定位的准确性和可靠性。数据融合可以利用滤波算法、卡尔曼滤波、粒子滤波等方法来融合传感器数据,并得到更准确的车辆位置信息。

4) 定位算法:车辆定位需要借助定位算法来处理传感器数据,并计算出车辆的位置信息。常见的定位算法包括基于卫星信号的 GPS 定位算法、惯性导航算法、环境特征匹配算法等。定位算法的选择和设计可以根据具体需求和场景来确定。

5) 车辆标识:车辆定位通常需要为每辆车辆分配唯一的标识符,以区分不同的车辆。车辆标识可以是车辆的车牌号码、车辆识别码(VIN)或其他唯一的标识符。

6) 数据通信:车辆定位需要将获取的位置信息传输到其他系统或设备中进行处理或显示。数据通信可以通过无线网络(如 4G、5G)、车载通信系统或其他通信方式来实现。

3.3.3 车辆定位技术

1. GPS 定位技术

GPS 定位技术是通过接收卫星信号来确定接收器的位置、速度和时间的一种技术。它是目前最常用和最广泛的车辆定位技术之一。GPS定位技术的工作原理是利用一组维持在轨道上的卫星,它们通过无线电信号将位置和时间信息传输到地球上。接收器(如车载GPS设备)接收卫星发出的信号,并通过计算信号传播的时间和卫星与接收器之间的距离来确定自身的位置。

GPS定位技术具有以下优点:

1)高精度:GPS定位技术可以提供较高的定位精度,通常在数米到数十米之间。这对于需要精确位置信息的应用场景非常重要,如导航系统、车辆追踪等。

2)全球覆盖:GPS由多颗卫星组成,可以在全球范围内提供定位服务,无论在哪个地方,只要能接收到卫星信号,都可以进行定位。这使得GPS定位技术适用于全球范围内的车辆定位需求。

3)实时性:GPS定位技术可以实时地获得车辆的位置信息,具有较高的实时性。这对于监控车辆行驶状况、调度车辆、应急救援等情况非常重要。

4)易于使用:GPS定位设备使用方便,只需要将设备安装在车辆上并接收卫星信号即可进行定位。用户可以通过手机、计算机等设备来获取车辆位置信息,便于管理和监控。

然而,GPS定位技术也存在一些限制和挑战:

1)室内和深层城市峡谷等遮挡物会影响GPS信号的接收,降低定位的精度和可靠性。在这些环境中,GPS定位可能不够准确,甚至无法工作。

2)GPS定位技术受天气条件的影响较大。在恶劣的天气条件下,如暴雨、大雪等,卫星信号可能会受到干扰,从而影响定位的准确性。

3)GPS定位技术对设备的供电要求较高,需要稳定的电源供应。在一些特殊应用场景中,如长时间离网或者电池供电的设备,需要注意设备的电源问题。

2. RTK定位技术

实时动态(Real–Time Kinematic,RTK)定位技术是一种高精度的实时差分定位技术,通过使用附加的基准站和差分信号处理来提供亚米级别甚至更高的定位精度。相比于传统的GPS定位技术,RTK定位技术能够实现更高的定位精度和更短的定位时间。

RTK定位技术的工作原理是在测量位置之前,设置一个或多个已知位置的基准站,并将其与移动的接收器(如车载GPS设备)进行差分处理。基准站将自己的精确位置信息与接收器接收到的卫星信号进行比较,并计算出接收器的位置矫正值。接收器通过接收基准站发送的矫正信息,对接收到的卫星信号进行矫正,从而提高位置测量的精度。

RTK定位技术具有以下优点:

1)高精度:RTK定位技术可以实现亚米级别的定位精度,通常在几毫米到几十厘米之间。这对于需要高精度定位的应用场景非常重要,如测绘、精确定位导航等。

2)实时性:RTK定位技术能够实时地提供高精度的定位结果,几乎无延迟。这对于需要实时监控和控制的应用非常重要,如自动驾驶、机器人导航等。

3)可靠性:RTK定位技术通过差分处理和基准站的参考,可以降低卫星信号误差和其他误差的影响,提供更可靠的定位结果。

然而,RTK定位技术也存在一些限制和挑战:

1)需要基准站:RTK定位技术需要设置一个或多个基准站来提供矫正信息。这对于一些移动性较强或者边远地区的应用来说可能不太方便。

2）外界干扰：与 GPS 定位技术一样，RTK 定位技术也容易受到外界干扰的影响，如建筑物、树木、高楼等。这些干扰物可能会阻碍卫星信号的接收，降低定位的精度和可靠性。

3）设备成本：RTK 定位技术的设备和基准站的成本相对较高。这对于一些预算较低的应用来说可能不太实际。

3. IMU 惯性导航定位技术

IMU 惯性导航定位技术是一种基于惯性传感器测量原理的定位技术。它通过测量物体在空间中的加速度和角速度，推算出物体的位置和姿态信息。本节将详细介绍 IMU 惯性导航定位技术的原理、组成、工作流程、应用领域及挑战。

（1）原理介绍

IMU 惯性导航定位技术基于惯性传感器的原理，主要包括加速度计和陀螺仪。加速度计用于测量物体的加速度，陀螺仪用于测量物体的角速度。通过积分加速度计和陀螺仪的输出信号，可以计算出物体的速度和位移信息。

加速度计是一种测量物体加速度的传感器，它通常基于质量加速度定理进行测量。加速度计测量的是物体在三个方向上的加速度，即 X 轴、Y 轴和 Z 轴加速度。通过积分加速度计的输出信号，可以得到物体在三个方向上的速度。

陀螺仪是一种测量物体角速度的传感器，它通常基于角动量守恒定理进行测量。陀螺仪测量的是物体在三个方向上的角速度，即 X 轴、Y 轴和 Z 轴角速度。通过积分陀螺仪的输出信号，可以得到物体在三个方向上的角度。

通过获取物体的加速度和角速度信息，可以用于计算物体的位置和姿态信息。具体的计算方法如下：

1）速度计算：通过积分加速度计的输出信号，可以计算出物体在三个方向上的速度。

2）位移计算：通过积分速度的输出信号，可以计算出物体在三个方向上的位移。

3）姿态计算：通过积分陀螺仪的输出信号，可以计算出物体在三个方向上的角度。

积分过程中需要考虑误差的积累，常用的方法有梯形积分、卡尔曼滤波等。

（2）组成和工作流程

IMU 惯性导航定位技术主要利用加速度计和陀螺仪，通常还会需要温度传感器、磁力计等辅助传感器。

加速度计是一种基于微机电系统技术的传感器，它通常由一组微小的质量块和弹簧系统组成。当物体受到加速度作用时，质量块会相对于弹簧系统发生位移，从而产生电信号。这些电信号经过放大和滤波后，可用于测量物体的加速度。

陀螺仪也是一种基于微机电系统技术的传感器，它通常由一组微小的振动结构和电容系统组成。当物体产生角速度时，振动结构会受到干扰，从而改变电容系统的电容值。通过测量电容值的变化，可以得到物体的角速度。

温度传感器用于测量环境温度，可以用于校准加速度计和陀螺仪的输出信号。磁力计用于测量地磁场强度，可以用于校准陀螺仪的输出信号。

IMU 惯性导航定位技术的工作流程如下：

1）传感器数据采集：IMU 系统通过采集加速度计和陀螺仪的输出信号，获取物体的加速度和角速度信息。温度传感器和磁力计的输出信号也可以同时采集。

2）数据预处理：采集到的传感器数据需要进行预处理，包括滤波、校准等。滤波可以去除噪声和干扰，校准可以消除传感器的偏差和误差。

3）数据融合：将预处理后的传感器数据进行融合，可以得到更准确和可靠的位置和姿态信息。常用的数据融合方法有卡尔曼滤波、粒子滤波等。

4）位置和姿态计算：通过融合后的传感器数据，可以计算出物体的位置和姿态信息。位置信息包括物体在三个方向上的位移，姿态信息包括物体在三个方向上的角度。

5）定位输出：将计算得到的位置和姿态信息输出，可以用于导航、控制等应用。输出可以是实时的数据流，也可以是离线的记录文件。

（3）应用领域

IMU 惯性导航定位技术在许多领域都有广泛的应用，包括航空航天、无人驾驶、机器人、体育运动等。

1）航空航天：IMU 惯性导航定位技术是飞行器导航系统的核心技术之一，可以提供飞行器的位置和姿态信息。在没有 GPS 信号或者信号受限的情况下，IMU 惯性导航定位技术可以实现飞行器的精确导航。

2）无人驾驶：IMU 惯性导航定位技术是无人驾驶系统的重要组成部分，可以提供车辆的位置和姿态信息。在复杂的交通环境中，IMU 惯性导航定位技术可以实现无人驾驶车辆的准确定位和导航。

3）机器人：IMU 惯性导航定位技术在机器人领域具有广泛应用，可以实现机器人的定位和姿态控制。机器人可以通过 IMU 惯性导航定位技术获得自身的位置和姿态信息，从而实现自主导航和操作。

（4）挑战

IMU 惯性导航定位技术面临以下挑战：

1）累积误差：IMU 测量的加速度和角速度存在积分误差，导致导航结果会随时间累积误差。这些累积误差会导致位置和姿态估计的不准确性。

2）外部干扰：IMU 测量的信号容易受到外部的振动和温度变化等干扰。这些干扰会引入误差，从而影响导航定位的准确性。

3）校准需求：IMU 的准确性依赖于其内部的传感器校准。校准过程烦琐且需要专业设备，同时校准后的 IMU 性能也会随时间变化，需要定期校准。

4）初始对准：IMU 需要进行初始对准来获取初始位置和姿态信息。然而，初始对准过程可能受到环境条件的限制，例如没有可用的参考物体或参考信号。

5）动态环境：IMU 的导航定位通常建立在惯性导航的基础上，对于快速运动或复杂动态环境，如加速度和角速度的快速变化、旋转等，IMU 的性能会受到影响。

4. 激光雷达定位技术

激光雷达定位技术是一种基于激光雷达的定位和导航技术。激光雷达通过发射激光束并测量反射回来的光信号来感知周围环境，通过对激光束的测量数据进行处理和分析，可以实现对机器人、车辆或其他移动设备的精确定位和导航。本节将对激光雷达定位技术进行详细介绍，并对其原理、应用和挑战进行探讨。

（1）激光雷达定位技术的原理

激光雷达定位技术的原理基于激光的测距原理和扫描原理。激光雷达通过发射激光束，并测量激光束从发射到接收的时间差，再根据光速的知识，可以计算出激光束的往返距离。

同时，激光雷达的扫描机构可以使激光束在水平和垂直方向上进行扫描，从而获取周围环境的三维点云数据。通过对这些点云数据进行处理和分析，可以实现对机器人或车辆的定位和导航。

激光雷达定位技术的基本步骤如下：

1）发射激光束：激光雷达通过激光发射器发射激光束，激光束会在周围环境中反射和散射，并被激光接收器接收。

2）接收激光信号：激光雷达的接收器接收反射回来的激光信号，并将其转换为电信号。

3）计算距离：通过测量激光信号从发射到接收的时间差，并根据光速的知识，可以计算出激光束的往返距离。

4）扫描环境：激光雷达通过水平和垂直方向的扫描机构，使激光束在整个周围环境中进行扫描，获得大量的点云数据。

5）建立地图：激光雷达将获得的点云数据进行处理和分析，可以建立精确的环境地图，包括障碍物、地面、墙壁等。

6）定位和导航：通过与之前建立的地图进行匹配，可以实现机器人或车辆的定位和导航。

（2）激光雷达定位技术的应用

激光雷达定位技术在自动驾驶、无人机导航、机器人导航等领域有着广泛的应用。

1）自动驾驶：激光雷达是自动驾驶车辆中最重要的传感器之一。通过激光雷达的测量数据，可以实现车辆的精确定位和环境感知，从而实现自动驾驶功能。

2）无人机导航：激光雷达可以用于无人机的精确定位和导航。通过激光雷达的测量数据，可以实时感知无人机周围的障碍物和地形，从而实现无人机的自主飞行。

3）机器人导航：激光雷达可以用于机器人的定位和导航。通过激光雷达的测量数据，可以实现机器人在室内或室外环境中的精确定位和导航，从而实现自主导航和避障功能。

4）三维建模：激光雷达可以用于三维环境的建模和重建。通过激光雷达的扫描数据，可以生成高精度的三维点云模型，用于虚拟现实、游戏开发、文化遗产保护等领域。

5）安防监控：激光雷达可以用于安防监控系统。通过激光雷达的扫描数据，可以实现对周围环境的实时监控和目标检测，从而提高安防监控系统的准确性和灵敏度。

（3）激光雷达定位技术的挑战

激光雷达定位技术面临一些挑战，包括以下方面：

1）复杂环境：激光雷达在复杂环境中容易受到干扰。例如，激光雷达可能受到光线干扰、透明物体的影响或多路径反射等。这些干扰会导致激光雷达测量数据的不准确性，进而影响定位精度。

2）高速运动：激光雷达在高速运动下容易产生运动模糊。当机器人或车辆高速移动时，激光雷达的扫描数据可能无法及时捕捉到周围环境的细节，从而导致定位和导航错误。

3）数据处理：激光雷达的扫描数据量大、数据处理复杂。处理这些大规模的点云数据需要大量的计算资源和算法优化，以提高实时性和效率。

4）定位漂移：激光雷达定位在长时间运行下容易产生定位漂移。定位漂移是指机器人或车辆的定位结果会随时间累积误差，导致定位结果的不准确性。

为了克服这些挑战，激光雷达定位技术可以采取以下方法：

1）多传感器融合：将激光雷达与其他传感器（如惯性测量单元、视觉传感器等）进行融合，利用多种传感器的优势，提高定位的准确性和稳定性。

2）滤波算法：使用滤波算法，如卡尔曼滤波、扩展卡尔曼滤波等，对激光雷达测量数据进行优化和滤波，减少误差的累积。

3）动态校准：通过动态校准方法，如自适应滤波、在线校准等，对激光雷达进行实时校准，减少外部干扰和误差的影响。

4）点云处理：优化点云处理算法，以提高点云数据的处理速度和效率。

5）高精度定位：结合高精度地图、准确的定位算法和传感器校准，实现高精度的定位和导航。

5. 视觉定位技术

视觉定位技术是指通过图像处理和计算机视觉技术，实现对目标物体在空间中位置和姿态的精确定位的一种技术。它是计算机视觉和人工智能领域的重要研究方向之一，并在许多领域得到广泛应用。

（1）视觉定位基本原理

视觉定位技术的基本原理是通过摄像头或其他视觉传感器采集目标物体的图像，然后通过图像处理和特征提取算法，计算出目标物体在空间中的位置和姿态。视觉定位技术主要包括特征提取、特征匹配、姿态估计和位置估计等关键步骤。

1）特征提取是指从图像中提取出具有鲁棒性和唯一性的特征点或特征描述子。常见的特征包括角点、边缘、线段，以及尺度不变特征转换、加速稳健特征、ORB等特征描述子。

2）特征匹配是指将采集到的图像特征与数据库中的特征进行匹配，以找出最佳匹配的特征点或特征描述子。常用的匹配算法有暴力匹配算法、快速最近邻搜索算法等。

3）姿态估计是指根据匹配到的特征点或特征描述子，计算出目标物体的姿态参数，如旋转矩阵、欧拉角或四元数等。姿态估计可以通过特征点的三维坐标和二维图像坐标之间的对应关系来实现，也可以通过最小二乘法或优化算法来求解。

4）位置估计是指根据匹配到的特征点或特征描述子，计算出目标物体的位置参数，如三维坐标或相对位置。位置估计可以通过特征点的三维坐标和二维图像坐标之间的对应关系来实现，也可以通过三角测量或优化算法来求解。

（2）视觉定位技术应用

视觉定位技术在许多领域都有广泛的应用。在机器人领域，视觉定位技术可以用于机器人的自主导航和定位。通过在机器人上安装摄像头或其他视觉传感器，可以实时获取机器人周围的环境信息，并计算出机器人在空间中的位置和姿态。机器人可以根据这些信息进行路径规划和避障，实现自主导航和定位的功能。

在自动驾驶领域，视觉定位技术可以用于车辆的定位和环境感知。通过在车辆上安装摄像头或其他视觉传感器，可以实时获取车辆周围的交通标志、车道线、行人和障碍物等信息，并计算出车辆在空间中的位置和姿态。车辆可以根据这些信息进行自主驾驶和避障，实现自动驾驶的功能。

在增强现实领域，视觉定位技术可以用于虚拟物体的定位和跟踪。通过在眼镜或手机上安装摄像头或其他视觉传感器，可以实时获取虚拟物体在现实世界中的位置和姿态，并将虚拟物体与现实世界进行融合显示。用户可以通过眼镜或手机观察到虚拟物体和现实世界的混合图像,实现增强现实的体验。

(3) 视觉定位技术挑战

视觉定位技术在实际应用中面临着一些挑战,主要包括以下方面:

1) 复杂场景和背景:在复杂的场景中,目标物体可能被其他物体或背景遮挡,导致特征提取和匹配困难。例如,目标物体与背景颜色相似或具有相似纹理,使得特征点难以准确提取和匹配。

2) 视角变化和姿态变化:目标物体在不同视角和姿态下的外观可能发生明显变化,导致特征点的提取和匹配不准确。例如,目标物体的旋转、缩放和变形等变化会影响特征点的位置和描述子。

3) 光照变化:光照条件的变化会导致目标物体的亮度和颜色发生变化,使得特征点的提取和匹配受到影响。例如,强光照或阴影会导致目标物体的细节信息丢失或变形。

4) 实时性要求:在某些应用场景下,如机器人导航和自动驾驶,对视觉定位的实时性要求较高。然而,视觉定位涉及的图像处理和计算量较大,需要在有限时间内完成特征提取、匹配和姿态估计等过程。

5) 视觉传感器的限制:视觉定位技术通常依赖于摄像头或其他视觉传感器采集图像数据。然而,传感器的分辨率、噪声水平和视场角等因素会对视觉定位的精度和鲁棒性产生影响。

为了应对这些挑战,研究人员提出了一系列改进和优化的方法,包括但不限于:使用多个视觉传感器进行多视角信息融合;采用深度学习方法进行特征提取和匹配;引入先验知识和上下文信息提高定位的准确性;优化算法和数据结构以提高计算效率等。随着技术的不断发展和算法的改进,视觉定位技术在面对挑战时将逐渐取得更好的效果和应用。

6. 高精度地图定位技术

高精度地图定位技术是一种基于地图信息的定位方法,通过与预先建立的高精度地图进行匹配,估计设备的位置。本节将详细介绍高精度地图定位技术的原理、应用场景、实现方法,以及面临的挑战与发展方向。

(1) 高精度地图定位技术的原理

高精度地图定位技术主要依靠地图信息来实现定位。一般来说,高精度地图包括地理信息、道路拓扑结构、交通标志等详细信息。通过将设备获取到的实时数据与地图进行匹配,可以估计设备的位置。具体而言,高精度地图定位技术的原理可以分为以下步骤:

1) 地图数据准备:首先需要建立高精度地图,其中包括地理信息、道路拓扑结构、交通标志等详细信息。这些地图数据可以通过激光雷达扫描、摄影测量、车载传感器等方式获取。

2) 设备数据获取:设备通过激光雷达、摄像头、GPS等传感器获取周围环境的数据,如道路特征、建筑物等信息。

3) 数据预处理:对设备获取到的数据进行预处理,包括去噪、滤波、特征提取等操作,以提高后续匹配的准确性。

4) 地图匹配:将设备获取到的数据与高精度地图进行匹配,通过比对道路特征、建筑物等信息,找到最佳的匹配位置。

5）位置估计：根据地图匹配结果，估计设备的位置坐标，并进行相应的误差估计。

6）定位更新：根据设备不断获取到的数据，进行定位的更新，不断优化定位的准确性。

(2) 高精度地图定位技术的应用场景

高精度地图定位技术在许多领域都有广泛的应用场景，其中包括以下5个方面：

1）自动驾驶：高精度地图定位技术是自动驾驶的关键技术之一。通过将车辆实时获取到的数据与高精度地图进行匹配，可以准确估计车辆的位置，为自动驾驶提供准确的定位信息。

2）智能交通：高精度地图定位技术可以用于智能交通系统，通过提供准确的位置信息，可以实现交通监控、交通管制、交通导航等功能。

3）室内导航：高精度地图定位技术可以用于室内导航，通过与室内地图进行匹配，可以准确估计人员或物体在室内的位置，为室内导航提供准确的定位信息。

4）物流与仓储：高精度地图定位技术可以用于物流与仓储系统，通过与仓库地图进行匹配，可以准确估计货物的位置，实现智能仓储管理。

5）城市规划与管理：高精度地图定位技术可以用于城市规划与管理，通过提供准确的位置信息，可以帮助城市规划师了解城市发展状况，提出科学的规划建议。

(3) 高精度地图定位技术的实现方法

高精度地图定位技术的实现方法主要包括以下4种：

1）地图匹配：地图匹配是高精度地图定位技术的核心方法，主要通过比对设备获取到的数据与地图数据，找到最佳的匹配位置。地图匹配可以基于激光雷达扫描数据、摄像头图像、GPS数据等实现。

2）图像识别：图像识别是高精度地图定位技术的重要方法之一，通过将设备获取到的图像与地图中的图像进行比对，找到最佳的匹配位置。图像识别可以利用计算机视觉技术，如特征点提取、图像匹配等实现。

3）激光雷达扫描：激光雷达扫描是高精度地图定位技术的常用方法之一，通过激光雷达扫描设备周围的环境，获取周围物体的三维坐标信息，然后与地图中的物体进行匹配，找到最佳的匹配位置。

4）GPS辅助：GPS是一种通过卫星定位的方式，可以提供较粗糙的位置信息。在高精度地图定位技术中，GPS可以作为辅助手段，与地图匹配相结合，提高定位的准确性。

(4) 高精度地图定位技术面临的挑战与发展方向

尽管高精度地图定位技术在许多领域都取得了一定的成功，但仍然面临一些挑战，包括以下3个方面：

1）地图更新：地图数据的更新是高精度地图定位技术的关键之一。随着城市的发展与变化，地图中的道路、建筑物等信息需要及时更新，以保证定位的准确性。因此，如何实现高效、准确的地图更新是一个重要的挑战。

2）环境变化：环境的变化可能会影响高精度地图定位技术的准确性。例如，道路的施工、交通标志的变化等都可能对地图匹配结果产生影响。因此，如何适应环境的变化，提高定位的鲁棒性是一个重要的挑战。

3）定位精度：高精度地图定位技术的最终目标是实现高精度的定位。目前，虽然高精度地图定位已经取得了一定的进展，但仍然存在一些误差和不确定性。如何进一步提高定位的精度是一个重要的研究方向。

为了应对这些挑战，高精度地图定位技术的发展方向主要包括以下 3 个方面：

1）地图更新技术：研究如何实现高效、准确的地图更新技术，包括地理信息的采集、处理、更新等方面。

2）多传感器融合：研究如何将高精度地图定位技术与其他传感器数据进行融合，如惯性导航传感器、GPS 等，从而提高定位的鲁棒性和精度。

3）智能算法优化：研究如何利用智能算法来优化高精度地图定位技术，如机器学习算法、深度学习算法等，从而提高定位精度。

第4章 决策规划

4.1 概述

为了满足智能网联汽车对快速反应和安全性的要求，行为决策系统的目标是提供在各种可能的道路环境下合理的行为决策。实时性是行为决策系统的一个关键考虑因素，因为它必须快速生成决策。为了避免系统冗余，行为决策系统根据环境的动态变化规律对不同的驾驶情境进行分场景决策。这不仅提高了实时性，还确保了行为决策的合理性。

行为决策系统首先分析道路结构环境，以确定当前的驾驶情境。然后，在考虑驾驶任务需求等因素的条件下，依据特定的驾驶情境和基于交通规则或驾驶经验构建的驾驶先验知识，在多个可选的行为中选择该情境下的最佳驾驶行为。这些行为可以分为车辆控制行为、基本行车行为、基本交通行为、高级行车行为和高级交通行为。行为决策模块在整个自动驾驶决策规划控制软件系统中扮演着"副驾驶"的角色，集成了所有重要的车辆周边信息，包括自动驾驶汽车的实时位置、速度、方向，以及车辆周围一定范围内所有的相关障碍物信息和预测轨迹。行为决策层的任务就是在获取这些信息的基础上制定自动驾驶汽车的行驶决策。

由于需要考虑多种不同类型的信息，行为决策问题通常难以通过单一的数学模型来解决，而需要借助一些先进的软件工程理念来设计规则引擎系统。目前已经提出了多种应对不同场景的决策方法，可以分为基于规则的行为决策方法和基于学习的行为决策方法。这两种方法的典型代表分别是有限状态机方法和深度强化学习方法。

4.2 预测简介

近年来，智能网联汽车在感知、规划和控制方面飞速发展，然而只有在智能网联汽车的安全性得到验证后，才能实现其大规模量产。其中就要求智能网联汽车具有像人类一样能够对周围环境进行实时预测的能力，因此需要在智能网联汽车中添加预测模块。预测模块需要将场景进行时空拓扑表征，对自车及周围的智能体进行行为理解与轨迹预测，以描绘未来场景的变化趋势。

然而由于交通参与者的多样性、行为的不确定性以及环境的复杂多样性，交通参与者之间、交通参与者与环境之间的交互也充满了不确定性，如何准确预测交通参与者的未来行驶轨迹是亟待解决的问题。

轨迹预测问题可以表述为利用给定场景中交通参与者的过去状态来预估其未来状态，交通参与者在环境中的历史状态可以定义为

$$X = \{p^1, p^2, \cdots, p^{t_h}\} \tag{4-1}$$

式中，$p^t(t \in 1, 2, \cdots, t_h)$ 为当时间步长为 t 时的车辆交通状态；t_h 为历史轨迹的长度。

对于大多数的轨迹预测方法，p^t 主要包含位置信息，可定义为

$$p^t = \{x_0^t, y_0^t, x_1^t, y_1^t, \cdots, x_n^t, y_n^t\} \tag{4-2}$$

式中，n 为自车在周围环境中所检测到的所有交通车辆；$(x_j^t, y_j^t)(j=0,1,\cdots,n)$ 为车辆在 j 时刻所处的位置坐标。

此外，p^t 还可以采用速度、加速度等信息。x 可作为预测模型的输入，预测模型的输出被定义为

$$Y = \{p^{t_h+1}, p^{t_h+2}, \cdots, p^{t_h+t_f}\} \tag{4-3}$$

将轨迹预测模型定义为函数 F，则轨迹预测的问题就可以描述为 $Y = F(X)$，其中，F 可以包含多步中间输出。

如前所述，轨迹预测方法需要根据当前环境下的历史轨迹进行建模，从而预测未来的轨迹，因此需要考虑以下相关因素：物理相关因素、道路相关因素和交互相关因素。

1）物理相关因素指的是车辆动力学和运动学相关因素。
2）道路相关因素涵盖地图信息的建模和交通规则。
3）交互相关因素包括社会规则及车辆之间的交互。

轨迹预测方法最终的输出是交通参与者的未来轨迹，可以是单个交通参与者，也可以是多个交通参与者，在一些方法中还输出了交通参与者的行为意图。因此轨迹预测的输出可以分为以下3类：

1）单模态：输出单个或者多个交通参与者的未来轨迹。
2）多模态：输出单个或者多个交通参与者的多个未来轨迹及每个轨迹的概率。
3）意图：输出交通参与者的行为意图，这个行为意图可以作为最终的输出，也可以作为中间输出用于辅助轨迹预测。

4.3 预测算法

随着各种技术的不断发展和成熟，预测方法也分为4类：基于物理学的方法、基于经典机器学习的方法、基于深度学习的方法和基于强化学习的方法，下面就前三种方法进行介绍。

4.3.1 基于物理学的方法

在基于物理学的方法中，车辆的动力学和运动学模型被广泛应用，主要包括物理模型、卡尔曼滤波法和单轨迹模型。

1. 物理模型

物理模型分为动力学模型和运动学模型两种。动力学模型可能具有多个参数，其中一些为固有参数，这些参数使得模型更加复杂且增加了计算负担，然而在预测精度方面所带来的收益非常小。因此，通常采用一些简单的动力学模型，如二自由度自行车模型。

由于运动学模型更简单，运动学模型比动力学模型应用更广泛。常用的运动学模型包括匀速模型（Constant Velocity，CV）、匀加速度模型（Constant Acceleration，CA）、恒定转弯率和速度模型（Constant Turn Rate and Velocity，CTRV）、恒定转弯率和加速度模型（Constant Turn Rate and Acceleration，CTRA）、恒定转向角和速度模型（Constant Steering Angle and Velocity，CSAV)、恒定转向角和加速度模型（Constant Steering Angle and Acceleration，CSAA)。

2. 单轨迹模型

将车辆的当前状态直接应用于物理模型是预测车辆轨迹最简单的方法。这种方法适用于动力学模型和运动学模型，计算效率高，特别适用于约束较少的场景。然而，该方法的局限性在于无法考虑道路相关因素和当前状态的不确定性，因此在进行长期预测时可能会出现较大的误差。

3. 卡尔曼滤波法

在实际情况下，车辆状态可能受到噪声和不确定性的影响，然而，单轨迹模型假设车辆状态是完全已知的，并且没有噪声。为了更好地处理噪声和不确定性，卡尔曼滤波（Kalman Filtering，KF）法应运而生。卡尔曼滤波法通过对当前车辆状态和物理模型的不确定性或噪声进行高斯分布建模，从而实现对车辆轨迹预测的精确处理。卡尔曼滤波法将预测和更新步骤组合为一个循环，以获得每个未来时间步长上车辆状态的平均值和协方差，通过这种方式计算得到的平均轨迹具有相关不确定性。相较于之前的方法，卡尔曼滤波法的优点在于它考虑了轨迹预测的不确定性。

基于物理学的方法使用物理模型来预测轨迹，这种方法通常需要较少的计算资源。当车辆的运动可以使用动力学模型和运动学模型准确地描述时，基于物理学的方法能够提供更准确的预测。然而，由于交通参与者的行为模式不断变化，物理模型仅适用于短期预测。为了快速获取交通参与者的未来轨迹，通常需要使用一个或多个物理模型，但是在选择和更改物理模型时可能会出现显著的预测误差，因此，为了提高轨迹预测的准确性，需要充分考虑交互相关因素，并将基于物理学的方法与基于学习的方法结合起来，从而降低预测误差。

4.3.2 基于经典机器学习的方法

相比于基于物理学的方法使用多个物理模型进行轨迹预测，基于经典机器学习的方法则是通过对大量数据进行训练和学习，来预测车辆的未来轨迹。基于经典机器学习的轨迹预测方法包括高斯过程（Gaussian Process，GP)、支持向量机（Support Vector Machine，SVM)、隐马尔可夫模型（Hidden Markov Model，HMM)、动态贝叶斯网络（Dynamic Bayesian Network，DBN)、K-最近邻（K-Nearest Neighbor，KNN）和决策树等。本节主要介绍 GP、SVM、HMM 和 DBN 这 4 种经典的机器学习方法。

1. 高斯过程

原型轨迹法是一种基于行为特性的轨迹预测方法，它将车辆的轨迹分为多种原型轨迹的集合。该方法通过比较历史轨迹与原型轨迹集之间的相似性来进行预测。其中，高斯过程是原型轨迹法中最有效的方法。

在使用高斯过程进行轨迹预测时，将轨迹视为样本，并按照时间轴对其进行采样。样本在映射到 N 维空间后由 N 个离散点表示，在 N 维空间中符合 N 维高斯分布。因此，在建模阶段，高斯过程的主要任务是利用样本来获得模型参数，从而能够对未来的轨迹进行预测。这种方法在模拟交互因素方面也有广泛的应用。

2. 支持向量机

支持向量机是一种用于学习和识别驾驶人在复杂环境中驾驶行为的方法。它的关键在于找到支持向量，以确定最优超平面，从而实现满足分类要求的最大间隔分割。在轨迹预测问题中，通常将驾驶机动动作定义为左转、右转和保持直线等不同类别。通过使用核函数对输入数据进行高维映射，可以在线性分类的空间中找出驾驶人的机动动作，从而进行轨迹预测。

3. 隐马尔可夫模型

隐马尔可夫模型是一种在轨迹预测中广泛应用的机器学习方法。相较于支持向量机，隐马尔可夫模型在轨迹预测问题上表现得更为有效。马尔可夫链是一种包含有限数量事件的过程，其中 $t+1$ 时间点的系统状态只与前一时间点 t 的状态有关，而状态转移概率与时间无关。在现实生活中，我们只能观察到明显的表面状态，而无法直接观测到隐藏状态的表现。因此，建立具有隐状态的马尔可夫过程非常必要。隐马尔可夫模型利用马尔可夫链来建模轨迹预测问题，这是一种基于行为的方法。它通过推测事件的本质状态，即与可观察状态集相关联的隐状态概率来进行预测。传统的隐马尔可夫模型在预测驾驶人操纵行为方面取得了巨大成功。然而，这种方法没有考虑交互相关因素的影响，因此在实际交通场景中可能无法准确预测结果。

4. 动态贝叶斯网络

动态贝叶斯网络通过考虑车辆状态和交通参与者之间的相互作用效应，提高了轨迹预测的准确性。与传统静态贝叶斯网络不同，它利用贝叶斯网络和时间序列建模，将连续的时间离散为预设的时间粒度。

动态贝叶斯网络的架构通常包括行为层、隐藏层和观察层。行为层用于输入信息，观察层则表示驾驶人的操纵行为。输入信息包括车辆状态、车辆之间的交互关系、道路结构和其他可观测状态。

在轨迹预测中，动态贝叶斯网络能够模拟交通参与者之间的相互作用，并且在基于经典机器学习的方法中展现出良好的性能。作为基于行为的方法，动态贝叶斯网络具有较高的识别性能。然而，它仍然面临从识别行为到生成轨迹的挑战。许多方法只能识别少数几种行为，缺乏强大的泛化能力。

综上所述，基于经典机器学习的方法为轨迹预测提供了新的思路，即通过挖掘数据特征来确定概率分布。随着考虑的因素增多，预测的准确性不断提高，这些方法推动了基于学习方法的发展。这些方法主要采用基于行为的方式，通过预测行为来预测未来的轨迹。在轨迹预测领域，这些方法扮演着重要的角色。

4.3.3 基于深度学习的方法

近年来，基于深度学习的轨迹预测研究取得了重要进展。传统的预测方法仅适用于简单的预测场景和短期的预测任务。相较于传统的预测方法，基于深度学习的方法考虑了更多因素，如物理相关因素、道路相关因素和交互相关因素，因此具有更好的适应性，这使得其可以处理更复杂的预测场景和更长时间的预测任务。

1. 时序网络

基于深度学习的轨迹预测时序网络主要包括循环神经网络（Recurrent Neural Network，

RNN)、卷积神经网络（Convolutional Neural Network，CNN）和注意力机制（Attention Mechanism，AM）。这些时序网络用于提取历史轨迹的特征，作为输出层来进行轨迹预测。

（1）循环神经网络

相对于基于机器学习的方法和能够处理空间信息的卷积神经网络，循环神经网络主要用于处理时序信息。循环神经网络结合保存的历史时间步的信息、当前的隐藏状态和输入来确定输出结果。然而，在实际应用中，当时间步长较大时，循环神经网络容易遇到梯度消失和梯度爆炸的问题。为了解决这个问题，提出了门控 RNN，如长短期记忆网络（Long Short - Term Memory，LSTM）和门控递归单元（Gate Recurrent Unit，GRU）。基于 RNN 的轨迹预测模型可以进一步划分为单 RNN 模型和多 RNN 模型。

（2）卷积神经网络

近年来，卷积神经网络在多个任务中表现优异，例如计算机视觉和机器翻译。在轨迹预测领域，考虑到轨迹具有强烈的时空连续性，有研究学者认为使用卷积神经网络比使用循环神经网络更为有效。这些方法通常采用序列到序列的结构，将历史轨迹作为输入，并在全连接层之后叠加卷积层以实现时间上的连续性。通过全连接层输出未来的轨迹。试验证明，CNN 具有更快的运行速度。然而，大多数仅使用 CNN 框架的方法通常使用鸟瞰图作为输入。此外，一些研究者将循环神经网络与其他神经网络相结合，例如，将循环神经网络应用于栅格化图像，同时使用时间卷积网络（Temporal Convolutional Network，TCN）来捕捉历史轨迹特征。这种方法建立栅格特征、历史轨迹特征和当前状态之间的联系，用于预测车辆的换道行为和轨迹。

（3）注意力机制

注意力机制在深度学习中扮演着重要的角色，它模仿人类的思维方式，允许系统在大量信息中快速筛选出有价值的信息。该机制被广泛应用于自然语言处理、图像分类、轨迹预测和语音识别等领域。在轨迹预测中，常常利用多头注意力来提取车道和车辆的相关信息，以输出未来轨迹的分布。近年来，由于 Transformer 模型在机器翻译等任务中取得显著效果，研究人员开始尝试将 Transformer 模型应用于轨迹预测任务。基于 Transformer 的模型表现出了较好的预测性能，特别是在长期预测方面。除了对轨迹序列进行建模外，Transformer 模型还能够对交通参与者与环境之间的交互进行建模。

2. 图神经网络

图神经网络（Graph Neural Network，GNN）是一种考虑交互相关因素的车辆轨迹预测方法。传统的深度学习方法适用于提取欧几里得空间数据特征，但是实际应用场景中的数据往往具有非欧几里得结构。相比传统的深度学习方法，图神经网络能够更好地处理非欧几里得空间数据。在这种方法中，环境中的每个对象被看作图中的一个节点，形成一个不规则的图。图中的每个节点与其他节点有相关的边，这些边表示对象之间的相互依赖性。通过利用这些边的信息，它能够捕捉到对象之间的交互关系，并在轨迹预测任务中发挥作用。

在考虑与道路相关的因素时，传统的深度学习方法通常使用卷积神经网络处理栅格地图，但这种方法计算负担较大且容易丢失信息。相比之下，矢量地图使用折线来表示结构化道路信息，这些折线具有多个控制点和属性，可以形成用作图神经网络中节点的向量组，从而使它能够有效处理道路相关因素。因此，图神经网络在轨迹预测任务中得到了广泛应用。

(1) 图卷积网络

图卷积网络（Graph Convolutional Network，GCN）是目前应用最广泛的图神经网络方法。与传统的图像数据处理不同，图卷积网络将卷积运算应用于图形数据处理领域。它通过学习映射函数来从图中节点及其邻居节点的特征中提取交互感知信息。

(2) 使用矢量图的图神经网络

研究人员利用图神经网络来获得车辆之间、车辆与地图之间的交互特征，以提高轨迹预测的准确性。例如，层次化的图神经网络 VectorNet 将场景中的车辆和矢量地图作为节点，利用图卷积网络提取矢量地图中的车道特征，然后将这两种特征联合起来进行轨迹预测。

(3) 其他图神经网络

注意机制目前已广泛应用于序列任务中，其优点在于可以将关注点放在数据中最重要的部分上。

图注意力网络（Graph Attention，GAT）是一种利用注意力机制来确定图形节点之间权重的模型。在轨迹预测中，图注意力网络首先使用 LSTM 编码器对交通参与者的轨迹进行编码，然后使用注意力机制计算每个参与者的注意力权重，并通过加权平均得到每个参与者的交互信息。最后，通过 LSTM 解码器生成预测轨迹。

此外，有研究学者提出一种轨迹预测社交图谱网络。为了捕捉交通参与者的社会行为，该方法基于实时位置和速度方向信息动态构建有向图。基于这个社交图谱，使用 LSTM 来收集社交效应，并通过样本训练生成面向终端和交互感知的表示。为了处理未来轨迹的不确定性，该网络采用时间随机的方法逐步学习交互中的不确定性。首先形成先验模型，然后对先验模型进行采样，并使用分层 LSTM 逐步解码生成预测轨迹。

3. 生成模型

在轨迹预测任务中，多模态性给研究带来了不确定性和挑战。为了解释这种多模态分布，研究人员使用生成模型来生成多模态轨迹。这些生成模型包括生成对抗网络（Generative Adversarial Network，GAN）和条件变分自动编码器（Conditional Variational Autoencoder，CVAE）。

(1) 生成对抗网络

生成对抗网络是由 Ian Goodfellow 于 2014 年提出的生成模型，不到两年时间迅速成为主要的研究热点。生成对抗网络主要由生成器和判别器两部分组成。生成器用于生成类似真实样本的随机样本，而判别器则用于判断数据为真实或伪造。通过生成器和判别器的对抗训练，生成对抗网络可以逐渐改善生成器的生成质量，提高判别器的准确性。在将生成对抗网络应用于轨迹预测时，生成器被用来生成预测轨迹，而判别器则用于判断生成的轨迹是否足够真实。通过不断迭代训练，生成器可以生成更准确、多样性的轨迹预测，而判别器则能够更准确地判别真实轨迹和生成轨迹之间的差异。

(2) 条件变分自动编码器

条件变分自动编码器（CVAE）是一种改进的自动编码器方法。传统的自动编码器通过编码器将数据压缩成低维向量表示，并使用解码器对低维向量进行解码以重构输出。然而，传统的自动编码器通常只能简单地"记住"数据，生成新数据的能力较弱。为了解决这个问题，学者提出了条件变分自动编码器来完成结构化预测任务。将条件变分自动编码器和循环神经网络变体结合构造为编码器-解码器的形式，可以有效进行轨迹预测。也有学者将传感器数据作为输入，使用条件变分自动编码器进行多模态轨迹预测。这种方法可以生成具有多个可能性的轨迹预测结果，从而可以捕捉轨迹的不确定性和多样性。

综上所述，深度学习方法在轨迹预测等时间、空间预测问题中得到了广泛应用，而且取得了重要的突破。这些方法首先利用序列网络来提取历史轨迹的特征，并且通过不同的网络结构处理特征，以提取交通参与者之间的交互信息和道路信息。然后，使用序列网络对这些特征进行建模，生成未来轨迹。这种基于深度学习的方法已经成为轨迹预测研究的主流方向。与基于物理学的方法和基于经典机器学习的方法相比，基于深度学习的方法能够预测更长时间。深度学习模型可以从大量数据中学习特征表示，从而更好地捕捉轨迹的复杂性和不确定性。在实际应用中，越来越多的自动驾驶汽车采用基于深度学习的方法来预测交通参与者的未来轨迹。

4.4 全局路径规划简介

全局路径规划是自动驾驶的重要技术之一，其根据全局的静态地图，规划出一条从起点到终点的最优可行驶路径。具体而言，全局路径规划通常包括Dijkstra、A*、混合A*等基于图搜索的算法，RRT等基于采样的算法，以及如蚁群算法等基于人工智能的规划算法。

4.4.1 基于图搜索的方法

基于图搜索的方法首先需要建立行驶空间的栅格化环境地图，然后根据具体的代价计算方法对节点进行扩展，以在栅格环境地图中搜索到可行驶的路径。

Dijkstra算法是基于图搜索的路径规划的经典算法之一。其核心思想是在一个集合S中存放已经找到最短路径的顶点。初始状态下，S只包含起点s，对$v_k \in V$，假设从起点s到v_i的有向边为最短路径，之后每求得一条最短路径s，就将v_k加入集合S中，并将路径s, …, v_k, …, v_i与原来的假设s, …, v_i相比较，取其中长度较小者为当前最短路径。最终实现以起始点为中心向外逐层扩展，直到找到一条从起点到终点的最短路径为止。Dijkstra算法的核心在于采用广度优先搜索策略，该算法简单且较容易实现，但不适合大规模网格的最短路径搜索。在环境地图模型大、节点数目多的系统中，Dijkstra算法需要的存储空间相当庞大，计算时间相当长，这就直接影响了搜索效率。Dijkstra算法路径搜索示意图如图4-1所示。

A*算法作为一种典型的启发式搜索算法，是在广度优先的Dijkstra算法的基础上改进而来的。在搜索过程中，A*算法通过建立的估价函数来确定优先搜索的节点。估价函数$f(n)$ [$f(n) = g(h) + h(n)$] 由起点到当前节点的实际代价$g(n)$（第一部分）和当前节点到目标点的估计代价$h(n)$（第二部分）组成。A*算法同时考虑了从初始节点到当前节点的代价和当前节点到目标节点的启发值，因此在静态路网中求解最短路径十分有效。其核心思想是设置两个集合：open集和closed集，open集保存待确定最短路径的节点，closed集保存已确定最短路径的节点。初始时，open集只包含起点，closed集则为空；通过比较open集中待扩展搜索节点的代价值，选择具有最佳期望的点加以扩展，直到找到终点为止。每个节点需要保存其父节点的指针，以便在其找到终点时能够反向回溯完整路径。

不难发现，启发函数$h(n)$的选择会影响A*算法的性能：

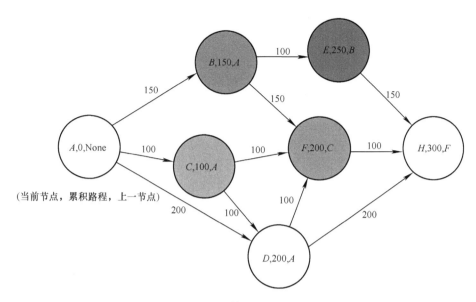

图 4-1　Dijkstra 算法路径搜索示意图

1）在极端情况下，当启发函数 $h(n)$ 始终为 0 时，节点的优先级完全由 $g(n)$ 决定，此时算法退化成 Dijkstra 算法。

2）如果 $h(n)$ 始终小于等于节点 n 到终点的代价，则 A∗算法保证一定能够找到最短路径。然而，随着 $h(n)$ 的值逐渐减小，算法将遍历更多的节点，导致算法搜索速度较慢。

3）当 $h(n)$ 完全等于节点 n 到终点的代价时，A∗算法将找到最佳路径，并且速度很快。但实际情况下，并非所有场景都能准确地计算距离终点的代价。

4）如果 $h(n)$ 大于节点 n 到终点的代价，则 A∗算法不能保证找到最短路径，但此时的路径搜索速度会较快。

5）在另一种极端情况下，如果 $h(n)$ 相较于 $g(n)$ 大很多，只有 $h(n)$ 会起作用，这也就变成了最佳优先搜索。

尽管 A∗算法可以找到可行解，但考虑到汽车转向机构的约束，得到的路径不一定能被汽车执行。为了更好地将 A∗算法应用于智能车辆领域，引入了混合（Hybrid）A∗的概念。Hybrid A∗使用带有航向角 θ 信息的三维节点，考虑到汽车应当尽量避免大幅度转向和频繁改变行驶方向，因此并非所有与当前节点相邻的未扩展节点都可以作为当前节点的子节点。在扩展节点的过程中，如果子节点与父节点方向角差别大，将被赋予较大代价值。Hybrid A∗在扩展节点时使用汽车运动学模型，在扩展节点时生成的路径可以较好地由汽车进行跟踪行驶。Hybrid A∗算法路径搜索示意图如图 4-2 所示。

图 4-2　Hybrid A∗算法路径搜索示意图

4.4.2　基于空间采样的方法

基于空间采样的方法旨在通过连接一系列无障碍空间的采样节点来建立从初始状态到目标状态的路径。这种方法的优势在于避免了在状态空间中显式构造障碍物，而是通过碰撞检测来验证路径的可行性，从而节省了大量的计算成本。最具代表性的基于空间采样的方法是快速扩展随机树（Rapidly – exploring Random Trees，RRT）算法，它由概率路图法发展而来。RRT算法在高维空间中搜索路径的效率较高，其基本原理是从根节点（即搜索起点）开始，在状态空间中循环随机采样，逐步增加叶节点，形成一个随机扩展树。当随机树扩展到指定终点或已搜索到终点区域，可以通过从终节点开始，一步步查找节点的父节点，找到一条连接起点和终点的路径。由于基础RRT算法在整个采样空间内均匀随机地采样，因此需要计算大量无用的采样点，从而降低了算法的收敛速度和效率。为此，国内外研究者对基础RRT算法进行了不断优化，提出了双向搜索树（Bi – RRT）算法。该算法以初始点和目标点为根节点，同时进行循环采样，生成两棵树，直到两棵树相遇后停止扩展，以加快算法的收敛速度。RRT算法路径搜索示意图如图4-3所示。

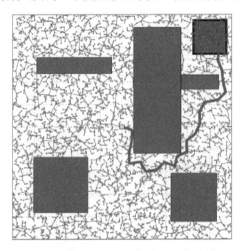

图4-3　RRT算法路径搜索示意图

4.4.3　基于人工智能的方法

蚁群算法（Ant Colony Algorithm，ACA）模拟自然界中蚂蚁的觅食行为，以寻找起点到终点的最短路径。如图4-4所示，蚁群算法的核心思想是：蚂蚁在寻找食物源时会在其经过的路径上释放信息素，并能够感知其他蚂蚁释放的信息素。路径上信息素浓度的大小表征距离远近，浓度越高，表示对应的路径距离越短。蚂蚁通常会根据概率优先原则选择信息素浓度较高的路径，并释放一定量的信息素，以增强该条路径上的信息素浓度和形成正反馈。最终，蚂蚁能够找到一条从巢穴到食物源的最佳路径。蚁群算法路径搜索示意图如图4-5所示。

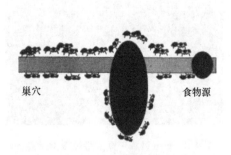

图4-4　蚁群算法搜索思想示意图

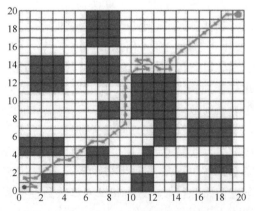

图4-5　蚁群算法路径搜索示意图

灰狼优化算法（Grey Wolf Optimizer, GWO）是一种模拟自然界中灰狼的等级制度与狩猎行为的优化搜索方法，其核心思想是：

1）社会等级分层：将狼群中的灰狼分为 α、β、δ 和 ω 四个等级，上级的灰狼支配下级的灰狼，下级的灰狼服从并执行上级灰狼的决策。

2）包围猎物（寻找可行解）：灰狼搜索猎物时会不断更新自身位置，以逐渐地接近并包围猎物。

3）狩猎：由于大多数问题的解空间特征是未知的，灰狼无法确定猎物（最优解）的精确位置，考虑到上级 α、β、δ 灰狼具有较强识别潜在猎物位置的能力，因此根据 α、β、δ 灰狼的位置信息指引对候选解的搜索行为。

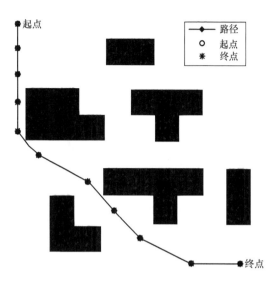

图 4-6　灰狼优化算法路径搜索示意图

4）寻找猎物：通过修改协同系数 A 的值来做出不同决策。若 $|A|>1$，则狼群开始分散地去搜索猎物位置信息，以进行全局搜索。若 $|A|<1$，则靠近猎物，促使狼群进行局部搜索。灰狼优化算法路径搜索示意图如图 4-6 所示。

4.5　局部路径算法简介

局部路径规划旨在按照一定的运动期望（如行驶时间最短、路径长度最短或耗能最少等目标），在车辆运动空间内规划一条安全轨迹。具体而言，根据通过传感器等设备实时获取的车辆及周围环境信息，在满足动力学、运动学约束及稳定性、舒适性等评价指标条件下，预先或者实时规划出具体的局部行驶路径。

一般情况下，局部规划采用一系列不同的算法来解决问题，其中包括基于采样的规划算法（如 lattice 算法等）和基于优化的规划算法（如模型预测控制和人工势场法等）。这些算法通常在求解规划轨迹时分别处理横向和纵向，然后将它们的结果组合，以生成最终的轨迹曲线。然而，近年来，有人又提出了一种新方法，称为时空联合规划，它同时考虑了横向和纵向，以直接生成规划轨迹。

4.6　局部路径规划算法介绍

4.6.1　基于采样的规划算法

有许多基于采样的规划算法可供选择，本节将介绍一种广泛使用的 Lattice 算法作为例子。Lattice 算法首先对可行驶的区域进行采样，并使用可行路径线将每个网格节点连接起来，如图 4-7 所示。每个节点都包含位置、航向和速度的四维状态信息，并形成一组连接初始节点与周围节点的最小路径集合。在这个网络中，从最小路径集合可以将任何路径拆分为一系列路径段，最终，通过基于搜索的算法来搜索路径并找到最优解。

在自动驾驶技术中，实现 Lattice 算法的过程可以划分为以下步骤：

1）首先，将当前智能网联汽车的位置和方向信息映射到 frenet 坐标系，得到智能网联汽车在该坐标系下的初始状态。随后，基于当前速度估算智能网联汽车的终点状态，并计算智能网联汽车在 frenet 坐标系下终点位置的目标状态。

2）对轨迹状态进行采样，包括运行时间、目标点速度，以及与参考线的横向位移。对这 3 个参数采样后将获取一系列采样状态。

3）构建横向位移和纵向位移的多项式规划函数。一旦获取了规划函数，通过时间插值的方法，

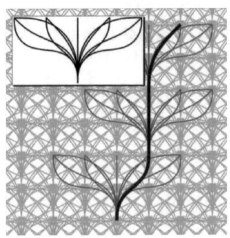

图 4-7 Lattice 算法示意图

可以在 frenet 坐标系中计算出参考线的轨迹点。最后，将这些轨迹点转换回笛卡儿坐标系，就可以获得物理世界中的采样轨迹。

4）最后，系统将对生成的采样轨迹执行全面评估，包括碰撞检测、曲率约束和代价函数计算三个关键环节。在这个过程中，每条候选轨迹都必须满足一系列严格的要求：确保轨迹的连续性和光滑性、符合车辆速度限制、遵循车辆运动学的曲率约束、保证无碰撞安全性、与障碍物保持适当安全距离，并尽可能紧密贴合预设的参考线。通过对每条候选轨迹进行代价函数的综合计算，系统最终能够筛选出一条最优轨迹，这条轨迹不仅满足所有约束条件，还能确保运动的平顺性和安全性，并作为自动驾驶规划模块的核心输出传递给车辆的控制模块，用于后续的执行控制。

4.6.2　基于优化的规划算法

基于优化的规划算法主要用于解决最优化问题，其核心思想是通过制定优化指标和添加约束条件来计算最佳行驶轨迹。这需要对轨迹曲线进行迭代改进，直到达到终止条件或收敛条件。常见的基于优化的规划算法包括模型预测控制（Model Predictive Control，MPC）、人工势场法以及数值优化等。

MPC 是一种处理多约束优化问题的方法。它将障碍物位置转化为优化问题中的约束条件，以确保求解的轨迹安全可行。这种方法充分考虑了车辆的运动学和动力学特性，但处理障碍物的方式较为局限，通常只考虑静态障碍物，并且求解约束的过程相对复杂。MPC 的关键在于建立模型的等效简化和高效的求解方法。在不同控制输入下，车辆将遵循不同轨迹，每条轨迹都对应一个目标函数值。在智能网联汽车中，作用于车辆的控制输入量可通过求解最优化算法获得，该算法能够找到使目标函数达到最小值时所对应的最优控制量。

人工势场法是一种常见的规划算法，广泛应用于自动驾驶技术领域。该方法模拟了自然界中"场"的概念，将智能网联汽车周围的交通环境抽象为一个势场。在这个势场中，智能网联汽车行驶目标点的势能最低，而不可行区域和障碍物区域的势能较高。智能网联汽车受势能作用，从高势能区域滑向目标位置，如图 4-8 所示。

4.6.3 时空联合规划算法

上述传统的规划算法采用时空分离的方法,将三维时空下的决策和规划问题分解为路径规划和速度规划两个二维问题。首先,一般只考虑周围的静态障碍物,做出相应的横向决策,规划一条不与静态障碍物发生碰撞的路径。然后,在这条无碰撞路径的基础上,对是否让行动态障碍物做出决策,规划一条与动态障碍物没有碰撞的速度曲线。最后,将路径和速度曲线组合成最终输出给控制模块的路径。

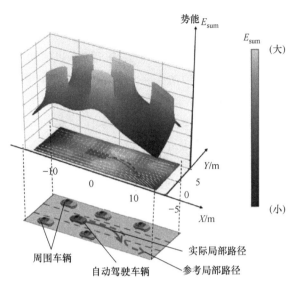

图 4-8 一种人工车辆路径规划势场

这类时空分离的规划算法的优点在于将复杂的三维问题简化为较简单的二维问题,易于坐标求解,适用于简单的静态避障或路口让行场景。然而,这类算法也存在缺点,难以应对与动态障碍物的复杂横纵向联合交互,如超车和动态避让等场景。因此,近年来有人提出了时空联合规划的概念。

时空联合规划是指直接在三维时空下对轨迹进行横纵向联合的决策与优化。这意味着同时求解路径和速度曲线,而不是将它们分别单独求解后组合获得轨迹。行驶轨迹的本质是解一个复杂的优化问题,目标是找到既安全又舒适的最佳轨迹。时空联合规划的特点是将路径和速度曲线同时作为优化问题的变量,以获得二者的最佳组合,而不仅是在某个给定速度曲线下的最佳路径或某个给定路径下的最佳速度。

4.7 基于有限状态机的行为决策模型

传统的智能车辆驾驶行为决策方法中,有限状态机模型广泛应用于园区、港口等封闭场景,这是因为它具有简单的结构和清晰的控制逻辑。在这些封闭场景中,道路的路线和节点是固定的,这使得我们可以事先设计车辆的行驶规则。这种事先设计行驶规则的方法将车辆在特定场景中的决策看作一系列离散事件,不同事件在不同场景下触发相应的驾驶行为。这种基于事件响应的模型被称为有限状态机决策模型。

4.7.1 有限状态机模型的原理

有限状态机(Finite-State Machine,FSM)是一种数学模型,用于描述特定目标在有限个状态之间通过特定事件的触发而进行状态转移和执行相应动作。这种模型已经在各种领域得到广泛应用,包括特定场景的无人驾驶车辆和机器人系统等。

有限状态机主要包括四个组成部分,分别是事件(Event)、转换(Transition)、状态(State)和动作(Action),表示如下:

$$F_{i+1} = (\Sigma, \Lambda, S, s_0, \delta, F_i) \tag{4-4}$$

式中，Σ 为输入集，也称事件集，包含状态机可以接受的所有可能输入；Λ 为输出集，也称动作集，包含状态机的所有可能响应动作；S 为状态集，是特定对象在特定情境下的所有可能状态集合；s_0 为初始状态，表示状态机的初始条件或默认状态；F_i 为终止状态，是状态集 S 的一个子集，可以为空集；δ 为转换逻辑，表示状态机的状态转移条件。

使用 FSM 时需要满足以下几个要求：①以上所有集合都必须是有限集；②在任何时刻，都必须有一个对应的状态，并且每个状态都必须有对应的动作；③忽略状态转移的时间。

4.7.2 有限状态机模型在车辆决策中的应用

在 2007 年的 DAPRA 城市挑战赛中，斯坦福大学的 Junior 车队采用了并联结构的有限状态机模型，以实现 13 种不同行驶状态之间的相互转换，包括初始状态和车道跟随等行驶状态，如图 4-9 所示，展示了除避障（Escape）和交通堵塞（Traffic Jam）外的 11 种状态。

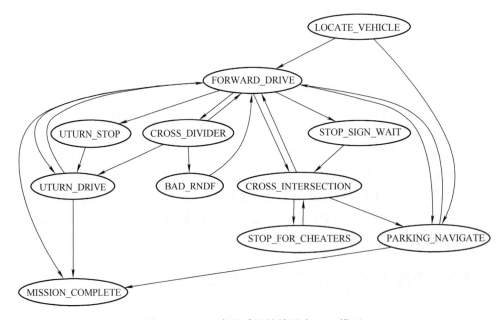

图 4-9　Junior 车队采用的并联式 FSM 模型

图 4-9 中，LOCATE_VEHICLE 是车辆的初始状态，在开始行驶之前，估计自身在 RNDF 的初始位置，并决定开始道路行驶还是停车场导航等；FORWARD_DRIVE 状态和向前行驶、道路保持、避障相关；STOP_SIGN_WAIT 当机器人在停止线前等待时调用，用来处理路口的进程；CROSS_INTERSECTION 在机器人等待路口安全或空旷时调用，当车辆离开路口时也会调用；STOP_FOR_CHEATERS 状态使得 Junior 在四车道路口等待其他车辆驶离；UTURN_DRIVE 在 U–turn 时调用；UTURN_STOP 和 UTURN_DRIVE 一样，但车辆在该状态下为 U–turn 做准备；CROSS_DIVIDER 使得车辆能够越过黄线，避免道路的部分堵塞；PARKING_NAVIGATE 是正常停车位导航；BAD_RNDF 在 CROSS_DIVIDER 失败时调用，使用 Hybrid A* 在结构化道路进行导航；MISSION_COMPLETE 为比赛结束。

卡内基梅隆大学的 BOSS 车队则采用了一种层次式混联结构的有限状态机模型，如图 4-10 所示。这种结构根据车辆自身的行为和驾驶场景分为两层，每层对应不同的状态，这样在一定程度上解决了有限状态机模型在驾驶状态增多时，可能出现的结构混乱和难以维护的问题。

基于有限状态机模型及其扩展模型的决策系统，因为具有相对简单和清晰的框架而被广泛应用。然而，当智能车辆面临复杂的行驶环境时，状态集和输入集可能会急剧增加，导致模型结构变得复杂且难以有效划分各种驾驶场景。因此，这种方法适用于简单驾驶场景，在简单驾驶场景下能表现出较高的可靠性。

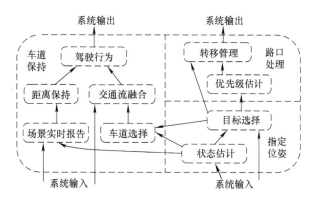

图 4-10 BOSS 车队采用的层次式混联结构的 FSM 模型

4.8 基于深度强化学习的行为决策模型

人工智能自 1956 年首次被提出以来，经过 60 多年的演进，已经成为一门具有日臻完善的理论基础、日益广泛的应用领域的交叉学科。近年来，对深度强化学习算法的进一步认识和挖掘成为人工智能实现应用的重要研究方向。深度强化学习技术方法在智能车辆的环境感知与决策系统方面的应用也日益广泛。

4.8.1 深度强化学习模型的原理

深度强化学习（Deep Reinforcement Learning，DRL）将深度学习算法的"感知能力"和强化学习算法的"决策能力"相结合，为复杂驾驶场景下的感知决策问题提供解决方案。DRL 是一种端到端的感知和决策控制系统，其学习过程可概括为：

1) 智能体与环境进行交互获取观测信息，并利用深度学习算法识别观测信息的特征。
2) 根据预期回报对智能体动作的价值进行评估，并根据相应策略将当前状态映射到相应动作。
3) 环境对此动作做出反应，并导致智能体与环境交互所得到的观测信息发生变化，不断循环以上过程，最终得出目标的最优策略。

4.8.2 深度强化学习算法

基于深度学习的方法通常需要大量人工标记的数据来训练模型，再根据生成的深度网络实现自动驾驶的决策与控制，但对于车辆这个动态对象来说难以实现。相比之下，基于强化学习的方法具有一定的自主决策能力，符合车辆行驶的动态特性，但强化学习方法是将所有的状态-动作映射的评价值存储为一个列表，这对于车辆的复杂工况来说很难实现，因此基于强化学习

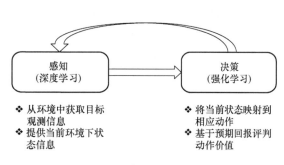

图 4-11 深度强化学习的框架

的自动驾驶决策算法没有广泛应用。为了克服这些问题，有研究者尝试将深度学习和强化学习相结合，形成了深度强化学习模型，如图4-11所示。

深度强化学习的代表性算法是由Mnih等提出的深度Q网络（Deep Q-Network，DQN）算法，但此算法仅适用于离散动作空间，因此不适用于车辆自动驾驶控制系统。Google DeepMind在DQN算法的基础上改进为深度确定性策略梯度（Deep Deterministic Policy Gradient，DDPG）算法，可实现连续动作空间的控制决策，此算法更加符合自动驾驶车辆的决策方式。

4.8.3 基于深度强化学习模型的应用

英伟达公司研发的驾驶行为决策系统采用了端到端的训练方法，使用神经网络对输入信息进行处理，其训练框图如图4-12所示。

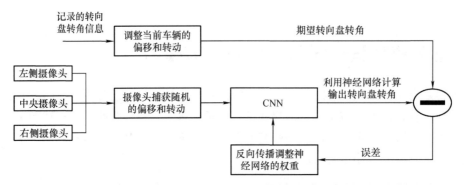

图4-12 英伟达公司的驾驶行为决策系统训练框图

国内百度公司在端到端的自动驾驶系统中利用长短时记忆神经网络算法实现车辆纵向决策与控制，并基于卷积神经网络和深度强化学习模型实现车辆的横向决策与控制，同时实现了对车辆横纵方向上的驾驶行为决策与控制。研究相关案例发现，这种深度强化学习模型具有解决复杂环境下车辆决策与控制的潜力。然而，随着车辆环境信息的复杂程度增加，决策控制模块需要处理和分析的数据量也会大大增加，进而对控制算法及模型的时效性提出了更高的要求。

2023年4月12日，毫末发布了业内首个自动驾驶生成式大模型DriveGPT。DriveGPT的底层模型与ChatGPT相同，都采用了生成式预训练模型架构，使用了大规模无监督的数据进行初始模型的生成，同时都采用了Prompt微调方式和人类反馈强化学习（Reinforcement Learning with Human Feedback，RLHF）的方式对模型效果进行优化。二者的不同之处在于，ChatGPT输入和输出的是自然语言文本，而DriveGPT输入和输出的分别是历史场景序列和未来场景序列。DriveGPT大模型的驾驶决策能力是在空间计算能力之上，叠加认知决策的能力，类似于我们去驾校学车，大模型相当于在做驾驶技能教学。驾驶技能都需要依赖对周围空间的三维感知，这种空间感知能力是一种通用能力，可以与不同的决策模型结合，完成不同的任务。

DriveGPT在认知决策层面的应用为将空间计算Backbone与驾驶决策对接，采用更丰富、更全面的感知信息来训练驾驶决策模型，并结合海量的真实驾驶数据训练，最终实现端到端自动驾驶，甚至可以实现无人驾驶。

第5章 运动控制

5.1 概述

车辆运动控制在智能辅助驾驶中的重要作用不容忽视:作为智能辅助驾驶技术的核心组成部分,运动控制系统相当于汽车的"小脑"和"肌肉",负责处理和执行所有的驾驶决策。它需要根据运动规划系统输出和实时反馈的车辆行驶状态来控制底盘执行器的动作,使车辆稳定、平滑、精确地跟踪期望路径/轨迹。

在解决车辆运动控制问题的过程中,学者们提出了以基于比例-积分-微分(Proportion Integration Differentiation,PID)控制和模糊逻辑控制(Fuzzy Logic Control,FLC)为代表的无模型运动控制方法;以滑模控制(Sliding Mode Control,SMC)、鲁棒控制(Robust Control)、线性二次型调节器(Linear Quadratic Regulator,LQR)和MPC等为代表的基于模型的运动控制方法;以小脑模型神经网络(Cerebellar Model Articulation Controller)、反向传播(BP)神经网络和强化学习为代表的基于学习的运动控制方法,以及模型与学习结合的运动控制方法。

无模型控制方法不需要建立参考模型,将汽车的动力学特征视为一个"黑箱",其控制输出仅仅取决于偏差,这类算法往往需要大量的参数标定,而且在理论上无法验证控制器的可靠性。

基于模型的运动控制方法需要建立汽车运动学或动力学模型,并基于控制理论对模型进行推导和迭代,以求解出可以使跟踪偏差收敛的转角控制量,这类算法相比无模型控制算法,在可靠性上有显著的提升,在中低车速和曲率较小的工况下,往往可以取得不错的控制效果。在复杂工况下,轮胎侧偏、滑移特性显示出高度非线性特性,精确的车辆动力学数学模型无法建立,而模型不确定性是影响车辆路径跟踪控制性能的主要因素。

随着机器学习和深度学习方法的快速发展,以小脑模型神经网络、BP神经网络为代表的监督式方法和基于强化学习、深度强化学习的无监督方法被引入到运动控制问题中,以进一步提高运动控制的精度和效率。基于模型的控制方法具备较强的可解释性,但需要大量专家经验进行参数调节,而基于学习的方法只需要设定控制目标,算法可根据反馈机制自动完成参数调节,但可解释性较差。基于模型和学习的融合方法结合了二者的特点,具备可解释性强且不需要大量专家经验的优点,是智能辅助驾驶系统运动控制方法的重要发展方向。

5.2 无模型运动控制

智能辅助驾驶系统中的无模型运动控制方法是一种不依赖于车辆动力学模型的控制策略,其发展现状及特点可概括为以下5点:

1）无模型运动控制方法具有较强的灵活性和适应性。由于不受特定模型的限制，这种方法能够更好地应对各种复杂、多变的驾驶环境，从而确保车辆在多种路况下的稳定行驶。

2）该方法在实际应用中展现出较高的实时性，无须进行复杂的模型计算，使车辆能够在短时间内做出决策，迅速响应突发状况，确保行车安全。

3）无模型运动控制还具有较好的鲁棒性。由于其不依赖于特定的车辆模型，即使车辆参数发生变化，或者传感器出现一定程度的误差，也不会对控制效果产生太大的影响。

4）此方法可以有效降低计算成本，不需要建立和维护复杂的车辆动力学模型，这在自动驾驶系统的大规模部署中具有重要意义。

5）无模型运动控制方法仍在不断发展中，依然面临一些挑战。例如，如何在保证实时性和鲁棒性的同时，进一步提高控制精度和效率，以适应更高级别的自动驾驶需求。另外，如何结合其他先进技术，如深度学习、强化学习等，以实现更智能、更自主的运动控制，也是未来研究的重要方向。

5.2.1 基于 PID 的运动控制

PID 控制，即比例 - 积分 - 微分控制，是一种广泛应用于工业控制系统的控制算法，同样也被应用于车辆控制中。在车辆 PID 控制中，控制器通过计算车辆当前状态与目标状态之间的偏差，然后利用比例、积分和微分三个环节对偏差进行处理，生成控制指令来调整车辆的状态，使其趋近于目标状态，其原理如图 5-1 所示。

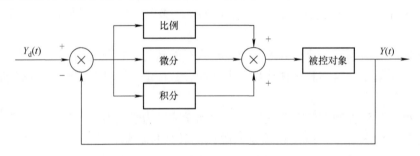

图 5-1　PID 控制原理

具体来说，比例环节（P）根据偏差的大小生成一个与偏差成比例的控制量，用于快速减小偏差。积分环节（I）则对偏差进行积分，生成一个与偏差的累积量成比例的控制量，用于消除系统的稳态误差。微分环节（D）根据偏差的变化率生成一个控制量，用于预测偏差的变化趋势并提前进行调整，从而提高系统的动态性能。

在车辆 PID 控制中，控制器的设计需要根据车辆的动力学特性和控制目标进行调整和优化。例如，在车辆的纵向控制中，PID 控制器可以根据车速偏差和加速度偏差来生成加速和制动控制指令，使车辆能够以期望的车速和加速度行驶。在横向控制中，PID 控制器可以根据车辆的航向角偏差和横向位置偏差生成转向控制指令，使车辆能够沿着预定轨迹行驶。

虽然 PID 控制简单有效，理论上基于模型对 PID 参数进行整定可以取得最好的效果，但是当模型未知或时变时，参数整定往往是结合经验试凑，工作量极大，并且在系统不确定性和外部扰动存在时无法有针对性地进行补偿，无法保证在大范围内的渐进稳定。除此之外，一般 PID 算法容易发生由执行器能力饱和导致的积分运算发散，需要额外采取措施实现抗积分饱和。

5.2.2 基于模糊逻辑控制的运动控制

基于模糊逻辑的车辆运动控制是一种智能控制方法，它利用模糊集合论、模糊逻辑推理和模糊语言变量来处理车辆运动控制中的不确定性和非线性问题。相比于传统的 PID 控制等方法，模糊控制更能够适应复杂多变的车辆运动环境，并处理难以用精确数学模型描述的系统，其原理如图 5-2 所示。

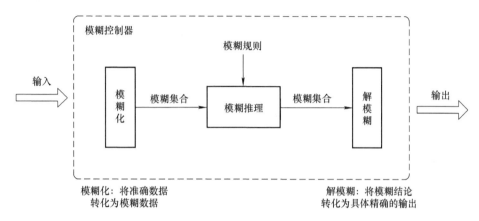

图 5-2　模糊逻辑控制原理

在基于模糊逻辑控制的车辆运动控制中，首先将车辆的运动状态、环境信息、驾驶人意图等输入信息模糊化，即将清晰的数值转换为模糊集合。然后，根据一组基于专家经验和实际数据的模糊规则进行推理，生成模糊控制指令。最后，通过解模糊过程将模糊控制指令转换为车辆执行系统可以理解的清晰控制信号，如节气门开度、制动压力、转向角度等。

模糊控制在车辆运动控制中的应用广泛，涉及车辆的纵向控制、横向控制、稳定性控制等多个方面。例如，在纵向控制中，模糊控制器可以根据车辆的速度、加速度、前方道路状况等信息，实时调整加速和制动控制，以实现平稳的加减速和自适应巡航功能。在横向控制中，模糊控制器可以根据车辆的航向角、横向偏差、车速等信息，协调转向和驱动力分配，以实现精确的轨迹跟踪和避障功能。

模糊控制的优势在于其能够处理不确定性和非线性问题，对系统模型的依赖性较低，同时能够利用专家的经验和知识来优化控制效果。然而，模糊控制也存在一些挑战，如模糊规则的制定和调整需要依赖于专家经验和实际数据，而且随着系统复杂性的增加，模糊规则的数量和复杂性也会增加。因此，在实际应用中，需要根据车辆的具体类型、运动控制需求及可用资源等因素，综合考虑模糊控制与其他控制方法的结合使用，以达到最佳的控制效果。

5.3　基于模型的运动控制

基于模型的运动控制算法中，首先需要对车辆进行建模或识别，并假设车辆模型与真实车辆特性一致，然后基于使用确定性等效原理获得的系统模型设计控制器。按照控制目标，基于模型的运动控制可分为横纵向独立控制和横纵向耦合控制。

5.3.1 基于滑模控制的运动控制

滑模控制又称滑模变结构控制,是一种典型的非线性反馈控制方法,具有很强的抗不确定性扰动能力。该方法基于滑模控制理论,通过设计相应的轨迹跟踪容错控制器,确保车辆在故障情况下仍能良好运行,从而不影响轨迹跟踪和车辆稳定协调控制系统的正常工作。

滑模控制的核心思想是将系统的状态从任意点收敛到滑模面,并沿滑模面运动,直至达到稳定平衡点,在车辆控制中,这意味着通过调整车辆的动力学参数,如转向角、加速和制动等,使车辆的实际状态与期望状态之间的差值最小化。

根据所确定的滑模面函数 $s(x)$,设计行驶的控制律如下:

$$u = \begin{cases} u^+(x), s(x) > 0 \\ u^-(x), s(x) < 0 \end{cases} \tag{5-1}$$

具体实现上,滑模控制方法首先根据轨迹跟踪所需的期望车辆状态在滑模面上的动态特性设计系统的切换模态。然后,通过设计相应的切换控制项,确保滑模运动在滑模面附近稳定进行。这样,即使在面临外部干扰或系统不确定性时,车辆仍能保持稳定并按预定轨迹行驶,其原理如图 5-3 所示。

此外,为了进一步优化控制效果,可以将滑模控制与其他控制方法相结合。例如,将最优控制与滑模控制相结合,形成基于平顺性能指标的最优滑模控制。这种方法能够根据最优控制指标确定滑模切换面方程,使系统获得最优性能及良好的变工况鲁棒性。

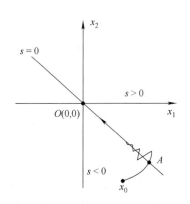

图 5-3 滑模控制原理

总之,车辆滑模控制方法是一种有效的控制策略,能够显著提高车辆的稳定性、操纵性和安全性。它通过设计轨迹跟踪容错控制器,确保车辆在故障情况下仍能正常运行,为车辆的稳定行驶提供了有力保障。未来随着技术的不断发展,滑模控制方法将在车辆控制领域发挥更大的作用。

5.3.2 基于鲁棒控制的运动控制

鲁棒控制(Robust Control)的研究始于 20 世纪 50 年代。所谓鲁棒性,是指控制系统在一定的参数摄动下,维持某些性能的特性。根据对性能的不同定义,可以分为稳定鲁棒性和性能鲁棒性。以闭环系统的鲁棒性作为目标设计得到的固定控制器称为鲁棒控制器。鲁棒控制的早期研究主要针对单变量系统(SISO)在微小摄动下的不确定性,具有代表性的是 Zames 提出的微分灵敏度分析。现代鲁棒控制是一个着重控制算法可靠性研究的控制器设计方法。其设计目标是找到在实际环境中为保证安全要求控制系统最小必须满足的要求。主要的鲁棒控制理论有 Kharitonov 区间理论、H_∞ 控制理论和结构奇异值理论(μ 理论)等。

在车辆运动控制问题中,影响控制效果的不确定因素主要来自以下三方面:

1) 车辆动力学模型和未知外界扰动的不确定性。
2) 车辆网络延迟和车辆执行机构延迟的不确定性。
3) 人类驾驶人介入的不确定性。

在基于鲁棒控制方法的运动控制算法中，需要针对这些不确定因素进行建模，将其不确定性考虑在控制算法中以期提升控制性能和稳定性。如图 5-4 所示，相关研究提出了一种可靠、有效、实用的鲁棒控制器，控制器的设计在分层控制架构下，采用条件积分算法。整个无人车轨迹跟踪控制器由两部分构成：运动学控制器和动力学控制器。运动学控制器考虑到车辆存在质心位置误差和横摆角速度上界的情况，根据车辆相对于轨迹的非线性运动学关系，基于条件积分算法设计有界的期望横摆角速度作为虚拟控制率，从而实现车辆相对轨迹的侧向位移误差的渐进稳定，并且保证车辆航向角的稳定，给出航向角稳态时的理论值。动力学控制器考虑到车辆参数的不确定性和执行器约束，根据车辆的动力学特性，基于条件积分算法设计有界的车辆前轮转角控制率，实现期望横摆角速度的渐进稳定，最终使车辆行驶在期望的轨迹上，并且保证车辆质心侧偏角稳定，给出质心侧偏角稳态时的理论值。

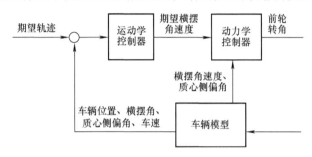

图 5-4　基于条件积分的车辆鲁棒控制方法

5.3.3　基于 LQR 方法的运动控制

LQR（Linear Quadratic Regulator）即线性二次型调节器，其对象是现代控制理论中以状态空间形式给出的线性系统，目标函数为对象状态和控制输入的二次型函数。LQR 理论是现代控制理论中发展最早且最为成熟的一种状态空间设计法，被应用于各类控制问题中，在车辆运动控制领域也有广泛应用。

基于 LQR 的车辆控制原理主要涉及对车辆动态系统的线性化处理、建立性能指标函数，以及求解最优控制律等步骤。LQR 方法是一种最优控制算法，它通过对系统动态方程进行线性化，将问题转化为求解动态矩阵的最优增益矩阵，从而使系统状态能够在最短时间内收敛到期望值。

在车辆控制中，LQR 方法的应用通常涉及以下步骤：

1）建立车辆的运动模型，这个模型通常是基于车辆的质心侧偏角、横摆角速度、横向误差和航向误差等建立的多自由度动力学模型，如图 5-5 所示。这类自由度动力学模型能够准确描述车辆在不同状态下的行驶特性，为控制算法提供准确的输入参数。然后，将这个非线性模型进行线性化处理，使其适用于 LQR 控制器的设计。

2）定义一个性能指标函数，该函数通常是系统状态和控制输入的二次型函数。性能指标函数的选择直接反映了控制目标，如希望系统状态尽快收敛到期望值，同时希望控制输入的能量消耗尽可能小。通过调整性能指标函数中的权重系数，可以实现对不同控制目标的权衡。

3）利用 LQR 理论求解最优控制律。这通常涉及求解一个与性能指标函数相关的黎卡提

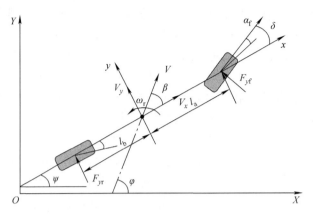

图 5-5 车辆多自由度模型

方程。通过求解这个方程，可以得到一个状态反馈控制律，该控制律能够根据当前的系统状态实时计算出最优的控制输入。LQR 最优设计是指设计出的状态反馈控制器 K 要使二次型目标函数 J 取最小值，而 K 由权矩阵 Q 与 R 唯一决定，故此 Q、R 的选择尤为重要。式（5-2）为 LQR 代价函数。

$$J = \int_0^\infty \boldsymbol{x}^\mathrm{T}\boldsymbol{Q}\boldsymbol{x} + \boldsymbol{u}^\mathrm{T}\boldsymbol{R}\boldsymbol{u}\,\mathrm{d}t \tag{5-2}$$

式中，Q 和 R 均为对角参数矩阵，分别决定了状态向量 x 和输入向量 u 的重要性；J 为二次型函数。

最后，将求解得到的 LQR 控制器应用于实际车辆控制系统中，通过实时采集车辆状态信息，计算最优控制输入，并将其作用于车辆，实现对车辆运动的精确控制。

需要注意的是，LQR 控制方法在实际应用中可能受到一些限制，如对于强非线性或不确定性的系统，其控制效果可能不够理想。此外，LQR 控制器的设计过程中需要选择合适的权重系数，这通常需要根据具体的应用场景和控制目标进行调整和优化。

5.3.4 基于 MPC 的运动控制

MPC 是一种先进的控制技术，其思想可以追溯到 20 世纪 60 年代，其第一次应用可以追溯到 20 世纪 70 年代，但当时计算机算力较低，因此当时 MPC 主要用于计算时间足够长且与当时的硬件资源兼容的被控系统，直到 20 世纪 80 年代，在动态矩阵控制方法的出现及 D. W. Clarke 等人首次提出广义预测控制之后，对模型预测控制的研究开始激增。

MPC 利用已知模型和其当前状态量来预测系统未来的输入、输出偏差，通过在线时域滚动优化和反馈校正方法确定系统当前的最优控制目标值，具有实时性、全局性和鲁棒性的特点，基本原理如图 5-6 所示。

（1）预测模型

预测模型是模型预测控制的基础，它能够通过控制系统中被控平台提供的当前系统状态信息，再加上未来的控制输入变量，预测到未来的被控平台的状态。预测模型的形式没有确定的形式要求，可以是状态空间方程、传递函数，也可以是阶跃响应模型、脉冲响应模型、模糊模型等。根据被控对象和需要预测的状态选择合适的预测模型。对于车辆方向而言，模

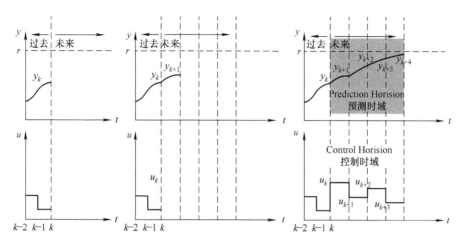

图 5-6 MPC 基本原理

型预测控制选择状态空间模型比较合适。

（2）滚动优化

预测控制中的优化与通常的离散最优控制算法不同，不是采用一个不变的全局最优目标，而是采用滚动式的有限时域优化策略。

在每一采样时刻，根据该时刻的优化性能指标，求解该时刻起有限时段的最优控制率。计算得到的控制作用序列也只有当前值是实际执行的，在下一个采样时刻又重新求取最优控制率。也就是说，优化过程不是一次离线完成的，而是反复在线进行（即在每一采样时刻，优化性能指标只涉及从该时刻起到未来有限的时间，而到下一个采样时刻，这一优化时段会同时向前推移）。

通过滚动优化策略，始终在实际的基础上建立新的优化目标，兼顾对未来有限时域内的理想优化和实际不确定性的影响，这要比建立在理想条件下的传统最优控制方法更加实际和有效。

（3）反馈校正

预测控制求解的是一个开环优化问题。在预测控制中，采用预测模型进行过程输出值的预估只是一种理想的方式，对于实际过程，由于存在非线性、时变、模型失配和干扰等不确定因素，因此基于模型的预测不可能准确地与实际相符。

在预测控制中，通过将输出的测量值与模型的预估值进行比较，得出模型的预测误差，再利用模型预测误差来校正模型的预测值，从而得到更为准确的将来输出的预测值。正是这种模型加反馈校正的过程，使预测控制具有很强的抗干扰和克服系统不确定性的能力。不断根据系统的实际输出对预测输出做出修正，使滚动优化不但基于模型，而且利用反馈信息，构成闭环优化控制。

控制过程中，存在一条期望的参考轨迹。在整个控制时域中，令 k 时刻为当前时刻。控制器结合当前系统的测量值和预测模型，预测未来一段时域内 $[k, k+p]$（也被称为预测时域）系统的输出。通过求解满足目标函数及各种约束的优化问题，得到 $[k, k+m]$（这段时间为控制时域，控制时域的时间段比预测时域时间段要短）时域内的一系列控制变量序列，并将该时控制系列中的第一个元素作为被控对象的实际控制量，当来到下一时刻 $k+1$

时重复上述过程。如此滚动地完成一个个带约束的优化问题，以此实现对被控对象的持续控制。

MPC 算法需要基于系统模型预测系统未来一段时间的状态，高精度模型有助于提升控制性能，但会增加系统计算负担，需要根据控制目标和实际情况平衡模型精度和计算复杂度。针对这些问题，研究者们提出了无偏移模型预测控制方法、鲁棒管模型预测控制（Robust Tube-Based Model Predictive Control，RTMPC）、基于支持向量机的 MPC 等方法。其中，无偏移模型预测控制方法中将模型失配、控制输入偏移和外部干扰建模为干扰项，然后使用滤波器观察这些干扰，最后在 MPC 解决阶段消除这些干扰对稳态误差的影响；RTMPC 方案是面向标称系统的模型预测控制器和辅助反馈控制律的集成，可以显著增强控制系统在未建模动态和外部干扰方面的鲁棒性；基于支持向量机的 MPC 方法通过在每个采样时间进行近似，可直接获得控制模型的数学表达式，与 MPC 相比，该方法可以保留系统的动态信息，系统变化不会对控制性能产生太大影响。

模型预测控制在车辆运动控制中的另一个研究方向是鲁棒性研究。模型预测控制的鲁棒性研究中，通过在动态模型上加上一个扰动量，并保证系统状态在此扰动量的影响下在约定时间步长内的波动总能在约束范围内。此外，由于 MPC 方法是一种多目标控制方法，因此在算法设计中的一个难点是各控制目标权重的确定，研究者们为此提出了以模糊变权重 MPC、神经网络权重拟合为代表的各类自适应权重调节方法。

近年来，基于 MPC 的车辆运动控制算法逐渐从常规工况向湿滑路面、越野地形、高速大转向、紧急避障等极限工况扩展，从常规乘用车向复杂构型车辆扩展，同时随着车载计算机算力的提升和低算力需求算法的不断进步，MPC 正在逐步克服算力需求过大带来的缺点，可以逐渐进行实车部署和测试。

5.3.5　基于多模型自适应理论的车辆控制

基于多模型的估计和控制设计方法的直观思想是使用一组模型来表示各种条件下的系统行为，而不是在其动态方程中具有广泛不确定性的单个模型。与单模型方法相比，这种方法允许对一组控制器的设计进行较少的保守设置，以形成有监督的切换或混合控制结构。

在车辆状态估计和运动控制领域，相关研究提出了基于多固定模型混合的自适应参数辨识方法，该方法对于不确定线性时不变多输入多输出系统渐近稳定，并且可以快速自适应不确定的线性时变系统，如图 5-7 所示。

相关研究将多模型自适应理论应用到智能汽车运动控制中，利用其处理由轮胎侧偏刚度摄动引起的车辆动力学模型的不确定问题，同时满足了对运动控制算法精确性和鲁棒性的设计要求，如图 5-8 所示。

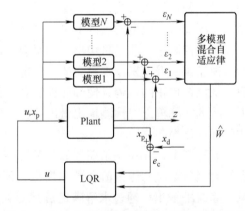

图 5-7　基于多固定模型混合的自适应控制方案

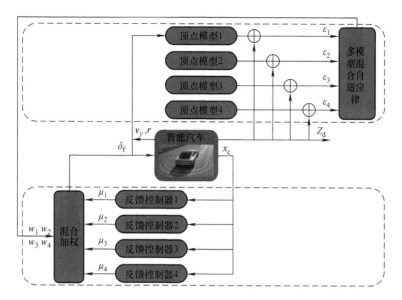

图 5-8 基于多模型自适应理论的整体框架

5.4 基于学习的运动控制

自 20 世纪 60 年代末以来，现代控制理论得到了充分的发展。然而，基于模型的控制理论还有很多问题，其中最重要的问题就是模型精度与计算复杂度的矛盾。

在基于模型的控制理论中，首先需要对系统进行建模，或识别系统模型，然后基于系统模型设计控制器，并假设系统模型代表真实系统。因此，系统的建模和识别对于基于模型的控制理论是必要的。

然而，对于车辆运动控制问题而言，这既有理论的障碍，也有现实的障碍。首先，车辆模型失配和鲁棒性是一对不可避免的孪生问题，它们不能在传统基于模型的控制理论框架内同时解决；其次，模型越精确，车辆运动控制系统的设计就必须花费更多的精力或计算成本，而且精确建模可能比控制系统设计更困难；最后，还没有公认的方法来解决某些类型的复杂性，例如，在某些驾驶工况下，车辆参数变化过快导致模型误差增大。如果系统动力学的阶数太高，则不能将其用作控制系统设计模型：高阶控制器算力需求过高，不适合实车使用，必须进行模型或控制器阶数的缩减——对精确的高阶模型进行建模以实现控制系统设计的高性能，然后必须对低阶控制器进行控制器降阶或模型简化，这是自相矛盾的。

近年来，深度学习方法发展迅速，在车辆运动控制领域中，相比传统控制方法，其具备诸多优势：深度学习方法可从数据中自我优化策略并适应新场景，这使其非常适合解决复杂和动态环境中的控制问题；深度学习算法可以描述期望行为，并通过学习和训练使系统实现预期功能，而传统算法需要为在各种场景中实现控制目标而反复调整算法参数。得益于以上这些优点，基于深度学习算法的自动驾驶汽车控制问题逐渐成为自动驾驶领域的研究热点之一。基于深度学习的运动控制算法在控制目标方面可以分为两种思路：一种思路是将控制任务分层，上层基于深度学习算法设计，输出期望加速度的上层指令，下层使用基于规则的控制算法执行上层指令；另一种思路是学习端到端驾驶，将观察结果直接映射到底层的车辆控制命令。

5.4.1 基于神经网络的运动控制

基于神经网络的车辆运动控制是一种采用神经网络算法来处理车辆运动控制问题的方法。神经网络作为一种模拟人脑神经元工作方式的计算模型，具有很强的非线性映射能力和自学习能力，可以很好地应对车辆控制中的复杂性和不确定性，如图5-9所示。

在基于神经网络的车辆运动控制中，神经网络通常被用来学习并逼近车辆动力学模型中的非线性映射关系，从而实现对车辆运动的精确控制。这种方法的关键在于设计合适的神经网络结构和学习算法，使其能够有效地学习并模拟车辆的运动特性，目前除了传统的BP神经网络外，研究者将更多的新兴网络运用到车辆控制中，如CNN、LSTM、深度神经网络（DNN）等。

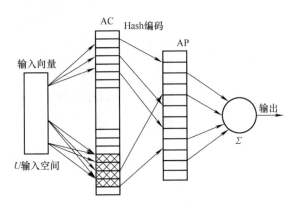

图5-9 传统神经网络结构示意图

一般来说，基于神经网络的车辆运动控制可以分为以下4个步骤：

1）数据收集：收集车辆在各种行驶条件下的状态数据和控制数据，这些数据将用于训练神经网络。

2）神经网络设计：根据车辆的运动特性和控制需求，设计合适的神经网络结构，如多层前馈神经网络、卷积神经网络等。神经网络的输入可以包括车辆的速度、加速度、航向角等状态信息，输出则为车辆的控制输入，如加速、制动、转向等。

3）神经网络训练：利用收集的数据训练神经网络，通过调整神经网络的权重和偏置等参数，使其能够准确地逼近车辆动力学模型中的非线性映射关系。训练过程可以采用各种优化算法，如梯度下降法、反向传播算法等。

4）车辆运动控制：在神经网络训练完成后，将其应用于车辆运动控制系统。通过实时采集车辆的状态信息，将其作为神经网络的输入，然后利用训练好的神经网络计算出相应的控制输入，并作用于车辆，从而实现对车辆运动的精确控制。

然而，基于神经网络的车辆运动控制方法也存在一些挑战和限制，如神经网络的设计和训练复杂度较高、对数据质量和数量的要求较高，以及对实时性要求的挑战等。因此，在实际应用中需要综合考虑各种因素，以实现最佳的车辆运动控制效果。

5.4.2 基于强化学习的运动控制

强化学习是一种机器学习方法，基于奖励和惩罚机制，通过智能体（Agent）与环境（Environment）的交互来学习如何做出最优的决策。在这个过程中，智能体不断地尝试不同的行为，并根据环境的反馈（即奖励或惩罚）来调整其策略，以最大化从环境中获得的累积奖励。这种方法强调在多次试验和错误中学习并优化行为，使得智能体能够逐渐适应复杂且不确定的环境。强化学习原理如图 5-10 所示。

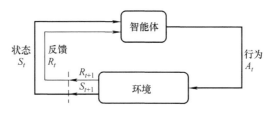

图 5-10　强化学习原理

深度强化学习的核心算法包括 Q – learning 算法、Deep Q – learning 算法和 Actor – Critic 算法等。Q – learning 算法是一种基于状态 – 动作价值函数的强化学习算法，通过不断迭代更新状态 – 动作的 Q 值，最终得到最优的策略，如图 5-11 所示。而 Deep Q – learning 则是在 Q – learning 的基础上，引入了深度神经网络来拟合状态 – 动作值函数，通过采用经验回放机制，可以缓解深度强化学习的不稳定性问题。Actor – Critic 算法则是将智能体分为两个部分：Actor 和 Critic。Actor 用于决策，Critic 用于评价动作的好坏，这一算法架构的设计使得智能体更加稳定和高效。

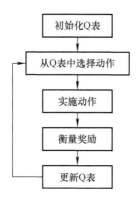

图 5-11　Q – learning 算法流程

强化学习在自动驾驶运动控制中具有广阔的应用前景，为自动驾驶运动控制提供了一种有效的学习方法，可以帮助自动驾驶车辆逐渐适应复杂且不确定的道路环境，实现安全、高效、舒适的行驶。目前常见的方法就是将强化学习与 MPC 有机融合，实现基于学习的运动规划和控制算法，从人类驾驶数据中学习 MPC 算法的代价函数。基于强化学习的 MPC 算法可以学习以目标为条件的代价函数，然后利用模型预测控制器使用生成的代价函数图来执行任务，而无须对代价函数进行任何手动设计或手动调整。测试结果表明，与行为克隆、强化学习和具有行为预测模型的 MPC 相比，该方法表现更好。

第6章 安全技术

安全是汽车的基石,是汽车向更高智能化水平发展的前提,本章概述了汽车的安全技术,包括主动安全、被动安全、功能安全、预期功能安全与信息安全。

6.1 主动安全

随着社会的发展,交通安全问题越来越凸显,传统的汽车安全理念也在逐渐发生变化,传统的安全理念,如安全带、安全气囊、保险杠等,多是些被动的方法,并不能有效防止交通事故的发生,随着科技的进步,汽车安全被细化,汽车安全分为主动安全、被动安全两种概念。其中,主动安全可以简单理解为主动制动、车道偏离提示、盲区监测等一系列功能组成的一个系统。主动安全不仅要考虑驾乘者的安全,同时还要考虑行人、车辆本身、街道上其他车辆的安全,这也是未来提升车辆安全性的突破口。

近年来,汽车智能化发展速度迅猛,高级驾驶辅助系统(Advanced Driving Assistance System,ADAS)市场增长迅速,原来这类系统局限于高端车辆市场,而现在正在进入中端车辆市场,与此同时,许多低技术应用在入门级乘用车领域更加常见,经过改进的新型传感器技术也在为系统部署创造新的机会与策略。ADAS利用安装在车上各式各样的传感器(毫米波雷达、激光雷达、单/双目摄像头及卫星导航),在汽车行驶过程中随时感应周围的环境,收集数据,进行静态、动态物体的辨识、侦测与追踪,并结合导航地图数据,进行系统的运算与分析,从而预先让驾驶人察觉到可能发生的危险,有效提升汽车驾驶的舒适性和安全性,也使得汽车的主动安全技术得以更好地完善和发挥。

6.1.1 纵向主动安全

1. 汽车防抱死制动系统(Anti-lock Braking System,ABS)

汽车紧急制动时,ABS通过轮速传感器检测各车轮的转速并发送信号给电子控制器,电子控制器计算车轮滑移率并判断车轮是否抱死。当车轮将要抱死时,电子控制器发出控制信号,制动压力调节装置调整制动压力,将汽车车轮的滑移率控制在10%~20%范围内,使轮胎与地面间有最大的附着系数,并使车轮保持在微弱滑移的滚动状态下制动且不会抱死,避免因前轮抱死而无法控制车辆行驶方向及因后轮抱死而出现侧滑的现象。

2. 电子制动力分配(Electronic Brake force Distribution,EBD)**系统**

电子制动力分配系统是汽车防抱死制动系统的辅助系统,其工作原理是在汽车制动时,分别对4个不同地面附着条件下轮胎的地面摩擦力进行计算,使各轮胎的制动装置根据具体情况用相应的方式和力量进行制动,并在运动中不断高速调整,使制动力与摩擦力相匹配,从而避免汽车在制动时因4个轮胎的附着力不同而发生打滑、倾斜和侧翻等现象。

3. 紧急制动辅助（Emergency Brake Assist，EBA）**装置**

一般情况下，开始制动时，驾驶人对制动踏板施加较小的力，然后根据情况相应地增加或减小。紧急制动时，若驾驶人反应慢，施加的制动力不够，紧急制动辅助装置可通过驾驶人踩踏制动踏板的速度判断其制动紧迫性，并在几毫秒内启动全部制动力，显著缩短制动距离，从而避免不利状况的发生。

4. 自动紧急制动（Autonomous Emergency Braking，AEB）**系统**

自动紧急制动系统的工作原理是利用内置在风窗玻璃顶部、与后视镜同高度的激光传感器监测保险杠前方 10m 以内的汽车及其他物体，以汽车本身的车速和与前方车的车距为基础，自动紧急制动系统每秒进行 50 次计算，以确定避免碰撞所需要的制动力。若计算值超过一定范围，驾驶人仍未采取制动措施，系统便默认有碰撞危险。

5. 前向碰撞预警（Forward Collision Warning，FCW）**系统**

FCW 系统能够通过雷达系统和摄像头时刻监测前方车辆，判断本车与前车之间的距离、方位及相对速度，当存在潜在碰撞危险时对驾驶人进行警告。FCW 系统本身不会采取任何制动措施去避免碰撞或控制车辆。

6. 车道偏离预警（Lane Departure Warning，LDW）**系统**

车道偏离预警系统主要由 HUD、摄像头、控制器及传感器组成，当车道偏离预警系统开启时，摄像头（一般安置在车身侧面或后视镜位置）会时刻采集行驶车道的标识线，通过图像处理获得汽车在当前车道中的位置参数，当检测到汽车偏离车道时，传感器会及时收集车辆数据和驾驶人的操作状态，之后由控制器发出警报信号，整个过程大约在 0.5s 内完成，为驾驶人提供更多的反应时间。而如果驾驶人打开转向灯，正常进行变道行驶，那么车道偏离预警系统不会做出任何提示。

7. 自适应巡航控制（Adaptive Cruise Control，ACC）**系统**

自适应巡航控制系统是一种智能化的自动控制系统，它是在早已存在的巡航控制技术的基础上发展而来的。在车辆行驶过程中，安装在车辆前部的车距传感器（雷达）持续扫描车辆前方道路，同时轮速传感器采集车速信号。当与前车之间的距离过小时，ACC 单元可以通过与防抱死制动系统、发动机控制系统协调动作，使车轮适当制动，并使发动机的输出功率下降，以使车辆与前方车辆始终保持安全距离。

6.1.2 横向主动安全

1. 车身主动控制（Active Body Control，ABC）**系统**

车身主动控制系统是一种兼具主动式悬架和减振功能的系统，主要功能是保证车辆在不同路面条件行驶时，都能够保持良好的车辆行驶稳定性和操纵稳定性。车身主动控制系统根据收集的传感器信号，识别车辆的行驶状态，精确控制车身在横向、纵向和垂直方向上的侧倾、横摆、俯仰变动，同时保障车身高度在车辆负载发生变化时维持在一定水平。

2. 车身动态控制（Dynamic Stability Control，DSC）**系统**

在路面附着系数较小的湿滑、松软路面，驾驶人通过开启车身动态控制系统，可以增大车轮在路面上的牵引力，提高车辆在上述不良路面行驶的稳定性和安全性。车身动态控制系统的另一个功能是弯道制动，即当车辆在弯道行驶时，施加一个较小的制动力以减少过度转向的发生。

3. 车身电子稳定系统（Electronic Stability Program，ESP）

ESP 是在 ABS、驱动防滑（Acceleration Slip Regulation，ASR）系统的基础上发展起来的，是对 ABS 和 ASR 功能的继承和扩展。ESP 的工作原理是电子控制单元（Eletronic Control Unit，ECU）根据传感器收集的信号识别和预测车辆的运动状态，并通过对发动机和制动系统发出控制信号，调整发动机的输出转矩和制动系统的制动力，修正汽车的运动状态，保证车辆在行驶过程中的良好操纵性和方向稳定性。

4. 汽车主动避撞系统

汽车主动避撞系统的主要功能是自动干涉驾驶人操作状态，辅助驾驶人主动避开障碍物，避免车辆发生碰撞事故，以保障行车安全。该系统的工作原理是传感器收集车辆的行驶状态及环境信息，控制单元通过接收和分析传感器信号判断车辆的安全状态，若为安全状态时，系统不干扰车辆的正常行驶状态；若为非安全状态时，系统控制单元发出控制信号切断燃油系统的燃油供应，若驾驶人仍未采取措施，则系统将自动控制车辆的制动和转向，以使车辆避开障碍物，保证行车安全。

综上，为避免汽车在行驶中发生交通事故或减轻交通事故造成的不良后果，越来越多的汽车制造厂商投入大量的人力、物力和财力研究汽车主动安全技术，开发新的汽车主动安全产品。随着电子科学技术的发展及其在汽车上的广泛应用，汽车主动安全技术已结合新一代人工智能与机器学习领域，朝着智能化、电子化、集成化的方向快速发展。

6.2 被动安全

被动安全是最直接面对人的安全领域，是最早的安全技术体系，方法论和技术路线十分成熟，是汽车技术体系中重要的组成部分。主被动安全一体化是目前行业重点研究方向之一。将主动安全系统与被动安全系统进行有机的结合，对车内乘员、车外人员进行全面系统地保护，使被动安全系统面临的场景及功能覆盖范围有了显著的变化。

汽车的被动安全除了满足传统被动安全要求的国标、法规的技术要求，主要在以下两个领域深入：一是建立在交通碰撞环境下与真实人类具有高逼真度的数字化假人模型；二是主动安全与被动安全的一体化协同作用提升车辆安全性。

6.2.1 人体数字模型

1. 碰撞试验假人的不足

20 世纪 80 年代，国际汽车工程领域制定了汽车碰撞安全法规，按照法规进行碰撞试验，评价汽车被动安全性。在碰撞试验中，使用碰撞试验假人替代真实乘员，进行交通事故的计算机模拟及台车或实车碰撞试验，通过测试假人各位置的加速度、位移和受力，根据损伤准则计算现实乘员可能受到的伤害，衡量汽车被动安全。现有用于碰撞模拟的假人，从结构上和伤害上与真人生理结构都存在较大的差异。真实的人体由皮肤、骨骼、器官、组织、神经、血管等构成，在交通事故中伤害表现为骨折、肌肉撕裂等机械损伤，以及脑颅、胸部功能性损伤等生物损伤，在碰撞发生时也将产生与常规行驶工况迥异的骨骼姿态、肌肉变形等生理表征。碰撞假人主要由金属骨架和橡胶类材料构成，通过对标尸体碰撞试验的响应设定材料属性。

假人是尸体的机械简易再现，但是为保证稳定性，使用坚固耐用的材料，损失部分仿生性。基于碰撞假人的试验研究广泛应用于汽车碰撞检测，它可以获得人体在碰撞中的响应。然而，这些碰撞假人参数来自于肌肉与骨骼切片离体试验，与尸体试验进行对标，尸体和真人在生理结构上是一致的，但是其生理组织的特性已经发生变化，其肌肉硬度和关节刚度都高于真人，并且为了保证可靠性和持久性，假人的设计放弃了部分仿生性。例如，人类的胸椎由若干胸椎骨和椎间盘构成，而假人的胸椎由一根钢板构成。试验证明，在正面碰撞试验中，假人与尸体的上身运动轨迹存在明显差异。

驾驶人在意识到即将发生碰撞时，将危险信号发送给中枢神经系统，信号经过大脑处理后，会发出指令，产生本能性反应以应对紧急状况。Kallieris等人对比实际事故与基于尸体的碰撞试验乘员损伤发现，在实际事故中经常发生的四肢骨折，在尸体中并未发生；相反，尸体中发生的肋骨骨折概率远高于实际事故。这些研究结果说明，碰撞发生前乘员的主动肌肉力会改变乘员碰撞时的姿态及载荷，最终改变碰撞结果。

碰撞试验中使用的假人，仅反映了乘员的身高、体重等特征，肌肉力来自尸体紧张的肌肉，而无法描述和表达乘员在碰撞发生前的动作。目前基于假人运动和承压建立的乘员损害评价准则，也将势必导致车辆结构乃至后续的约束系统设计实质上是为模仿人类机械运动的假人提供更好的保护，无法全面客观地评价碰撞发生时真人的骨折、肌肉损伤，更无法为车辆结构乃至乘员约束系统设计提供更为准确的乘员保护设计依据。

最后，主被动安全集成作为汽车重要技术迅速发展，学者们通过计算机仿真、假人试验及志愿者试验对AEB和主动安全带开展了研究。相关研究表明，主动预紧安全带的介入有利于减小制动阶段的织带松弛量，进而大幅降低人体上身的纵向离位；同时，主动预紧还能提高碰撞阶段的车体缓冲（Ride-down）效率。一方面，碰撞试验假人硬度过大，对主动预紧力的低载荷响应不够准确；另一方面，碰撞试验假人无法模拟乘员的主动力在长时间低载荷的预碰撞阶段的影响。

2. 人体数字模型

随着人体生物力学等学科研究的深入，研究人员开始利用肌肉骨骼生物力学和运动损伤生物力学的建模、分析与试验测试等研究成果，分析真实驾驶人的骨骼肌肉动力学变化机理，建立碰撞环境下具有更高仿生保真度的数字人体模型（Human Body Model，HBM），并指导汽车碰撞设计以获得更好的乘员保护性能。HBM是人体或部分人体的数字模型，对HBM施加适当的肌肉激活策略，可以反映肌肉活动对碰撞中乘员姿态和损伤的影响。

目前，世界上最具代表性的生物力学数字假人是丰田汽车公司研发的虚拟人体模型（Total Human Model for Safety，THUMS）假人、美国NHTSA支持研发的全球人体模型联盟（Global Human Body Models Consortium，GHBMC）生物力学假人及和西门子公司在MADYMO环境下开发的主动式人体假人（Active Human Model，AHM）。

以THUMS为例，THUMS是由日本丰田汽车公司和丰田技术中心联合开发设计的一款人体模型。它以人体扫描结果为基础，并对人体结构进行了精确的建模，经过大量分析验证，具有较高的生物逼真度，能够模拟碰撞时人体的动态响应，可以从组织层面直观反映人体受伤状况，预测出人体各部位的受伤害程度。该模型主要用于人体动力学仿真和汽车交通事故人体损伤研究。截至目前，THUMS已经发布7个版本，从第6版开始便增加了肌肉主动响应用于研究碰撞前预警状态下和碰撞后驾乘人员的姿势变化。

3. 主动肌肉力控制

神经系统控制人体完成姿态保持和运动，大脑根据感受器信号产生运动意识，神经系统传递生物电信号，信号传递到肌肉后形成具体的肌肉收缩，从而产生肌肉力，肌肉力驱动肌肉所附着的骨骼绕关节旋转，人体的运动源于肌肉收缩。

人体数字模型提供了主动肌肉响应，为使模型具有高拟人、高仿生的主动控制，从人体在不同场景下的肌肉控制机制入手，建立人体模型主动肌肉控制策略。人类会根据所经历的情况采用不同的肌肉募集策略，然而目前人们对肌肉的募集机制还不是十分清楚。为了模拟人类的行为，模拟和重建已知的肌肉控制策略是可行的技术路线。根据人类在现实各种环境下所采用的肌肉募集策略，在进行仿真时，依据工况为假人设置相应的肌肉控制策略。

（1）惊跳反射（Startle Response）

包括人类在内的哺乳动物存在惊跳反射，即哺乳动物受到强烈的触觉、听觉或前庭刺激（如突然的噪声或剧烈的外部运动）时产生的快速反应，这种反射并未经过大脑对信号进行处理。惊跳反射是一种脑干反射反应，起到保护脆弱部位的作用。人类的惊跳反射主要体现在由于颈部肌肉紧张而产生的眼睛紧闭、颈部背向弯曲，惊跳反射一般发生在颈部肌肉。惊跳反射解释了在意外撞击中颈部肌肉的激活反应。

早期对主动肌肉力作用的研究主要集中在颈部的惊跳反射。模型在仿真开始后的某个时刻施加一个最大的激活，模拟惊跳反射，激活时刻和激活程度都是常量，或者使用预先定义好的激活程度曲线。

该方法适用于对碰撞工况的简单反应建模，并不适用于表达乘员在碰撞前的复杂反应。值得注意的是，惊跳反射并不是发生在所有骨骼肌中。

（2）目标导向运动（Goal-Directed Movement）

在目标导向运动中，中枢神经系统主要根据先前的经验和对任务的期望产生肌肉激活，人类在快速运动中的表现很大程度上依赖于它。中枢神经系统在运动前产生肌肉激活方案，并向骨骼肌发送信号，当肌肉接收到收缩信号时，会产生沿着肌肉纤维扩散的弱电流，可以测量肌肉电信号，评估肌肉的主动收缩水平。当汽车乘员遇到紧急工况采取紧急应对措施时，即采用该方案进行规避操作，以避免或减轻碰撞引起的伤害。

肌电信号可以作为肌肉激活水平的指标，将肌肉最大自主收缩的肌电信号作为全部激活，使用归一化的肌电信号作为直接表征目标导向运动的方法。在紧急驾驶条件下嵌入志愿者测量肌肉激活试验，激发驾驶人在碰撞发生之前的规避动作。通过肌电仪测量乘员的肌电信号，用于仿真试验设置肌肉激活值。

通过目标导向运动方法可以直接得到肌肉激活程度，而不必考虑乘员所采用的肌肉募集策略。搭建不同的试验场景，可以测量不同工况下乘员的反应。台车试验可以为志愿者提供低速碰撞加速度，而驾驶模拟器可以激发乘员在高速行驶中的生理反应。

目标导向运动方法的局限性在于，首先，受测量技术的限制，只能够测量浅层大块肌肉肌电信号，虽然有探针可以测量深层肌肉，但是志愿者在运动中有可能受到伤害；其次，肌电信号是敏感的，激活水平与乘员姿态相关；最后，关节周围的众多肌肉一起工作完成一项任务，特别是在复杂的关节周围，这种方法只能提供有限的肌肉信息。

（3）姿态保持任务（Postural Maintain Task）

在对抗外部干扰的情况下，人类通过调整肌肉的募集策略使其始终保持最初的参考位置。肌肉骨骼系统和中枢神经系统在一个闭环中工作，中枢神经系统从感受器收集并整合身体各部位位置信息，通过处理这些信息，大脑可以知道身体各部分的位置，中枢神经系统会产生肌肉激活来保持初始姿态。以汽车驾驶场景为例，在碰撞前自动制动会对乘员产生干扰，乘员采用这种肌肉募集策略即可保持初始姿态。

与短时间的碰撞场景不同，在模拟乘员对主动安全系统（如自动制动和预紧安全带）的反应时，要求人体模型能够长时间对外部干扰产生响应，需要闭环控制，主要通过 PID 控制器来模拟中枢神经系统对肌肉的控制。

在人体中，头部的空间方位由前庭器官提供，其他部位则是通过综合本体感觉信息的处理获得的。在 aHBM 模型中，关节内的传感器被用来检测人体模型的角度位置。

人体肌肉和关节具有非线性力学特性，由于神经延迟和感觉运动噪声的影响，人体的运动是不稳定的。PID 控制器作为线性控制器，对非线性系统进行有效控制需要进一步研究。

（4）优化控制（Optimization）

人体的肌肉骨骼系统是冗余的系统，几乎可以通过无穷多个肌肉激活策略使关节达到一定的力矩，优化是解决这一问题的途径之一。与上述来源于人体肌肉募集机制的激活策略相比，优化控制是一种平衡一组肌肉激活的数学方法。使用优化的前提是产生受次要目标约束的特定关节力矩。

在碰撞安全领域，静态优化（Static Optimization）是一种广泛研究的方法，它计算离线时产生所需静态姿势的最佳肌肉激活。最小肌肉激活是一种有效的目标策略，代表乘员放松状态，产生最少的协同收缩。然而，当人类对冲击做出反应时，效率并不是主要目标。在模型中，有助于加强关节稳定性的协同收缩是必不可少的。使用优化方法得到的关节周围肌肉的最佳激活与实际情况不同，这种差异会影响关节的硬度和肌肉的张力。

此外，低级反射（Low Level Reflex）、强化学习（Reinforcement Learning）等也是控制主动肌肉的常见方法。从人体的肌肉激活策略出发，对碰撞工况下人体肌肉激活对碰撞损伤的影响进行研究。需要在以下方面进行进一步的研究：①在不同的碰撞工况下，人体肌肉具有相应的反应机制，甚至不同的碰撞强度会触发不同的肌肉激活，需要对特定的碰撞工况人体肌肉募集策略进行研究；②人体肌肉分为深层和浅层肌肉，它们的募集机制和机能并不相同。

6.2.2 乘员约束系统

1. 主被动安全一体化

避免安全事故发生的主动安全技术与配置越来越广泛地被应用，以 AEB 为代表的主动安全市场配置率逐年提高。面向乘员的安全技术，从被动安全占主导地位向主动安全和被动安全同等重要的方式转变。

汽车生产厂家和研究机构对主被动安全一体化进行了深入的研究，提出了主被动一体化的思路。同时众多学者也从乘员伤害的角度，利用人体数字模型对主被动融合下的伤害机理进行研究。

主被动安全一体化研究从总体上来说分为多个领域，如图 6-1 所示。主动安全系统基本上分为提醒类和干预类，提醒类如盲区监测（Blind Spot Detection，BSD）、FCW、LDW 等功能的执行，对车体和乘员位姿的响应影响不大。干预类如车道保持（Lane Keep Assistance，LKA），特别是 AEB、自动紧急转向（AES），对车体和乘员位姿影响非常大。当主动安全系统不能避免事故的发生而产生了被动安全应用场景的时候，对于被动安全工况来说就需要新的保护策略去满足人的安全要求。

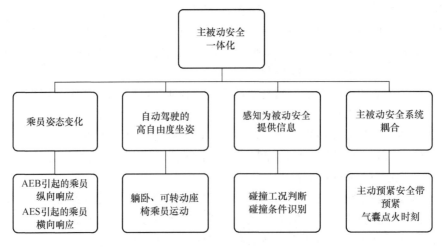

图 6-1　主被动安全一体化研究领域

当主动安全系统启动时，乘员会受到相应的影响而产生运动，从而影响被动安全的保护性能。例如，当 AEB 系统触发时，车内乘员同样会因惯性产生前倾状态，需要对被动安全系统进行相应的调整。通过对 AEB 策略、电动预张紧式安全带（启动时间、安全带织带张力、无安全带状态）、安全气囊形状和控制、座椅向后的运动和转向盘前向的运动等多参数的分析，确定了在高速碰撞不可避免的情况下，主动安全系统与被动安全系统之间的协同控制分析方法。

另外，随着自动驾驶等级越来越高，驾驶人从驾驶任务中解脱出来后，不需要坐在转向盘前操控车辆，车内乘员的乘坐姿态自由度更高。未来自动驾驶汽车座椅和内饰设计的理念包括设置灵活的座椅定位和朝向，以及能够完全躺卧的座椅，如图 6-2 所示。这就使得被动安全乘员保护策略需要更大的调整。

图 6-2　未来自动驾驶自由乘坐姿态

2. 主被动安全一体化下的被动安全系统优化

被动安全系统包括座椅、安全带、安全气囊等,在车型开发过程中,其匹配开发验证是一项较为复杂的工程。

被动安全系统最佳保护姿态为乘员在座椅的正常坐姿,在法规中有具体的描述,由于主动安全系统的 AEB 或 AES 产生纵向或横向加速度,在碰撞发生前引起乘员运动姿态变化,以及出于对不同类型乘员的保护,因此需要对被动安全系统进行优化。

(1) 安全气囊

安全气囊在车辆发生碰撞时能有效减少乘员的损伤,气囊参数的匹配对乘员损伤影响较大,不合理的参数设置甚至会加剧乘员损伤。因此,在主被动安全一体化设计中,主动安全系统介入后,需要随之调整气囊气体质量流量缩放率、点火时刻等可调参数,使安全气囊发挥最佳的保护作用。

本田使用 ADAS 集成系统,实现对碰撞时刻的提前检测。针对不同的碰撞模式,安全气囊点火时刻(Time to Fire,TTF)均可以实现不同程度的提前,如车速为 50km/h 的碰撞模式下,TTF 比传统 TTF 提前 0.007~0.016s。

此外,利用可重复使用的气囊和座椅装置减轻乘员损伤,气囊垫包括肋骨气垫、坐椅靠背气垫、坐垫气垫和组合气垫。通过提前识别侧面碰撞,在碰撞发生前触发装置,使乘客向内和向上偏转,达到改变乘员的位置、增大生存空间、降低车辆侵入而造成的乘员伤害的目的。单一参数的变化会对最终乘员的伤害值有一定的影响趋势,多参数和多系统综合作用是加强乘员伤害保护的有效途径。

(2) 主动预紧式安全带

主动预紧式安全带系统主要由可逆预紧式安全带(Rollover Protection System,RPS)、FCW、LDW 等集成。主动预紧式安全带系统的工作原理是电子控制单元(ECU)根据 FCW、LDW 检测到的环境信息,识别出行车的危险等级,进而控制预紧式安全带实现危急提醒、提前预紧和解除预紧等功能。

在紧急避撞的过程中,车内的乘员将会产生不同程度的相对运动。为了对乘员进行约束防护,主动预紧式安全带是最为有效的乘员保护约束系统。主动预紧式安全带能够在紧急避撞的过程中对织带提前执行预紧回收,完成对乘员的体感式预警,并且把乘员紧紧地束缚在座椅上,减少乘员的坐姿离位,在紧急避撞过程中能够有效地减少乘员的损伤。在只有 AEB 起作用而无电动预张紧式安全带时,会增加乘员的离位,尤其是初始坐姿为离位状态时更加严重,会导致局部伤害增加,尤其是胸部伤害。在碰撞前 AEB 起作用时,启动电动预张紧式安全带来减少安全带松弛量,可以减少胸部压缩量,降低受伤风险,并通过碰撞中触发烟火式预紧安全带,可以进一步减少胸部压缩量。针对 100mm 的松弛量,当同时具有烟火式预紧安全带和电动预张紧式安全带时,具有电动预张紧式安全带可以比没有的降低胸部压缩量 6mm,预紧力分别为 300N 和 600N 时,对应条件下分别可降低胸部压缩量 2mm 和 5mm。当无烟火式预紧安全带,只有电动预张紧式安全带时,预紧力分别为 300N 和 600N 时,对应条件下分别可降低胸部压缩量 5mm 和 7mm。

3. 乘员保护

汽车智能化的目标是在未来的自动驾驶中,车辆不再需要驾驶人的操作,座椅布置也不再是单一朝向,乘客可根据行程的长短自由选择合适的座椅朝向。自动驾驶汽车作为一种新的高科技产品,其车身结构和车内外环境必然与传统汽车有所不同,整车的安全性和舒适性也会发生变化。

汽车智能化的目标之一就是降低碰撞事故的发生率,但研究表明,对无人驾驶技术的零事故期待不够现实,无人驾驶汽车的安全性不一定会优于由一名有丰富驾驶经验驾驶人所驾驶的汽车。未来的智能交通系统和自动驾驶汽车仍然难以实现零事故,因此,有必要基于自动驾驶背景开展乘员保护研究。众多研究机构分别研究了座椅位置和朝向对乘员运动学响应的影响,结果表明,安全带和座椅的联合作用对于控制乘员运动响应至关重要。

由于更加灵活的座椅布置方式,传统的被动安全系统布置不能满足自动驾驶的需求,首先,安全带 D 环需要集成在座椅靠背,满足座椅能够自由转动的需求,其次,由于座椅的位置和角度可以任意设置,安全气囊的布置位置成为新的问题。为了解决这个问题,奥托立夫设计了适用于座椅任意位置和角度变化的全包裹气囊,丰田汽车公司研究了座椅在碰撞前转动到特定角度可以减轻乘员伤害。

在辅助驾驶场景中,约束系统的布置方式尚在探索阶段,了解在碰撞前阶段乘员的位置和运动轨迹将是确定未来约束系统要求并开发新车辆内部布局的第一步。目前明确的是,为了满足座椅灵活布置,安全带与座椅集成在一起,辅助驾驶汽车的传感器能够提前感知紧急情况,并触发 AEB 等主动安全系统避免碰撞或降低碰撞速度,与此同时主动预紧式安全带与之配合,约束乘员的位置。

6.3 功能安全

随着电子系统在车内的广泛应用,面向汽车中的电子设备、可编程电子元器件等,行业提出了功能安全的概念,通过功能安全相关的需求分析、设计和验证工作,避免汽车电子系统的软硬件设备发生失效或故障对功能造成影响,保护系统无论在正常或故障的前提下,其功能均能安全运行。

功能安全起源于20世纪七八十年代,控制系统安全保护功能失效导致石油化工领域发生爆炸,因此国际电工委员会(International Electro technical Commission,IEC)在 2000 年发布了 IEC 61508《电气/电子/可编程电子安全系统的功能安全》,在工业界引起比较强烈的反响,2003 年 IEC 颁布了适用于石油、化工过程工业的功能安全标准,随后,不同领域的功能安全相继出台,国际标准化组织(International Organization for Standardization,ISO)发布了 ISO 26262《道路车辆功能安全》。如今,汽车大部分功能由软件驱动,电子元器件大范围应用,在发展汽车智能化的同时,需要注重功能安全问题。

6.3.1 功能安全概念与安全形势

功能安全简称 FuSa,是系统或设备整体安全的一部分,依赖于自动保护以可预测的方式正确响应其输入或故障(故障安全)。自动保护系统的设计应能够正确处理可能的人为错误、系统错误、硬件故障和操作/环境压力。功能安全的目标是通过正确实施一个或多个自动保护功能,使系统在即使相关项失效的前提下,仍能保持安全状态。

功能安全保护系统端到端的功能,因此,必须将组件或子系统的功能视为任何系统的整个自动保护功能的一部分。尽管功能安全标准侧重于电气、电子和可编程系统(E/E/PS),

但在实践中，功能安全方法必须扩展到非 E/E/PS 部件、E/E/PS 执行器、阀门、电机控制或监控的系统。

在过去的 10 年中，辅助驾驶汽车功能安全事件数量呈上升趋势，涉及车身舒适、动力总成、底盘控制、智能驾驶与智能座舱多种功能。随着汽车智能化程度的提高，其内部越来越多的功能由软件驱动，由电子元器件支撑，系统的功能安全性能已成为汽车质量的重要衡量指标，也是汽车向更高程度智能化发展的前提。

6.3.2 功能安全法规与标准

汽车行业先后发布了保护功能安全的法规、标准与过程模型，如图 6-3 所示，其中，法规包括欧盟《通用产品安全指令》、德国《产品安全法》、美国《联邦机动车安全标准和法规》与中国《中华人民共和国道路交通安全法》等；标准包括 ISO 26262《道路车辆功能安全》、IEC 61508《电气/电子/可编程电子安全系统的功能安全》等；过程模型包括 ISO/IEC 15504 IS 软件过程评估的国际标准与汽车软件过程改进及能力评定（Software Process Improvement and Capability Evalution，SPICE）等。

法规	· 欧盟：《通用产品安全指令》 · 德国：《产品安全法》 · 美国：《联邦机动车安全标准和法规》 · 中国：《中华人民共和国道路交通安全法》
标准	· ISO 9001:2015《质量管理体系要求》 · IATF 16949:2016《汽车行业质量管理》 · IEC 61508《电气/电子/可编程电子安全系统的功能安全》 · ISO 26262《道路车辆功能安全》

过程模型	· ISO/IEC 15504 IS(SPICE)
	· ISO/IEC TS 15504-10 安全扩展
	· Automotive SPICE®
	· 集成能力成熟度模型(CMMI®)
	  —一体化安全扩展CMMI(Safety and Security Extensions for Integrated CMM)
	  —+SAFE-面向开发的CMMI(A Safety Extension to CMMI-DEV)

图 6-3 汽车功能安全相关法规、标准与过程模型

ISO 26262 是道路汽车功能安全的一个标准，旨在将软件和电子产品的风险降低。ISO 26262 中给出了很多方法避免由软硬件失效造成的错误，以及由错误引发的故障，包括软件级别、硬件级别、多个 ECU 互联组成的系统级别，最终要避免由软硬件故障造成车辆级别的风险，通过各种检测、分析，尽早地发现问题，从而避免问题。功能安全标准如图 6-4 所示。

标准第一部分为通用语言的定义，包括危害分析、风险评估、安全状态、干扰等名词。第二部分为功能安全管理，功能安全需要结构化、有条理的管理，由功能安全的管理者负责所有与功能安全相关的活动，创建安全案例，包括证明系统安全的所有论证。

第三部分是概念阶段，为车辆和功能开发的早期阶段，通常是由汽车制造商执行的。开发从相关项目的定义开始，第一个功能安全活动是进行危害分析和风险评估（Hazard Analysis and Risk Assessment，HARA）。通过 HARA，可以为项目定义一组安全目标，这些目标要满足高级别的安全要求。汽车安全完整性等级（ASIL）分为 A、B、C、D 四个等级，如果风险属于最高级别，那么项目的安全完整性等级为 ASIL D，自适应巡航系统通常会被整车厂设定为 ASIL D。只有可能伤害到手指的电子车窗升降功能通常会被定义为 ASIL A。确定的安全完整性等级将伴随整个产品生命周期。项目要采取的安全活动取决于它被定义的

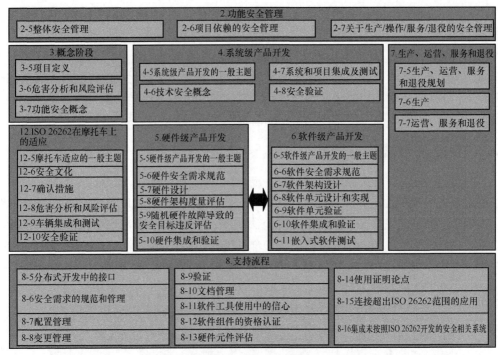

图 6-4 功能安全标准

ASIL。在车辆层面，接下来根据安全目标，开始制定功能安全概念和功能安全需求。概念是定义检测故障的原理和如何在故障发生时做出安全反应，例如，一旦安全机制检测到安全气囊没有正常工作，需要停止使用安全气囊。一旦汽车制造商开发出功能安全概念，各种供应商可以在下一个层级进行相应的系统开发。通常，供应商会在其技术职责范围内创建安全概念和技术安全需求，安全机制用于实现安全需求，通常包括检测错误/故障的软硬件和用于安全响应的软硬件，如使电路断电。

第四部分为在系统级别如何实现功能安全，第五部分和第六部分分别是硬件层和软件层如何实现功能安全，详细地说明了工业领域硬件和软件开发的安全要求。遵循产品开发 V 模型，需要考虑硬件级别、软件级别的测试，在启动装配之前需要考虑系统和车辆级别的安全测试。在开发的同时，需要进行安全分析，以准确了解故障的原因和影响，进行保护设计。

开发完成之后，功能安全保护的任务并没有结束，第七部分是生产、运营、服务和退役，通常需要检查电子设备是否已经安全生产和安装。现场观察过程用来检查是否有缺陷的部件、是否存在域安全概念的偏差，以及是否需要更新软件和更换硬件。

第八部分是支持过程，生命周期中有很多不同的主题需要加以考虑，如配置管理。第十一部分对在安全相关系统中使用的半导体和微控制器提供了详细的指导，最后为摩托车增设第十二部分。

功能安全标准中，安全完整性等级和安全生命周期是精髓，系统的安全完整性等级需要分解到各个子系统的元器件和软件，安全生命周期包括从设计、开发、验证直到停止使用的整个过程，需要不断进行评估、测试和管理。

6.3.3 设计流程与关键技术

功能安全需要嵌入产品开发的全过程，功能安全开发流程如图 6-5 所示。面向左侧的流程指导如何进行满足功能安全的电子系统开发，面向右侧指导如何进行满足功能安全需求的电子系统验证，同时还需要进行一些额外的功能安全管理活动。需求通常由主机厂给出，包括系统级别的、组件级别的需求，供应商则根据需求进行软硬件组件设计和集成。

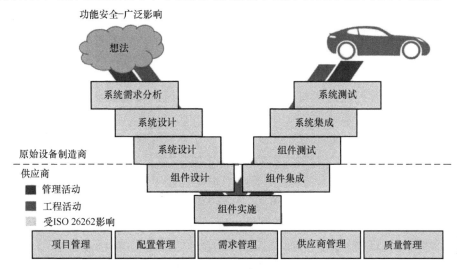

图 6-5 功能安全开发流程

1. 概念阶段安全活动

概念阶段是产品开发的早期阶段，安全问题通常是由于未正确定义电气/电子功能而在运行时产生的风险或者没有明确定义功能安全的目标，因此该阶段是进一步技术开发实现功能安全的决定性基础。概念阶段的功能安全活动主要包括相关项定义、影响分析、危害分析和风险评估，以及功能安全概念，如图 6-6 所示。

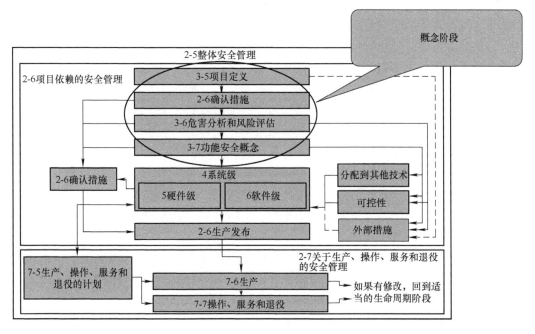

图 6-6 概念阶段安全活动

相关项定义是明确界定和划分开发的主体，相关项目表示开发的主题产品，即实现所需功能的一个或者多个相互作用的电气或电子系统，如自适应巡航系统或车窗升降系统。开发项目意味着需要定义不同类型的需求和边界条件，车辆相关执行的功能要求、规范性参考和性能。

影响分析是指调整、定制安全生命周期以及确定哪些安全活动是必要的，在安全生命周期中，汽车制造商、供应商都应该针对其职责范围进行影响分析，确定必要的安全活动。

危害分析和风险评估是指估计项目对驾乘人员带来的风险，通常是由汽车制造商进行的。危害分析和风险评估从描述操作情况和操作模式开始，如在高速公路上行驶、在城市交通环境中驾驶；然后确定项目出现故障时候的危险，如自动紧急制动系统可能意外地发生非预期制动；最后面向相关的危险事件，确定汽车安全完整性等级。

ASIL风险分类将多个因素映射为风险级别，风险的量化通常源自严重性和可能发生的概率，概率又来自暴露概率E，意味着车辆多长时间会处于这个状态，产生这种风险，C是这种风险的可控性，量化电子系统的风险，需要综合考虑这些因素，通过表格查询风险级别。例如，制动功能在高速公路上没有制动反应，情况非常危险，所以ASIL为D；没有达到预期的制动效果，这种发生的可能性大，可控性大，严重性高，ASIL为C；不同步的制动，这种可能发生的概率比较高，可控性大，严重性低，ASIL为B。基于风险评估结构，进一步梳理出安全目标并形式化安全目标，提出用于减轻危险事件的高级安全要求。

功能安全概念是指从安全目标导出功能安全需求，指定避免、检测和控制故障要求。安全状态是指在发生故障时能够保证车辆安全的一个状态，系统被更改为安全状态后可能发生功能降级，同时需要在发生故障时向驾驶人显示警告。需要分配需求，以便它们在系统架构中实现，或者通过外部措施实现，必须验证功能安全概念，以确定功能安全概念是否能够减轻危害。功能安全概念需要分配安全需求到系统以执行，全面描述如何减轻危害。

减轻危害有两种重要方法：一种方法为故障保护，这也是最简单的应对故障的方法，让有故障的ECU直接关闭，例如，检测到一些系统异常、失效，直接关闭有异常、失效的ECU，但是随着自动驾驶功能的发展，很多功能是协同进行自动驾驶的，未来很难以这种粗糙的方式通过关闭检测到错误的ECU来避免风险发生，例如，感知系统出现问题，只是关闭了感知功能，这样整个自动驾驶仍然会受到影响；另一种方法为失败安全，即令风险的系统仍然继续运行，只是速度较低，或者通过某些其他的限制让系统仍然能够运行，如设计一种冗余的解决方案，自动驾驶系统的感知和决策都有配套的冗余降级方案，当一套方案出现问题的时候，另一个系统可以接着运行，替换产生故障的系统。

设计冗余安全考虑包括设计架构、传感器、执行器、通信失败、潜在的软件错误、可靠性、潜在的控制不足、不良控制动作、与环境物体和其他道路使用者的潜在碰撞、可能由辅助驾驶系统的操作引起的潜在碰撞、失去牵引力或稳定性、违反交通法规、偏离正常/预期的驾驶习惯与离开道路等。

图6-7所示为多样化冗余感知架构。主通道和辅助通道本身都是冗余的，并且有自己的诊断单元，检测故障通道并让另一个通道接管。在故障影响两个通道的情况下，第三个基本通道接管以达到允许的最小风险条件。

2. 系统级别安全活动

系统级别需要进行的关键活动包括技术安全概念、系统和项目集成测试与安全确认。系

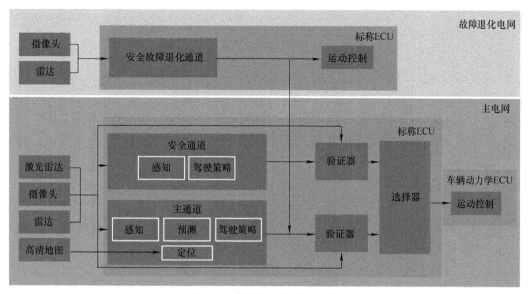

图6-7 多样化冗余感知架构

统级别遵循生命周期的概念阶段,一级供应商通常负责系统级,而汽车制造商负责概念阶段,一级供应商向整车厂提供系统。技术安全概念是硬件和软件开发的先决条件;系统和项目集成测试在多个级别上集成和检查,一直到整个系统;安全确认必须提供证据证明安全目标已经达到,并且可以在车辆中发布、生产和安装,如图6-8所示。

技术安全概念阶段需要提出技术安全需求,该需求主要源自汽车制造商定义的功能安全需求,需要指定实施安全机制的要求,安全机制用于检测、指示和控制故障(Faults)。如果检测到故障,需要将系统置于安全状态,需要考虑特定应用程序安全机制的故障容忍时间,避免违背安全目标的错误永久保持在车辆中,从而构成未来的危险,还需要制定生产、操作和服务的安全需求。该阶段需要进行安全分析,如故障模式和影响分析(Failure Modes and Effects Analysis,FMEA)、故障树分析(Fault Tree Analysis,FTA),目标是了解系统故障的原因,以及分析违反安全需求的影响,如由于不正确的软件编程以及随机硬件故障产生的错误。安全需求必须足够详细,以便分配给硬件和软件实施。此外,还必须验证安全要求的质量和系统架构。

系统和项目集成测试确认设计的软件、硬件、子系统、系统、整车能够满足设定的安全需求,涵盖已知场景,并且系统按照指定的方式运行,以证明满足安全要求和安全目标。

安全确认是将经过验证的系统置于系统发布后在日常驾驶中可能遇到的场景或情况下进行测试。为此,通常会建立一个具有高度代表性场景的数据库,这些场景涉及它们在现实世界中的发生情况和关键性。此外,还考虑了在ODD边界测试系统行为的极端情况,以及极端/具有挑战性的测试参数。

此外,整车厂还需要实施部署后观察流程(现场操作)。这包括对ADS安全性能的现场监控及完成部署后发现的弱点所需的任何更新。在此步骤中,还根据先验假设持续监控和验证ODD。

验证与确认方法如图6-9所示。验证与确认工具包括硬件/软件(Hardware/Software,HW/SW)开环再处理、硬件/软件在环模拟(Hardware in-the-Loop/Software in-the-Loop,

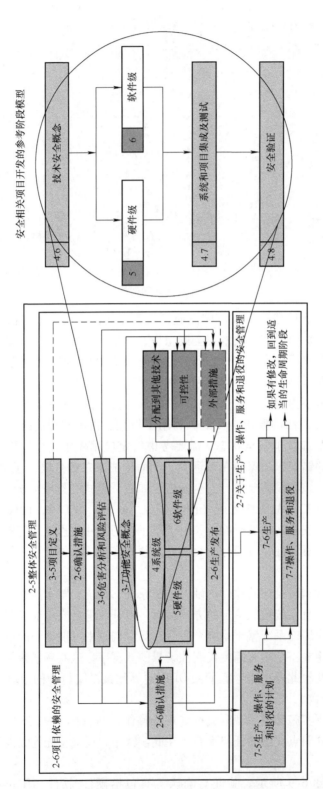

图6-8 系统级安全活动

HiL/SiL)（例如，包括最小风险条件的驾驶策略）、驾驶模拟器中的人车交互（如驾驶人与车辆的交互）、实际测试驾驶开环（如传感器性能）和闭环（如驾驶动态）。目标车辆的闭环试驾也用于整车验证，以确保系统在道路上正常运行。在此整车级别，首次部署 SAE 3 级 ADS 后，通过收集和分析来自在用车辆的匿名数据，持续监控系统的安全性。如有必要，将相应地提供所需的安全更新。

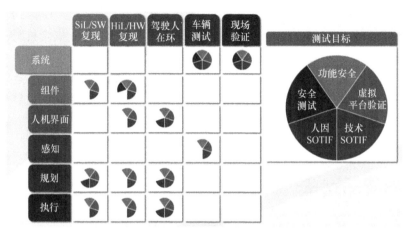

图 6-9　验证与确认方法

3. 硬件级别安全活动

硬件是指汽车中电子电气系统的硬件，范围包括不可编程的元件（如电容、电阻、传感器）和可编程的元件（如微控制器和专用集成电路）。在安全生命周期中，硬件开发是系统开发的一部分，与软件开发并行。硬件开发的安全活动包括需求定义、硬件设计、硬件架构评估、安全目标评估及集成和验证。

硬件开发首先要指定影响硬件的技术安全需求，细化为硬件安全需求，安全需求需要指定如何检测、指示和控制硬件中的内部故障、故障容忍时间，以及定义硬件指标和故障率需要达到的目标值。然后，根据需求进行硬件设计，包括硬件架构设计，以及面向不同 ASIL 进行影响单元设计，设计需要考虑汽车领域所需要的健壮性。最后，进行硬件架构与安全目标评估以及集成和验证，需要提供可靠的证据，证明如何防止违反安全目标的故障，以及如何防止潜在故障永久存在于车辆中，确保硬件满足相应的功能安全标准要求，证明硬件具有足够的机制来检测和控制随机硬件故障，确定安全机制满足其有效性的度量标准，如计算每小时的平均故障概率。

4. 软件级别安全活动

软件指各种控制单元、传感器和执行器中的所有软件。功能安全意味着这些软件需要保障车辆的安全，即软件需要没有错误，符合规范。随着车辆中软件比例的增加，车辆的安全性越来越依赖于无错误的软件，汽车的软件开发不同于其他领域的应用程序开发，如果软件因清理内存而没有响应驾驶人的制动请求，在汽车领域中是不可接受的。

不同于硬件的随机失效，软件的失效为系统性失效，如果发布未经过完全测试的软件，算法检测危险交通情况的分配时间过长，就会导致无法避免碰撞的发生等。软件开发需要通过容错机制来应对故障的发生，例如，消息或者内存区域的检验和，以及检查软件功能允许值的范围都是容错机制，容错软件运行在安全的微控制器上，用于检测实际应用中在另一个微控制器上的应用软件是否正确运行。当检测到错误时，此类软件必须让整个系统和车辆进入之前定义的安全状态。

对于软件开发，ISO 26262 中定义了阶段参考模型。在功能安全方面，软件开发首先将技术安全需求细化到能够量化软件安全需求，以在软件开发中实施，包括指定面向操作系统及基本功能、应用软件的测试和监管功能需求，涉及对安全相关故障检测、指示和控制的要求，需要实现和维护安全状态或者定义如何实现降级状态和满足容错时间要求等。进一步，需要根据需求进行软件架构与软件单元设计，实现所有的功能需求和安全机制，包括预期的功能和软件安全要求。软件集成和测试需要制定方法论并成功执行，测试覆盖率以了解测试的完整性。在软件单元的级别上，验证包括确保实现安全机制、代码中没有意外的功能，以及有足够的资源，即执行时间、内存和消息吞吐量，嵌入式软件必须满足在目标环境上的软件安全需求；同时，需要使用方法指定测试用例，进行基于需求的测试，引入故障测试安全机制，验证算法是否能够识别故障并触发所需的安全反应。

6.4 预期功能安全

随着自动驾驶系统功能架构趋于完善，国际标准 ISO 26262《道路车辆 功能安全》覆盖的故障性风险造成的功能安全问题分析难以满足高度复杂系统的安全性分析要求，在系统不发生故障的情况下引起的安全风险愈发受到重视，ISO/PAS 21448《道路车辆 预期功能安全》将此类问题归结为预期功能安全（Safety Of The Intended Functionality，SOTIF），并给出了其详细定义。该标准指出进行预期功能安全活动的目标为确保不存在由于影响系统特定行为的性能局限或可合理预见的人为误用产生的不合理风险。

6.4.1 预期功能安全概念与形势

国际标准 ISO/PAS 21448 将 SOTIF 定义为由于功能不足或可合理预见的人为误用而产生的危险，而不存在不合理的风险，SOTIF 开发目标则为将已知的危险行为和未知的潜在危险行为降低到可接受的剩余风险水平。预期功能安全场景分类如图 6-10 所示。

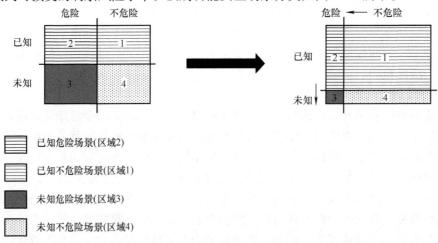

图 6-10 预期功能安全场景分类

区域1的改进措施主要为明确定义要开发的功能，包括通过分析识别潜在风险，改进发现弱点的定义，使用与 ISO 26262 类似的风险分析来分析功能和技术规范，如检测到弱点，将改进功能或系统。

区域2的改进措施主要为验证功能，包括其系统组件，以模拟功能、场景、测试系统组件和整个系统，确定活动中可以对功能或系统进行改进的脆弱点，确定接受剩余风险的依据。

区域3的改进措施主要为验证功能系统，以将区域3减少到可接受的水平，例如，耐力测试、驾驶测试、模拟等。

辅助驾驶汽车的研发面临巨大的预期功能安全挑战，主要包括复杂随机的道路交通场景，如环境变化、道路异构混杂、交通参与者违规等；自动驾驶系统自身功能存在局限性，包括 AI 算法训练数据差异和未知边缘情况所导致的感知、认知、决策失误，以及 AI 算法难以认证与解释的局限性等；人员合理可预见的误用，如驾驶人疲劳驾驶、人机界面（HMI）误操作等。这些因素共同衍生出自动驾驶汽车的预期功能安全问题，相关的自动驾驶事故频发，如何保证自动驾驶车辆的预期功能安全性成为研发人员面临的首要难题。辅助驾驶汽车面临的预期安全挑战和预期功能安全引发事故如图 6-11 和图 6-12 所示。

图 6-11 面临的预期安全挑战

特斯拉感知失误导致撞翻白色货车　　　　Uber 决策未考虑不遵守交规的行人

图 6-12 预期功能安全引发事故

6.4.2 预期功能安全法规与标准

辅助驾驶汽车的预期功能安全问题正引起全球汽车行业的高度关注。公开发布的国际标准 ISO/PAS 21448 提供了设计、验证和验证措施的指导，以实现 SOTIF。ISO/PAS 221448 给出了预期功能安全设计流程，如图 6-13 所示，包括功能和系统规范定义、预期功能引起的危害识别和风险评估、预期功能触发事件的识别和评估、功能改进，以降低 SOTIF 相关风险、验证与确认策略、在已知危险场景中验证 SOTIF、在未知危险场景中验证 SOTIF，以及剩余风险评估。

我国工信部发布的《智能网联汽车生产企业及产品准入管理指南（试行）》（征求意见稿）中明确提及了预期功能安全保障要求。GB/T 43267—2023《道路车辆 预期功能安全》中提供了用于确保 SOTIF 的通用论证和措施指南，其中，功能不足包括：①整车层面预期功能规范定义的不足；②系统中电气/电子要素实现的规范定义不足或性能局限。

6.4.3 预期功能设计流程与关键技术

1. 功能与系统规范定义

功能相关的规范定义主要包括：①预期功能的目标；②预期功能被激活、停用和激活的用例；③预期功能的描述；④车辆动力学的自动化/权威水平；⑤驾驶人、乘客、行人和其他道路使用者、相关的环境条件与道路基础设施的接口等因素相互依赖和交互。

系统相关的规范定义主要包括：①应用于预期功能的系统和元素的描述；②应用于预期功能所安装的传感器、控制器、执行器的描述和性能；③关于预期功能如何使用其他元素的输入的假设；④关于其他元素如何使用预期功能的输出的假设；⑤系统和子系统的概念和技术；⑥局限性及对策；⑦支持应对策略的系统架构；⑧退化的概念；⑨警告策略；⑩车辆其他功能和系统相互依赖和交互。

功能和系统规范提供了对系统及其功能的充分理解，以便在设计该系统时考虑到这些局限性，并确保在必要时采取对策以减轻其对整个系统的影响。系统局限性包括可能导致高概率出现子系统的错误输出，并可能导致潜在的危险行为，例如：不正确的分类、不正确的测量、不正确的跟踪、错误的检测、不正确的目标选择、不正确的运动估计等。系统开发基于对设计局限性的假设，实施措施以确保 SOTIF 并将其集成到功能和系统规范中，减少区域 2 和区域 3 的面积，并通过增加区域 1 的面积来增加整体的健壮性，区域 3 测试仅在与原始系统设计相关的对策不完整或不适用于新引入的用例时应用。

定性故障树、危险与可操作性分析（HAZOP）、FMEA、系统理论过程分析（STPA）、事件树分析等方法可以增加对 SOTIF 的置信度。性能局限性可以通过冗余、多样性、功能限制或其他措施来解决。

2. 预期功能引起的危害识别和风险评估

该阶段针对与 SOTIF 有关的潜在危害进行系统地识别和评估，指定在确认阶段评估设计的验收标准，如误报率、漏报率等。

（1）危害识别

危害识别主要基于对功能及其可能偏差的认知，能够通过应用 ISO 26262 -3：2018《道路车辆 功能安全第三部分：概念阶段》中提出的方法来实现，同时考虑到预期功能的性能

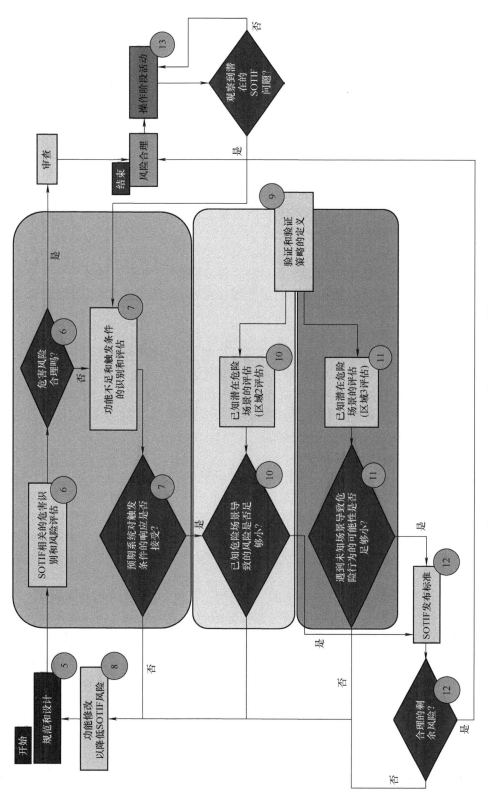

图6-13 ISO/PAS 21448 预期功能安全设计流程

限制,例如,AEB 系统不正确检测可能导致意外的全制动,同车道多辆车使用 ACC 系统,高控制环路延迟可能产生堆积效应,导致系统无法充分制动。

(2) 危害分析

危险事件的危害性和可控性可以用 ISO 26262 - 3:2018 第 6 章所述的方法来评估,但也能够针对特定的 SOTIF 相关危害对单个危险事件进行评估。例如:紧急制动引起的追尾事故的严重程度可以通过限制制动的强度来降低。强度极限可以看作一种增加可控性的安全机制,或者对预期行为的一种修正。在分析危害时,极限被认为是预期行为的一部分。然而,与实施限制有关的功能故障可参照 ISO 26262 系列标准。

在给定的场景中,考虑潜在危险行为的严重性和可控性,以判断是否会导致确定的伤害。对于危险事件的分类,可以依据相关人员的延迟或没有反应来控制危险,例如:某个环境条件不支持 ADAS,需要驾驶人恢复控制,由驾驶人的反应时间引起的延迟会影响可控性评估,可能成为 SOTIF 相关分析的一个部分。

(3) 风险评估

风险评估考虑预期功能的性能瓶颈,以判断可控性或严重性是否可接受,可控性是指"总体可控",严重性是指"不会造成伤害",严重性和可控性评估可以考虑预期的系统限制及为减轻其影响而实施的措施。

(4) "确认目标"的规范

确认工作的目标考虑行业法律法规及确保安全所需当前功能性能水平,指定的验证目标取决于验证策略中选择的方法。例如:推论分析需要考虑所有已知和相关触发事件的列表,相关的验证目标将确保覆盖此列表中的所有事件;相反,对 SOTIF 相关危害的归纳分析将涉及搜索与应用程序相关的先前未知的触发事件,验证目标的定义应具有统计上的可信度,即经验数据证明触发事件不会带来不合理风险。

3. 预期功能触发事件的识别和评估

该步骤的目标为识别可触发潜在危害行为,可采用系统的方法来进行触发事件的分析,考虑从类似项目和领域的经验中获得的知识,识别系统的弱点(包括传感器、算法、执行器的弱点)和识别可能导致危险的相关场景。这种分析能够并行进行,通常从以下两个方面入手:系统组件的已知限制,以确定这些限制可能导致危险行为的场景;被识别的环境条件和可预见的误用,以确定可能触发系统潜在危险行为的系统限制,分析可以使用归纳或演绎的方法。

与算法相关的触发事件分析考虑分类环境和位置、公路基础设施、城市基础设施、高速公路基础设施、驾驶人行为(包括合理可预见的误操作)、其他驾驶人或道路使用者的预期行为、驾驶情景(例如,建筑工地、意外、紧急通道交通挤塞、行车到错误道路)与算法局限性(例如,处理可能的情况或不确定性行为的能力)。与传感器和执行器相关的触发事件分析考虑可能导致触发事件的分类,如天气条件、机械干扰(包括安装、设计位置、信号传输)、电磁干扰(EMI)、来自其他车辆或其他来源(例如,雷达或激光雷达)的干扰、声音干扰、炫光、低质量的反射、精度、范围、反应时间与耐久性等。此外,可以在可能值的范围内(包括潜在的和观察到的场景)对每个环境输入进行系统分析。同时,该步骤需要考虑 SOTIF 风险识别和评估期间指定的接受标准,对识别的触发事件进行评估。

4. 功能改进以降低 SOTIF 相关风险

为降低 SOTIF 相关风险,需要进行功能改进,达到以下目标:①确定和分配措施,以避免、减少或减轻与 SOTIF 相关的风险；②估计 SOTIF 相关措施对预期功能的影响；③改进功能和系统规范所要求的信息。改进 SOTIF 的措施需要避免、减少或缓解导致违背安全的系统局限性及评估的 SOTIF 相关风险。

系统改进以避免或减少与 SOTIF 相关的风险，包括：①通过以下方法提高传感器性能和/或精度：传感器算法改进、足够的传感器技术、传感器位置修改、传感器扰动检测触发适当的报警和降级策略、识别现有的设计运行域以过渡到合适的传感器应用策略，以及应用不同的传感器技术等；②通过适当的执行器技术（如提高精度、扩大输出范围、缩短响应时间、提高耐久性、仲裁权威能力）提高执行机构性能和/或精度；③通过以下方法提高识别和决策算法的性能：算法的改进、识别现有的设计运行域过渡到适当的警告和退化策略、为已知的不受支持的 SOTIF 用例合并触发适当的警告和降级策略、缓解和解决功能干扰/冲突（避免由系统间死锁/活锁而导致的意外行为）；④通过允许系统和组件行为的验证等方法提高可测试性。

为减少或减轻 SOTIF 相关风险而对预期功能进行功能限制，包括：①限制特定 SOTIF 用例的预期功能，例如，当车道检测设备不能清楚地检测车道时，车道保持辅助功能减少，以避免不必要的转向干预；②对特定用例的预期功能的权限限制，例如，由于午后的阳光反射了周围的光线，使用雷达和其他传感器的操作权限受到限制；③对特定用例的预期功能总体权限的限制，例如，所有感知传感器因暴风雪致盲，驾驶人被请求接管控制等。将权力从系统移交给驾驶人，以提高关键操作情况影响的可控性（转换本身是可控的，不代表对驾驶人产生的额外风险），包括改善人机界面、改进预警和降级策略等。减少或减轻合理预见的误操作影响的措施包括：①改进提供给驾驶人的有关预期功能的信息；②改善人机界面；③实施监测和预警系统，例如，转向盘被释放时警告驾驶人等。

5. 验证与确认策略

验证与确认策略包括支持 SOTIF 的基本原理、生成必要证据（例如，分析结果、测试报告、专门的调查），以及制定产生证据的流程。

关于潜在危险行为风险的系统验证和确认活动包括集成测试，范围如下：①传感器和传感器处理算法模拟环境的能力；②决策算法处理已知和未知情况的能力，以及根据环境模型和系统架构做出适当决策的能力；③系统或功能的健壮性；④HMI 防止合理预见的误操作的能力；⑤驾驶人交接的易处理性。

6. SOTIF 释放评估方法与标准

SOTIF 释放的评估方法首先要考虑复查以下因素：①确认策略是否考虑了预期功能范围内的所有指定用例；②预期的功能是否达到了最低的退而求其次的风险条件，必要时，是否为消费者或其他道路使用者提供了一个较安全的状态；③是否完成了充分的验证和确认并满足了验收标准，以确信风险不属于不合理范围；④在发生可能导致危险事件的非预期行为时，所提供的证据是否可以证明不存在不合理的风险。

6.5 信息安全

智能网联汽车的快速发展衍生了网络安全问题，每出现一种新的联网接口和电子功能，都将产生新的攻击途径，攻击的影响范围覆盖整个生态系统。近年来，以信息篡改、病毒入侵、恶意代码植入等手段获得智能网联汽车电子系统访问权限，并向其内部车载网络进行攻击而引发的敏感数据泄露、车辆远程恶意控制等汽车网络安全问题愈发严峻。针对智能网联汽车的攻击事件与日俱增，攻击类型呈现出多样化的发展趋势，涉及无钥匙进入与起动（Passive Keyless Entry and Start，PKES）、远程信息处理（Telematics Service Provider，TSP）服务器、手机App、车载自动诊断（On-Board Diagnostics，ODB）接口以及ADAS控制器等，攻击影响范围从单个车辆扩大至同一车型甚至与云端互联的全部车辆。攻击每时每刻都在全球各地上演，而能够引起关注的攻击只是冰山一角，现阶段汽车正面临巨大的网络安全风险，对功能安全的影响正在不断加剧，对车内驾乘人员、交通系统乃至国家的安全构成了严重威胁，信息安全已经成为影响传统汽车面向智能网联汽车发展过渡的关键。

当前出台的原则与法规以车联网、自动驾驶等应用场景为目标，引导汽车产业链上各环节加强对安全保障投入的探索模式，各个国家汽车产业组织正在积极研究并发布汽车网络安全相关政策和指南等，为行业提供可实施的网络安全防护设计原则与规范。汽车产业链较为复杂，需要多级供应商协同探索保障汽车信息安全的解决方案。当前，企业与机构处于被动应对状态，远未达到"安全可控"，迫切需要从整体视角分析辅助驾驶汽车的网络安全态势，纵深协同设计辅助驾驶汽车的网络安全架构。

6.5.1 车联网生态系统

车联网构建了连接车与车、车与人、车与道路环境之间的通信网络。研究者们通过在车辆上配备固定传感器、控制部件和决策部件，同时融合网络通信技术，搭建了信息交互通道，最终实现了模拟驾驶人行为的智能车辆。智能车辆的各部件都承担了不可或缺的任务，其中，传感器接收道路环境信息，决策部件根据所接收到的信息对车辆行为进行判断并发出指令，控制部件根据所接收的命令来控制车辆的行驶，信息交互通道完成信息交换共享。车联网则是通过新一代的无线网络通信技术将无数个智能车辆连接在一起，完成车辆间的信息共享和信息利用，从而构建一个提供多样化功能服务的系统网络。这种连接智能车辆的通信网络被称为车联网。

车联网生态系统3层架构如图6-14所示，整个车联网生态系统可分为车载端、路端、云端3层，每一层架构都是互联互通的。通过各层间的信息通信和交互，构建了一个智能化、共享化、高互通的智能车联网平台，推动了车联网行业的飞速发展。

1. 车载端

车载端是车联网的基础，也是重中之重。车载端包括车辆上配备的摄像头、雷达和各种传感器等信息接收设备，同时覆盖了车辆各设备间的数据传输通信技术，如V2X、蜂窝4G/5G通信技术和蓝牙技术。另外，为了保证车辆的安全高效运行，需要在车载端构建一个故障诊断系统。故障诊断系统通过获取车辆运行期间所产生的数据来分析车辆的运行状态，并定位故障位置，提供有效恢复手段。车载端可以看作一个具有数据采集能力和安全通信能力的智能终端。

2. 路端

路端是车联网的重要部分。路端架设了4G/5G的通信基站，功能强大的新一代通信基站确保车联网生态系统中的互联互通。同时，路端在关键位置上部署了很多路边通信单元，通过将其安装部署在道路上来收集信息并完成通信，辅助构建了车路协同框架。另外，路端

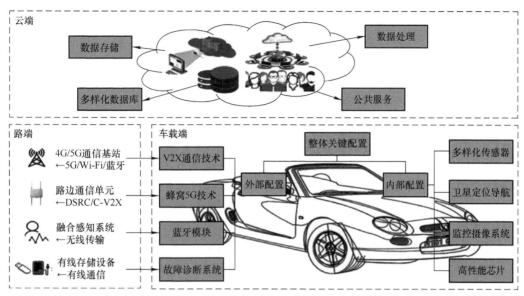

图 6-14 车联网生态系统 3 层架构

为了提高信息的实时性和可利用性,引入了融合感知系统来对所收集的有效信息进行融合处理。路端主要解决了车联网生态系统中的互联互通,实现了各种异构通信网络间的通信。

3. 云端

云端是车联网的核心。云端主要实现数据存储、数据处理、多样化数据库及各种车辆公共服务功能,将数据处理过程迁移到云端,保证了车载端的灵活性。同时,云端上的各种车辆公共服务功能包括最基本的车辆控制功能。云端围绕车辆的计算和监控管理来部署,有效提升了车联网生态系统的开放化和共享化。

6.5.2 典型车联网安全事件

随着车联网智能化、网联化进程的快速发展,人工智能技术、新一代通信技术、数字孪生系统等数字化技术的应用带来了更复杂的汽车安全风险和安全事故。近年来,智能车联网安全事件集中爆发,根据车联网生态系统架构,分别从车载端、路端和云端归纳整理典型安全事件。

现阶段,车载端上所部署的各类传感器和相关 App 都可能会在用户不知情的情况下被攻击,造成用户信息泄露和被窃取,从而影响车辆的行驶安全和用户人身安全。例如:2015年,安全研究员发现通用安吉星 OnStar 系统存在漏洞,能够通过该系统远程控制汽车,拦截数据通信;2016 年,三菱欧蓝德插电式混合动力汽车可以利用 Wi-Fi 控制模块暴力破解密钥后,直接定位欧蓝德汽车;2018 年,研究者发现大众、奥迪车载系统中存在漏洞,可以通过该漏洞获得系统的 root 控制权,从而控制汽车的制动系统;2020 年,特斯拉 Model S 中的无线功能模块和蓝牙钥匙存在漏洞;2022 年,美国网络安全和基础设施安全局警告 MiCODUS MV720 GPS 跟踪器中存在多个安全漏洞,波及全球超 150 万辆汽车。

路端架设的各种通信单元和智能系统在传输数据时存在各种系统缺陷和网络拥塞等问题。若是被攻击者利用,会威胁整个车联网生态系统。例如:2016 年,New Eagle 制造的 C4MAX TGU 若配置不当,可直接通过广域网 IP 和 23 号 Telnet 端口访问,将信道暴露在广域网下；同年，纽约大学教授发现常用的车联网规范连接标准——Mirror Link 存在缓存区溢出漏洞，该连接易于启用，黑客可利用漏洞控制多种关键性安全组件；2019 年，福特多款汽车无线钥匙难以抵御重放攻击，攻击者能够通过重放前一阶段钥匙发送的信号对车辆进行控制；2020 年，特斯拉 Model S 上的无线协议通信模块存在漏洞，攻击者可以利用漏洞攻入系统，从而在 Parrot 模块的 Linux 系统当中执行任意命令；2022 年，车联网服务商 SiriusXM API 存在漏洞，可直接利用 HTTP/2 来获取远程服务，从而远程控制车辆。

对于云端部署的各种服务系统和数据库来说，存在更多潜在的攻击接口，更容易受到各类恶意攻击。例如：2015 年，某匿名黑客公开在网上兜售车主姓名、手机号码、意向购车型号等相关车主信息，10 万雪铁龙车主信息被泄露；2017 年，某黑客入侵东风日产公司的网络系统，盗取客户姓名、车辆识别码、家庭住址等个人信息，用户信息被泄露；2021 年，梅赛德斯-奔驰美国的 1000 余条客户个人敏感信息在云存储平台上被泄露；2022 年，丰田供应商服务器被黑客攻击并植入威胁，造成了丰田公司停产一天。

从上述历年来的车联网安全事件可以总结出车联网安全问题主要可以概括为数据安全、通信安全、网络攻击安全等。在车联网智能化、网联化快速发展的背景下，车联网安全问题得到了前所未有的重视。国家、车企、软件供应商、网络安全巨头，都在谋篇布局以应对新型智能终端设备——汽车上的安全变革。

6.5.3　车联网信息安全风险

随着车联网行业的高度智能化和共享化，安全威胁和漏洞越来越多，给智能车联网带来了巨大的安全挑战。《车联网网络安全白皮书（2020 年）》中总结了车联网行业中现有的安全威胁，这些安全威胁不容忽视。整个车联网生态系统可以看成一个复杂系统，系统中存在各种设备安全问题、通信安全问题、数据隐私安全问题等。为了更清晰地展现智能车联网的安全风险，从车联网生态系统 3 层架构入手，分别对每层中的典型安全问题分析研究。

车载端是指车辆网通信网络中的车辆终端，是整个车联网生态系统中的重要一环。车载端若遭受恶意黑客或好奇用户的攻击，将导致巨大的安全隐患，直接威胁驾驶人人身安全和用户个人数据隐私。因此，本节对车载端的安全问题进行了重点研究，围绕车辆终端架设部署的各种设备、系统和通信网络展开研究。

车载端架设的传感器可以分为传统传感器和智能传感器两种。传统传感器是指压力传感器、加速度传感器和转速传感器等与车辆动力相关的传感器。智能传感器是指红外传感器、生物特征传感器和摄像头等智能网联传感器。对于传统传感器来说，它们主要负责采集车辆的配置信息和行驶数据，这一数据量巨大且不稳定，因此需要考虑数据安全问题。若攻击者攻入传感器内部，便能够轻而易举地获取车辆数据并修改合法数据，从而造成对车辆状态的错误估计，得到错误的判断结果，最终影响后续的行为预测。对于智能传感器来说，它们主要负责感知车辆周围道路环境。智能传感器通过雷达发出信号来测量与目标车辆间的相对距离，利用发出信号与收到反馈信号的时间差来计算距离，然后通过融合多种传感器信息能够实现对车辆周围道路环境的全方位感知。在这一过程中，需要保障通信网络的安全。若是攻击者截断通信网络或监听通信网络，会造成信息的延迟和缺失，从而影响道路环境整体感知。同时攻击者对通信网络攻击也能够获得传感器相关权限，进而对车辆发起攻击。

车载端为了进一步提升车辆运行效率和运行安全，引入了故障诊断系统。故障诊断系统能够快速定位故障，提高车辆的维修效率。然而，故障诊断系统在车联网生态系统中也随之成为最易受攻击的对象。若攻击者在系统中植入后门，会对整个车载端造成安全威胁。另外，对于庞大的代码量，其中容易出现很多可利用的漏洞，从而造成系统软件安全问题。

车载端为了提高各个传感器和系统间的通信效率，引入了V2X通信技术。V2X通信技术用来帮助车辆与其他设备进行通信，包括传感器、摄像头、雷达等。因此，保证V2X通信的安全和时延是最核心的目的。若仅是简单地将V2X通信应用于车载端中，不能够保证安全通信所需要的低时延，在紧急通信情况下会发生安全问题，造成车毁人亡。另外，将V2X通信技术引入车联网生态系统中，随着接入网络的智能车辆数目的增加，安全问题会越来越严峻。攻击者能够利用的漏洞数增加，其针对V2X通信技术所设计的攻击也会越来越复杂，从而造成车辆控制安全问题。

路端是指车联网通信网络中的路侧部署设备和通信模块，是车联网生态系统中不可或缺的部分。路端若遭受攻击者的恶意入侵和数据篡改，会造成车联网道路环境模拟错误。这会直接导致车辆对周围道路环境误判，从而造成车辆与人机的交互行为错误。因此，路端的安全问题也需要重点研究。

路端架设的路侧硬件设备分为基本路侧设备和数字化车联网路侧设备。基本路侧设备一般是指普通传感器和通信模块的有机结合。对于基本路侧设备来说，它们主要负责路侧与车载端、云端的信息交互，完成车联网生态系统互联互通，同时对道路的基本状况信息进行捕捉。基本路侧设备由于功能的复杂性，因此会面临非法接入、远程控制和数据篡改等安全问题。数字化车联网路侧设备是指智能交通标志灯等智能设备。数字化车联网路侧设备主要负责动态感知环境信息和交通标识变化，同时实时传递给车载端和云端。由于数字化车联网路侧设备需要保证智能协同和实时传递性，因此设备上存在多个物理接口和网络开放端口。若攻击者利用开放端口非法入侵设备，会造成用户敏感数据泄露和信息非法篡改，从而造成道路信息建模不准确，最终导致车辆安全问题。

路端为了进一步提供高性能、低时延的通信服务，引入了新一代通信基站。通信基站通过提供无线信号覆盖来帮助系统对车辆和关键点完成定位，同时完成相关数据的上传与下载。因此，通信基站的安全性十分重要。若攻击者对通信基站发起攻击，通过监听或篡改信号来破坏通信网络，将会出现用户重要信息被盗取、路况分析不明确的情况。另外，通信基站部署地点通常比较偏远，会造成后续固件升级维护难的问题。

云端是指车辆网通信网络中的云服务平台，是整个车联网生态系统中的用户服务核心。云端是一个基于云计算技术的云服务平台，主要负责实现数据接入和数据处理，提供车辆控制、车辆监控和数据聚合等服务。云端需要保证当车辆请求相关服务时能够及时响应，还需要具备与各种服务商完成数据交换和对接的能力。因此，对于车联网生态系统来说，智能化和开放化是必须具备的要素。而云端通过连接海量的智能车辆和服务商，保证了车联网生态系统的特性。

然而，云端也面临着很多安全威胁。若攻击者通过伪造身份来接入云服务平台，就能够非法访问平台控制指令集，从而远程控制车辆，这会造成用户信息的泄露和车辆安全问题。而云平台框架自身也存在一些安全问题，如框架中的系统漏洞、系统资源控制分配问题和外部接口调用问题等。另外，海量用户数据上云也给云端带来了数据安全问题。攻击者通过结构查询语言（Structured Query Language，SQL）注入来攻击数据库，造成数据泄露或数据永久删除的严重后果。

6.5.4 车联网信息安全解决方案

1. 整体方案

车联网行业高速发展的同时也带来了层出不穷的安全问题，会引起车毁人亡的严重后果，甚至威胁国家公共安全。现有的安全方案都不能够满足车联网生态系统的安全防护要求。由于车联网行业安全标准的缺失、实践测试的缺少和安全技术的更新迭代不及时，车联网生态系统所面临的安全威胁并未解决。因此，研究者们针对智能车联网相关的安全问题开展了很多安全防护方案的研究。

智能车联网生态系统的安全防护架构需要确保车载端、路端和云端3层的稳定运行和互联互通，保证数据隐私安全和高效的服务响应能力。如图6-15所示，智能车联网生态系统安全防护架构主要从车载终端安全、路端通信安全、应用服务安全和数据安全4个方面考虑，同时需要保证在复杂应用场景下的车辆安全问题。车载端需要关注的安全问题主要是硬件设备安全、数据通信安全和软件系统安全。硬件设备安全是指所搭载的传感器安全，可以通过在传感器芯片上内置加密算法模块来提高传感器安全等级，从而抵御对传感器发起的攻击。数据通信安全是指通信数据和信道安全，可以通过认证通信双方身份并颁发安全证书来增强车辆通信安全，从而增加攻击者窃取数据的难度。软件系统安全是指车载端所部署的相关软件系统安全，可以通过在整个软件开发周期中引入安全防护模块来保证软件系统的安全，还可以围绕系统部署防火墙和加密锁等，构建一个软硬件结合的安全防护体系，从而防御各种攻击手段。

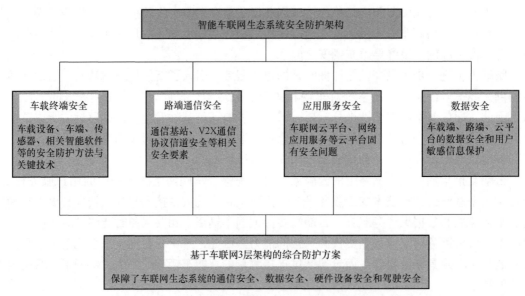

图6-15 智能车联网生态系统安全防护架构

路端面临着数据非法篡改、攻击者恶意入侵和通信基站被损坏的风险。为了抵御攻击者非法篡改硬件设备中所存储的数据，可以通过对数据进行加密来确保数据的真实性。从性能和开销两方面均衡考虑，需要一个多模结合的轻量级加密协议应用于数据传输中，从而保证数据在不同应用环境下的安全性。若攻击者恶意入侵通信链路上的节点或设备，存在非法控制车辆的风险，会影响智能车辆的驾驶行为决策，从而造成生命财产损失。为了避免攻击者非法控制车辆，可以通过对网络层进行异常流量监控和网络区域隔离来提高网络控制管理。通信基站被损坏会造成用户敏感数据泄露，可以通过部署数据安全传输系统和物理防护措施来保证数据安全和基站安全。

云端主要关注云计算框架自身的安全和数据安全。云计算框架自身存在框架漏洞和资源控制问题，可以通过框架版本更新、移动防御工具和资源控制策略来确保云平台互联互通的稳定性和安全性，还可以通过给云平台管理人员赋予不同的操作权限来加强平台安全性。由于智能车辆与服务提供商都连接在云平台上，同时将大量敏感数据上云，会面临数据泄露的风险。云平台一般采用数据物理隔离控制措施和加密认证算法来保证用户数据隐私安全。

数据是车联网互联互通中的关键生产要素，其中包括车主个人信息、车辆轨迹信息、道路信息、交通信号灯联动信息、远程控制数据等。这些数据一旦被恶意攻击者利用，会造成车主的隐私泄露，同时威胁个人甚至社会安全。因此，针对数据安全问题，研究者全面且深入地研究了一系列的数据隐私保护技术。通常利用基于密码学的隐私保护来对用户、智能系统、车联网云平台等数据进行加密，从而应对数据泄露带来的风险。根据车联网数据采集、传输、存储、使用、迁移、销毁等阶段，提出一个基于全生命周期的数据安全防护方案，实现针对数据的分级安全防护。

另外，随着新一代通信技术的研究与应用，6G技术强劲的带宽和低时延通信指标使其进一步全覆盖于各种智能车辆应用场景中，提高了交通驾驶和车路协同交互的效率。因此，需要重点关注车联网生态系统中的通信安全。为了保证通信安全和数据交互安全，可以开启通信双向认证和总线物理隔离，使用安全加密认证机制。综上所述，一个基于车联网3层架构的综合防护方案可以保障整个车联网生态系统的通信安全、数据安全、硬件设备安全和驾驶安全。

2. 安全防护现状

综合国内外研究，辅助驾驶汽车信息安全技术的研究尚处于局部深入阶段，往往扎根于某一方面的漏洞检测、防护技术的研究，尚未形成能够被业界广泛认可的安全防护体系。

通信系统的防护主要从两个层面展开：①以入侵检测系统为主的主动防护策略，面向的攻击方式及防护对象多样化；②针对性的防护策略，针对某一个或几个特定的攻击方式开展防护。

入侵检测系统（Intrusion Detection Systems，IDS）已经证明了其在保护传统网络信息安全方面的重要作用，因此也成为保障辅助驾驶汽车信息安全的首选方式。随着汽车智能化的不断发展升级，车联网入侵检测技术也不断发展。针对车载自组网安全，Sparsh等提出了一种基于前瞻性诱饵的蜜罐优化入侵检测系统，能够针对各种攻击实现前后防御，以最低的成本检测各类入侵，表现出了较好的优越性。然而，入侵检测系统应用于车联网安全仍然存在一些问题，诸如部署位置、体系结构、检测正确率、资源消耗和检测延迟等仍需进一步研究。George等提出了车联网入侵检测系统的架构特征，包括车辆自检测、联合检测、卸载检测3个主要方式，同时共对66项入侵检测技术进行说明，该工作有助于理清IDS技术发展脉络，同时对车联网入侵检测系统的开发具有一定的指导意义。

此外，一些针对性的防护策略也不断被提出，Boumiza和Braham对汽车内部及外部通信系统进行了分析，在此基础上提出了通信系统安全防护体系，包括通信加密、协议安全、身份验证、风险感知等技术。研究人员等阐述了车载自组网信息安全的重要性，提出了基于软件定义安全（Software Defined Security，SDS）技术，结合数据流控制、安全策略实施、访问控制和机密性等技术，提高车载自组网络的安全性，由于该方案与硬件和节点无关，因此可较为方便灵活地实施。

一些针对具体攻击方式的防护策略也不断被提出。针对欺骗攻击，研究人员等提出了一种基于概率性跨层技术的安全防护系统，该系统利用相对速度进行位置验证，通过比较车载单元观察到的两个通信节点之间的距离与使用物理层交换信号计算出的相对速度值估计出的距离来实现检测，试验证明该系统能够检测到超过90%的欺骗攻击。

针对通信隐私安全问题，研究人员等为辅助驾驶汽车引入了一种自动化的安全连续云服务可用性框架，该框架启用了针对安全攻击的入侵检测机制，入侵检测是通过三相数据流量分析和分类技术来完成的，同时采用深度学习和决策树机制，识别虚假请求与可信服务请求，试验证明该方案的总体准确度达到了99.43%。针对辅助驾驶汽车与基础设施间的通信（V2I）安全问题，研究人员提出了一种车辆匿名上传传感器数据的隐私保护技术，该技术基于其提出的草堆隐私（Haystack Privacy）概念，即将众多数据所有者不可区分地混在一起，就像隐藏在草堆中，无法分辨出上传者具体身份，从而实现传感器数据匿名上传，此种方式的不足在于需要足够多的数据所有者参与，以确保数据上传者能够充分隐藏身份。

车联网通信女巫攻击如图6-16所示。针对女巫攻击造成的身份认证问题目前有两种解决方案：①基于第三方机构建立的公钥基础设施（Public Key Infrastructure，PKI），通过部署在车辆上的密钥实现车辆的身份认证，定期对密钥进行更新，但此种方式在实际应用部署中仍存在很多实际问题，例如政府在PKI体系中扮演什么角色；②基于周围节点信号强度进行识别，根据给定的传播模型估计其新位置，若节点声明的位置与计算出的位置不同，则此节点为女巫攻击节点。

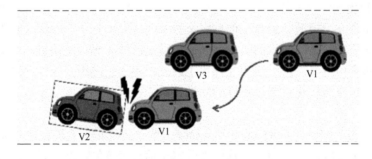

图6-16　车联网通信女巫攻击

应用与操作系统的安全防护与传统软件安全防护并无本质上的区别，主要的防护方式包括访问控制、代码加密、签名校验等技术。

访问控制可保证信息资源能受到合法的、可控制的数据访问。研究人员提出车载Android应用程序很容易遭受重打包攻击，同时提出了一种访问控制机制来抵抗此类攻击，该机制基于两方面进行防护：①使用基于白名单的访问控制系统；②使用App代码混淆的方式保护车辆免受车联网环境中通过外部网络及应用程序发起的恶意攻击。

针对车载操作系统固件升级，研究人员提出了一种新的更新架构，将对硬件的信任与软件模块合理地结合起来，该框架描述了如何在制造商、车边基础设施和车辆之间建立安全的端到端连接，具有一定的现实意义。操作系统升级的过程中，保证软件包数据的完整性、机密性、可用性极为重要，Nilsson 提出了一种空中激活（OTA）固件安全升级协议。协议可充分保障固件在升级过程中的数据安全，同时可防止重放攻击。该协议计算效率高、内存开销低，适用于车间的无线通信。此外，还可通过签名校验等方式对升级包的完整性及来源进行认证。

辅助驾驶汽车源代码中多含有加密算法、重要操作逻辑等敏感信息，因此部分源代码的泄露会给辅助驾驶汽车带来很大的安全风险。智能汽车代码安全防护手段可借鉴传统软件代码安全防护进行，主要涉及代码混淆、强名称签名、代码隐藏等技术。

目前感知层的安全防护并未引起太多重视，大多数整车厂采用布置冗余传感器的方式保证车辆能够在部分传感器受到攻击失效后继续安全行驶。

针对感知层的防护可从两个角度出发：一是从代码层的角度入手，对于传感器采集的数据进行一致性判断，提高异常数据的识别效率；二是从传感器的角度入手，例如，针对中继攻击，采取信号实时性验证、通信设备认证等方式实现中继设备的识别。针对雷达同频率的高斯噪声干扰攻击，可采用匹配滤波器进行抗干扰处理。此外，要充分考虑智能汽车的特殊性，在进行相应防护的过程中尽量减少对通信时延的影响。

针对性的安全防护对于智能汽车信息安全至关重要，美国 SAE、欧洲 EVITA、IEEE 通信与网络安全会议（CNS）、国际车联网与互联大会（ICCVE）等组织会议都开始关注汽车信息安全体系的构建工作。信息安全应融入产业链的各个方面，从组件到电子系统和完整的汽车架构生成，加强各方合作，形成体系化的防护。研究人员在归纳了各种攻击和防护手段的基础上，提出一个全面的攻击防护分类方法，基于此可实现针对性地防御，建立安全防护体系。

综上，针对智能汽车安全防护技术的研究集中于防护体系的搭建、防护方案的设计、防护技术的实现等方面。随着智能化的不断推进，未来的防护系统将朝着主动防护、自动检测、智能识别的方向发展，如何实现高效安全的防护体系是未来研究的重点内容之一。

第二篇

功 能 篇

第7章 车道偏离预警系统

7.1 车道偏离预警系统简介与系统定义

车道偏离预警系统（Lane Departure Warning System，LDWS）的设计遵循基本交通法规，主要目的是辅助驾驶人在公路及其他相似道路上保持车道稳定行驶。系统通过光学、电磁、卫星定位或其他传感器技术识别并匹配道路上的车道标识。当车辆因驾驶人失误或疏忽偏离车道时，系统将发出警告。然而，LDWS只是一个被动的提醒系统，不具备自动阻止车辆偏离车道的功能，也不包含与其他车辆碰撞的预警功能。因此，车辆的安全行驶仍完全依赖于驾驶人的操作。驾驶人应始终保持注意力，并对车辆的操作持续负责。车道偏离预警系统的具体工作机制如图7-1所示。

图7-1 车道偏离预警系统的具体工作机制

7.2 车道偏离预警系统的工作原理

车道偏离预警系统是为了提高驾驶安全性而设计的智能辅助系统。该系统通过集成的摄像头、激光雷达等传感器实时捕获和分析车道线信息。当系统识别到车辆在未使用转向灯或明显的驾驶人操作意图下即将或已经偏离车道时，LDWS会立即启动，并通过声音、光线或触觉信号警告驾驶人。这样的设计目的在于引起驾驶人的注意，使其有足够的时间进行校正，避免可能的碰撞或其他危险情况。车道偏离预警系统工作原理如图7-2所示。

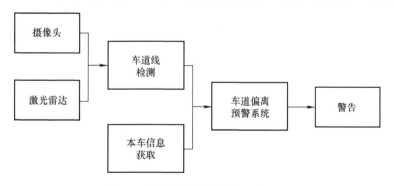

图7-2 车道偏离预警系统工作原理

警告临界线是车道偏离预警系统中一个非常关键的概念。当车辆即将或已经越过这条线时，系统就会触发警告，提示驾驶人进行纠正。这条临界线是基于驾驶人反应时间和车辆的偏离速度来计算得出的，它的位置可能会随着这两个参数的变化而变化。

如图7-3所示，警告临界线位于车道的一侧，并标有"警告临界线"标签。车道偏离预警概念示意图如图7-4所示，则进一步解释了车辆何时以及如何触发警告。

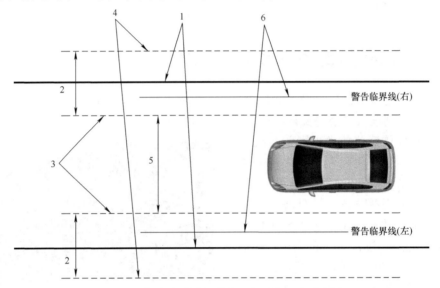

图7-3　警告临界线机器设置区域的概念示意图

图7-3中，1是车道边界线，由可见车道标识确定，在无可见车道标识的情况下，由其他提示性的可见道路特征或者由其他方式如GPS、磁道钉等确定车道边界线；2是警告临界线设置区域，最早警告线与最迟警告线之间的区域，警告临界线设置于该区域内；3是最早警告线，警告临界线变化范围的最内侧界线；4是最迟警告线，警告临界线变化范围的最外侧界线；5是非警告区域，两条最早警告线之间的区域；6是警告临界线。

举例来说，如果一个车辆以相对较慢的速度逐渐向车道的右边偏离，警告临界线可能设置得更靠近车道的右边缘。但如果车辆突然快速地向右偏离，则这条临界线可能会设置得更靠近车道的中心，以确保驾驶人有足够的时间做出反应。

总之，警告临界线是为了确保驾驶人在发生潜在的偏离事故前得到足够的反应时间而设定的，它是根据车辆的当前状态和驾驶行为动态调整的。

图7-4中，1是车道边界线；2是车道偏离；3是警告临界线；4是最早警告线；5是最迟警告线；a是

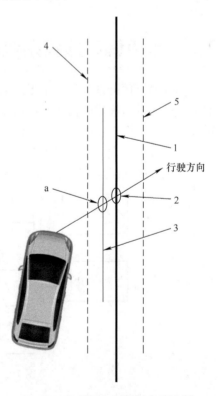

图7-4　车道偏离预警概念示意图

满足警告条件且没有抑制请求时，发出车道偏离警告。

7.3 道路识别

道路识别是自动驾驶汽车和智能网联汽车中至关重要的环节。真实道路上的情境复杂，从平面到垂直、从静态到动态，都涉及多种多样的因素。为了让汽车在复杂的交通环境中自动行驶，确保行驶安全，道路识别技术应运而生。

激光雷达识别：激光雷达通过发射激光束，并接收反射回来的激光信号来测量物体的距离和形状，生成一种称为"点云"（Point Cloud）的三维数据。这种数据能够高度精确地描绘出道路上的障碍物、道路边缘、车道分隔带等，为汽车提供了一个结构化的三维视觉。在图 7-5 中，可以看到激光雷达识别的道路特征，包括道路的宽度及其他与驾驶相关的重要信息。

视觉传感器识别：视觉传感器，通常是摄像头，主要负责捕捉道路上的二维图像。通过图像处理和计算机视觉技术，视觉传感器可以识别车道线、交通标志、行人、其他车辆等。在图 7-6 中，可以看到视觉传感器识别的车道线，这不仅帮助汽车确定它在车道中的位置，还可以帮助系统预测其他道路用户的行为。

综上所述，道路识别是一种高度先进的技术，它整合了多种传感器和计算机算法，旨在确保自动驾驶汽车能够在各种道路和天气条件下安全、有效地行驶。

图 7-5　激光雷达识别的道路

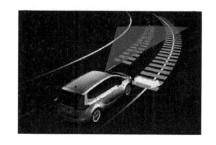
图 7-6　视觉传感器识别的车道线

7.3.1 道路识别的分类

对于自动驾驶和智能网联汽车，道路识别是关键技术之一。理解道路的结构化和非结构化特点对于提高车辆的自适应性和驾驶安全性至关重要。

1. 结构化道路识别

这类道路具备明确的特点，如明显的车道标识和固定的车道宽度。城市道路和高速公路通常都属于此类。识别这类道路通常更简单，因为可以依赖于车道线、边界和其他几何特征。尽管这类识别技术相对成熟，但它仍然容易受到环境噪声、阴影和遮挡的影响。

2. 非结构化道路识别

这类道路更为复杂，通常没有明确的车道线和道路边界。乡村小路、拥挤的市区街道或受天气影响的道路通常属于此类。识别这类道路是非常具有挑战性的，因为道路的颜色、纹理和环境变量需要进行复杂的处理和分析。

根据所用传感器的不同，道路识别分为基于视觉传感器的道路识别和基于雷达的道路识别。

1）基于视觉传感器的道路识别。视觉传感器主要指摄像头。这些传感器捕捉二维图像，并利用算法处理这些图像，从中提取道路特征，如车道线、交通标志等。视觉传感器的优点是它们能够提供丰富的颜色和纹理信息，但在低光或逆光条件下可能会遇到困难。

2）基于雷达的道路识别。雷达传感器通过发送和接收无线电波来探测物体。与此相比，激光雷达或 LiDAR 使用激光进行相似的测量，但可以提供更高的精度和分辨率。这些传感器提供了道路和周围物体的三维信息，但它们可能不如视觉传感器在颜色和纹理识别方面精确。

最终，智能网联汽车通常基于视觉传感器，这样可以从各种传感器中获得的信息中获益，从而提高道路识别的准确性和鲁棒性。

7.3.2 图像特征的分类

对于图像分类任务，确实需要从图像中提取有代表性的特征来描述物体的各种属性。颜色是图像中非常重要的一个特征，它有助于识别和区分物体。在图像分类中，特征的选择与提取对于分类的成功率具有决定性的影响。图像中的特征可以分为基本特征（如颜色、纹理、形状）和复杂特征（如物体之间的空间关系）。

1. 颜色特征

颜色是图像中最容易识别和描述的特征之一。它可以为整个图像或局部区域提供信息。尽管颜色特征非常有用，但它们可能不足以描述某些场景或对象，因为颜色可能会受到光照、阴影等外部条件的影响。

1）颜色直方图。这是表示图像中颜色分布的常用方法。它统计每种颜色在图像中出现的次数。颜色直方图可以在各种颜色空间中计算，如 RGB、HSV、HSI 等。在 RGB 空间中，颜色直方图会为红色、绿色和蓝色三个通道分别生成一个直方图。

RGB 模型基于人的视觉系统，人的眼睛中有三种类型的视锥细胞，分别对红、绿、蓝三种颜色的光敏感。通过这三种颜色的组合，几乎可以产生人眼可以看到的所有颜色。在 RGB 模型中，每种颜色都由三个分量表示：R（红色）、G（绿色）和 B（蓝色）。在计算机图形中，RGB 模型被广泛使用，因为它可以很容易地与电子显示器上的红、绿、蓝像素相匹配。RGB 模型如图 7-7 所示。

在数字色彩的无尽宇宙中，RGB 模型如同一个立体的指南针。此模型构建的空间形似正方体，与真实生活的三维空间极为相似。在这颜色之盒中，它的原点，即正方体的一个角，代表纯粹、深邃的黑色，而与之相对的对角顶点则代表无瑕、明亮的白色。在这个立方空间中，每一个点都可以看作一个矢量，

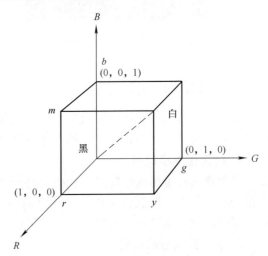

图 7-7 RGB 模型

它的起点始于原点，终点则是特定的颜色。为了使色彩的表达更为精确和方便，常常将这个 RGB 颜色空间标准化，将其每一边的长度限制在 [0,1] 的范围内。此时，每个 RGB 分量的数值也会被约束在这个区间。不得不承认，RGB 模型确实提供了一个直观而清晰的颜色解读方式，然而，这种表示方式的局限性也十分明显：R、G、B 三个分量是相互关联的，它们之间如同命运中的红线，任何一个分量的轻微变动，都足以引起整体色彩的变化，这也是其在应用中需要特别注意的地方。

RGB 是根据人类视觉的生理机制设计的，反映了人眼中看到的直观色彩。因此，不难理解为何绝大多数彩色摄像头都会选择 RGB 格式来捕获和记录图像。这种模型不仅能够生动、直观地再现物体的真实色彩，更是色彩表示中不可或缺的基础。

HSV 模型通过色调（H）、饱和度（S）和亮度（V）三大属性来描述颜色，使色彩不再只是眼睛所见，更包含人的情感和体验。色调可以理解为一道彩虹中的某个颜色，与混合光谱中光的波长紧密相关，凸显了人们对不同颜色的感知和区分；饱和度则描述了颜色的纯度，是色彩中的浓郁程度；而亮度则反映了色彩的明暗，当在颜色中加入更多的白色时，其亮度便会升高，使得颜色显得更加醒目、明亮。这三大属性犹如三个独立的维度，它们各自表达颜色的一个面向，相互之间又并不会相互干扰，从而使 HSV 模型成为描述颜色主观体验的绝佳方式。

HSV 模型如图 7-8 所示，也称六角锥体模型。色调 H 用绕中轴旋转的角度表示，取值范围为 0°~360°，红色为 0°，按逆时针角度方向计算，绿色为 120°，蓝色为 240°；亮度 V 用垂直轴线上的大小表示，取值范围为 0~1.0；饱和度 S 用与中心轴线的距离表示，取值范围为 0~1.0。当 $S=1$ 且 $V=1$ 时，得到纯色彩。

HSV 模型有两个显著特点：第一，在 HSV 模型中亮度分量 V 和色调分量 H 是相互独立的，V 分量与图像的颜色无关，只与图像的光照强度有关；第二，色调分量 H 及饱和度分量 S 互相独立，并且与人们感知色彩的方式紧密相连。这些优点使 HSV 模型可以充分发挥色调分量 H 的作用，适合基于人类的视觉系统对彩色图像分析的算法。

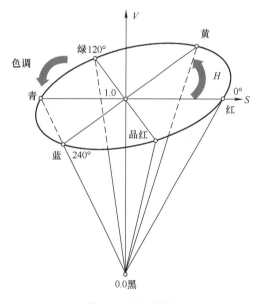

图 7-8 HSV 模型

HSI 色彩模型较好地反映了人们的视觉系统对不同色彩的感知方式，在该模型中用色调（H）、饱和度（S）及强度（I）三个基本分量来表达不同的颜色。H 与光波的波长紧密相关，不同的 H 值代表着不同的颜色，例如，当 H 值的取值范围为 0°~360°时，红色、绿色和蓝色的 H 值分别为 0°、120°和 360°；S 代表颜色的纯度，纯色是完全饱和的，颜色也最鲜艳，向纯光谱色中加入白光会降低饱和度；I 表示成像的亮度和图像的灰度，是一个主观的概念，表达了人类视觉对颜色明亮程度的感知。I 与图像的彩色信息无关；H 和 S 与人们感受颜色的方式紧密相连，因此，HSI 颜色模型得到了广泛的应用，成了颜色识别及分析的常用模型。

2）颜色集。颜色集是颜色直方图思想的拓展与演变，其本质上是为了提供一种更加紧凑且有效的方式来描述图像中的颜色特性。要精准地进行颜色集的计算，选择一个能够更真实反映人类视觉体验的颜色空间是关键，如 HSV 颜色空间。

首先，需要从常见的 RGB 颜色空间进行转换，进入到这种更加视觉友好的颜色空间。其次，转换完成后，颜色空间会被分割成多个区间或柄。而图像中的每个像素点，都会基于其色彩属性被归类到这些区间之一，从而形成多个子图像。然而，为了压缩信息和提高计算效率，并不需要保留 HSV 空间中的所有分量，因此可以选择其中最为关键的一个，对其进行量化处理，并使用这一量化的颜色分量作为索引标识。最后，整张图像的颜色信息就可以通过一个简明扼要的二进制颜色索引集来表示，大大简化了数据量，同时也为后续的图像处理和分析提供了便利。

3）颜色矩。颜色矩为图像处理和计算机视觉领域中的研究者们提供了一种简洁而又具有代表性的方法，来描述图像或其子区域内的颜色分布特性。与统计学中的矩概念相似，颜色矩尝试通过少量的参数捕捉到图像色彩的主要特点。

颜色的一阶矩（均值）：这是最基本的颜色矩，代表了图像或其子区域的平均颜色值。它描绘了图像的整体色调或者说基调，简单地说，就是该区域的"主色"。

颜色的二阶矩（方差）：方差描述了颜色值与其均值之间的偏差程度，从而可以提供图像或子区域颜色的分散度。一个高方差意味着图像内的颜色变化较大，而低方差则表示颜色相对集中、变化不大。

颜色的三阶矩（偏斜度）：偏斜度描述的是颜色分布的不对称性。它可以帮助识别颜色分布是否倾向于某一侧。例如，如果偏斜度为正，则意味着颜色分布在均值的右侧（更亮的部分）更为密集；若为负，则在均值的左侧（更暗的部分）更为密集。

通过这三个参数，不仅可以快速获取图像的颜色基调，还可以了解其颜色的变化性和分布倾向，为图像分析、特征提取和图像比较提供了有力的工具。

4）颜色聚合向量。在求解颜色聚合向量时，首先要获取图像的直方图，然后利用它把其中每个柄的像素划分成两个部分。划分的方法是先给定一个阈值，然后统计柄当中部分像素占据的连续面积。如果它们大于这个阈值，那么这个区域当中的像素就是定义的聚合像素；反之，则不是。

2. 纹理特征

纹理特征在图像分析中是至关重要的，它不仅展示了图像的颜色分布模式，还体现了图像的结构和形态特点。具体而言，纹理描述了图像中各点间的空间关系，提供了关于图像内部结构和模式的深入了解。纹理特征的特点在于，当考察一个像素点时，纹理分析会基于该点的周围邻域进行，而不是仅针对这一个独立的像素。例如，在观察木质纹理时，人们更关注木纹之间的交织模式，而非单一纹理点。纹理特征对旋转具有一定的鲁棒性，而且对噪声也有较好的适应性。然而，它对尺度和光线的变化则相对敏感。纹理特征的提取方法多种多样，包括统计方法、结构方法、模型方法及信号处理方法。

1）统计方法。统计方法是基于像素和其邻近区域的灰度属性进行分析，主要关注像素及其周围的一阶、二阶或更高阶的统计特性，典型的方法如灰度共生矩阵法。

2）结构方法。这种方法侧重于纹理基元的识别，它的基本观点是纹理由众多的纹理基元所构成，并且纹理基元的种类、方向和数量共同决定了纹理的表现，例如，数学形态学法就是这类方法的代表。

3）模型方法。模型方法中，假设纹理是以某种参数控制的分布模型方式形成的，从纹理图像的实现来估计计算模型参数，以参数为特征或采用某种分类策略进行图像分割，如随机场模型法。

4）信号处理方法。信号处理方法建立在时域、频域分析与多尺度分析的基础上，对纹理图像中某个区域内实行某种变换后，再提取保持相对平稳的特征值，以此特征值作为特征表示区域内的一致性及区域间的相异性，如小波变换方法。信号处理方法是从变换域中提取纹理特征，其他方法是从图像域中提取纹理特征。

3. 形状特征

形状特征是图像分析中的核心内容，为了准确捕捉图像或特定图像区域中物体的结构和形态，研究者们提出了多种形状描述方法。这些方法旨在量化图像中物体的形状，如其周长、面积、凹凸性及几何形态等。根据描述的侧重点，形状特征可分为两大类：一类是专注于物体边界的特征，另一类则涉及物体的整体或内部区域。比较成熟的形状特征描述方法包括边界特征法、傅里叶形状描述符法和几何参数法。

1）边界特征法。边界特征法着眼于图像中的边界，借以描述图像的形状，采用Hough变换提取直线和圆就是这类方法的典型应用。

2）傅里叶形状描述符法。傅里叶形状描述符法是针对物体的边界进行傅里叶变换，因为边界有封装和周期性的特征，所以它可以把二维的问题降成一维。

3）几何参数法。几何参数法是利用形状的定量计算来描述形状特征，计算的参数包括矩、面积、周长、圆度、偏心率等。

4. 空间关系特征

图像中物体的存在和排列不仅仅是孤立的像素点，它们之间的相对位置、交互关系和空间分布常常携带着丰富的信息。物体与物体之间的相互关系可能表现为邻接、相隔、重叠或完全独立。为了定量描述这些关系，可以采用绝对描述，例如，直接使用图像坐标；或者采用相对描述，例如，描述一个物体相对于另一个物体的方向和位置。这种空间位置关系增强了我们对图像中物体的区分和识别能力。然而，这种描述方式也有其局限性。例如，当图像旋转或缩放时，空间关系可能会发生显著变化。为了克服这些挑战，空间位置关系通常与其他图像特征（如颜色、纹理、形状等）结合使用，以获得更稳定和鲁棒的图像描述和分析效果。

7.3.3 道路识别方法

为确保智能网联汽车的先进驾驶辅助系统中视觉识别技术的高效运作，其核心特质包括实时性、健壮性和实用性。实时性要求视觉系统在处理信息时要与车辆的实际行驶速度保持同步，确保驾驶决策及时有效；健壮性意味着无论是复杂的道路情况还是多变的气候条件，视觉系统都能保持稳定的性能，为车辆提供准确的信息；而实用性则强调系统的操作简单明了，以满足广大用户的实际需求，确保技术的普及和接受度。

道路识别算法大体可以分为基于区域分割的识别方法、基于道路特征的识别方法和基于道路模型的识别方法。

1. 基于区域分割的识别方法

基于区域分割的道路识别策略主要将图像像素划分为道路与非道路两大类。此类分割通常依赖于颜色和纹理这两种特征。在基于颜色的方法中，由于道路与非道路区域在颜色上存在较为明显的差异，因此成为分割的关键依据。颜色特征可细分为灰度和彩色两种：灰度特征只涉及亮度差异，源自单通道的灰度图像；而彩色特征则更为丰富，除亮度外，还涵盖色调和饱和度信息。车道识别的核心实际上是彩色图像的分割任务，其挑战在于如何选择合适的颜色空间及确定恰当的分割策略。但此方法面临诸多挑战：不同的道路表面颜色和纹理各异，加上随时间推移和环境因素，道路颜色也会发生变化，使得基于区域的分割显得异常困难。另外，这种方法往往计算复杂，精确地确定车道边界变得不易。

2. 基于道路特征的识别方法

基于道路特征的识别方法依赖于明确的道路图像特性，如颜色、梯度和纹理等，以便识别道路边界和车道标记。这种方法特别适用于具有明确边界特征的道路。

基于道路特征的识别过程可以大致划分为两大步骤：首先是特征提取阶段，在此阶段，技术人员会采用图像预处理和边缘检测技术，从图像中抽取那些可能属于车道线的像素集，利用相位分析技术，可以进一步确定这些像素的方向；然后是特征聚合阶段，在这一步，技术人员会将识别出的车道线像素聚合成完整的车道线。这包括首先根据车道线的固定宽度对其进行局部聚合，接着再利用车道线的平滑性及平行车道线会在远处相交的约束来实现车道线的完整聚合。

这些识别算法中的特征主要分为两类：灰度特征和彩色特征。基于灰度特征的方法主要从连续的灰度图像中提取，它依赖于道路边界和车道标记的灰度特点进行识别。而基于彩色特征的方法则从连续的彩色图像中提取，它主要依赖于道路和车道标记的特定颜色特点进行识别。在实际应用中，基于灰度特征的识别方法更为常见，这可能是因为灰度图像的处理速度较快，计算复杂度较低。

基于道路特征的识别方法与道路形状没有关系，健壮性较好，但对阴影和水迹较为敏感，而且计算量较大。

3. 基于道路模型的识别方法

基于道路模型的识别方法主要是基于不同的（2D 或 3D）道路图像模型，采用不同的识别技术（霍夫变换、模板匹配技术、神经网络技术等）对道路边界或车道线进行识别。

在道路平坦的假设前提下，道路图像中的车道线可以认为在同一平面上，这时道路模型有直线模型和曲线模型。常用的曲线道路模型有同心圆曲线模型、二次曲线模型、抛物线模型、双曲线模型，直线–抛物线模型、线性双曲线模型、广义曲线模型、回旋曲线模型、样条曲线模型、圆锥曲线模型和分段曲率模型等。

4. 基于道路特征与模型相结合的识别方法

基于道路特征与模型相结合的识别方法综合了基于特征的健壮性和模型的通用性，从而可以对抗图像中的诸如阴影和光照变化的扰动。首先，它利用特征来分割图像，识别出道路与非道路的区域。然后，这些分割结果用于识别道路边界，这些边界再用于拟合道路模型。这种方法的关键在于两个主要环节：图像分割和模型拟合。图像的准确分割是拟合精确模型的基础。而模型的拟合需要考虑到环境的变化，排除噪声，并准确描述道路的形态。为了确保整个识别过程的准确性和健壮性，找到有效的图像分割策略和能够描述各种道路形态的模型至关重要。

图 7-9 所示为车道线的识别结果。

图 7-9 车道线的识别结果

7.4 车道偏离预警系统的系统功能

7.4.1 基本要求

车道偏离预警系统至少应具有下列功能：
1）监测系统状态，包括系统故障、系统失效、系统的开/关状态（如果有开关）。
2）向驾驶人提示系统当前的状态。
3）探测车辆相对于车道边界的横向位置。
4）判断是否满足预警条件。
5）发出警告。

车道偏离预警系统功能组成如图 7-10 所示，其中，抑制请求、车速测量、驾驶人优先选择及其他附加功能是可选的。

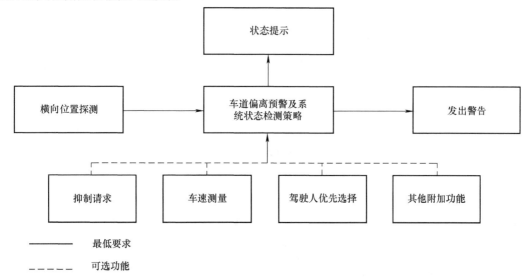

图 7-10 车道偏离预警系统功能组成

7.4.2 操作要求

1）当满足预警条件时，系统应自动发出警告提醒驾驶人。

2）乘用车最迟警告线位于车道边界外侧 0.3m 处；商用车最迟警告线位于车道边界外侧 1m 处。

3）最早警告线的位置如图 7-11 所示，具体见表 7-1。

4）当车辆处于警告临界线附近时，系统应持续发出警告。

5）尽可能减少虚警的发生。

6）Ⅰ类系统应该在车速大于或等于 20m/s 时正常运行，Ⅱ类系统应在大于或等于 17m/s 时正常运行。系统也可在更低车速下运行。

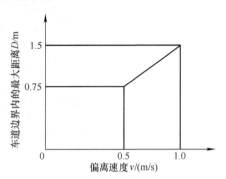

图 7-11 最早警告线的位置

表 7-1 最早警告线的位置

偏离速度 v/(m/s)	车道边界内的最大距离/m
$0.0 < v \leq 0.5$	0.75
$0.5 < v \leq 1.0$	$1.5v$①
$v > 1.0$	1.5

① 表示 TTLC 乘以偏离速度，TTLC 是越界时间，即发生车道偏离所需要的时间，TTLC = D/v，D 为车辆待定部位与车道边界之间的横向距离，v 为车辆偏离速度。

7.4.3 人机交互

车道偏离预警系统应提供一种易被感知的触觉预警或听觉预警。

如果车辆同时配备了其他预警系统，如前向碰撞预警系统，则车道偏离预警系统应通过触觉、听觉、视觉或其组合方式为驾驶人提供清晰可辨的警告。

向驾驶人提示的系统状态信息应让驾驶人比较容易理解。

如果系统在启动阶段或运行过程中出现故障，或在工作过程中检测到系统失效，应及时通知驾驶人。

系统可检测抑制请求信号以尽可能减少不必要的预警。例如，当驾驶人正在进行转向、制动或其他更高优先级的操作如避撞操作时，系统抑制请求生效。当预警被抑制时，系统可通知驾驶人。系统可对本车速度进行测量，以便为其他功能提供支持，如当本车速度所规定的速度（Ⅰ类系统应该在车速大于或等于 20m/s 时正常运行，Ⅱ类系统应在大于或等于 17m/s 时正常运行）时抑制预警。在特定情境下，如果仅有一侧的车道线可见时，系统可以以预设的车道宽度为基础，在另一侧生成一个虚拟的车道线，或者直接通知驾驶人系统无法正常工作。系统中的警告临界线位置是可以调整的，特别是在弯道驾驶中，考虑到驾驶人可能的弯道切入行为，警告临界线会相应外移，但不会超出安全范围。此外，为了使驾驶人更直观地了解车辆的偏移情况，触觉和听觉预警可以设计为指示车辆偏离的方向。例如，通过声源位置和移动方向来发出警告。如果不采用这两种方式，那么还可以通过视觉信息来辅助警告。

7.5 未来发展趋势

车道偏离预警系统的未来发展将集中在提高精度和实时反应能力，结合先进的人工智能和多传感器融合技术，以更好地识别和适应各种路况和驾驶行为。此外，该系统预计将与其他驾驶辅助技术和车辆通信技术深度整合，为驾驶人提供更全面的安全保障，并逐步向低端市场扩展，成为标配功能。

第8章 前向碰撞预警系统

8.1 前向碰撞预警系统简介与系统定义

前向碰撞预警系统(Forward Collision Warning System,FCWS)在交通事故预防领域中扮演着至关重要的角色,其核心工作机理主要依赖于一系列先进的传感器技术,如摄像头、毫米波雷达及激光雷达,以实时捕捉并识别前方的运动车辆,并通过精确分析本车与前车的距离、方位和相对速度,该系统能够在判定存在碰撞风险的关键时刻,及时发出警告信号以提示驾驶人。前向碰撞预警系统如图 8-1 所示。FCWS 不仅体现了主动安全技术的理念,更进一步地提前预防了可能的交通事故,确保了驾驶人和车内乘员的生命安全,大大降低了财产损失的风险,真正实现了对人和车的双重保护。

图 8-1 前向碰撞预警系统

8.2 前向碰撞预警系统的工作原理

车辆的前向碰撞预警系统的核心职责在于:当系统通过传感器收集到的数据指示出本车与前方车辆存在潜在的追尾碰撞风险时,能迅速地为驾驶人提供警告——无论是视觉、听觉还是触觉。此系统的设立旨在协助驾驶人避免或至少降低碰撞的严重性。

车辆前向碰撞预警系统的工作原理如图 8-2 所示,前向碰撞预警系统的工作原理如下:利用摄像头和激光雷达进行前方物体的识别,再结合毫米波雷达和激光雷达测定与前方车辆或障碍物的实际距离;随后,电子控制单元会对这些信息进行深度识别和距离判断分析,同时对车辆的当前状态进行评估;若监测到的距离小于预设的警告阈值,车辆会自动发出警告信号,而当该距离小于安全标准,系统会自动触发车辆的制动功能。

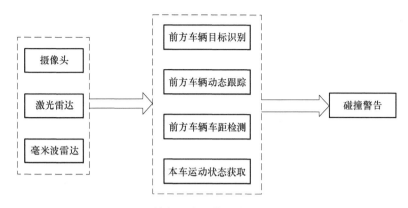

图 8-2　前向碰撞预警系统的工作原理

8.3　前向碰撞预警系统的工作模式

车辆前向碰撞预警系统在工作过程中的状态切换过程如图 8-3 所示。

前向碰撞预警系统工作时的最低车速 V_{min} 应不高于 11.2m/s。系统工作时的最高车速 V_{max} 应不低于 27.8m/s 或车辆能够达到的最高车速。相对车速的最小值应不高于 4.2m/s，最大值应不低于 20m/s。

状态功能描述定义了系统在每个工作状态下所执行的功能。

（1）系统关闭

在车辆的前向碰撞预警系统被设置为关闭模式时，其警告功能将被完全禁用。此模式下，除了常规的点火开关启动方式外，还可为驾驶人提供其他手段来激活此系统，例如，设有一个专门的系统开关，用于手动切换系统的开启或关闭。

若驾驶人将点火开关转至关闭位置，前向碰撞预警系统会自动进入关闭模式。同时，当系统的自我检测功能发现某些故障或异常时，为确保车辆和驾驶人的安全，系统会自动进入故障模式并切换至关闭状态。

（2）系统待机

车辆前向碰撞预警系统在待机模式下并不进行碰撞警告活动，但其仍然持续监测车辆的车速与档位状态。当系统侦测到车速正处于规定的工作范围内，并且档位为前进位（不包括倒车和驻车状态）时，系统将自动地从待机状态调整为启动状态。当车辆完成点火，使得发动机进入正常工作状态，或在发动机已经在运行中时，驾驶人通过手动操作启动了预警系统，那么该系统将从关闭状态切换至待机状态。然而，若系统检测到车速已经超出或低于工作速度的规定范围（在充分考虑车速变化的迟滞量后），或是当驾驶人选择了倒档或驻车档，系统会自行切换回待机模式。这是为了确保在特定的驾驶场景下，系统不会发出不合时宜的警告，从而允许驾驶人能够注意力更集中地进行操作。

（3）系统启动

一旦车辆的前向碰撞预警系统进入启动模式，并且满足了预定的警告条件，该系统将即刻发出警告指令。具体而言，只要车辆的档位选定在前进位中的任一档位，并且车速保持在系统所规定的工作速度范围之内，前向碰撞预警系统便会自动处于启动状态。

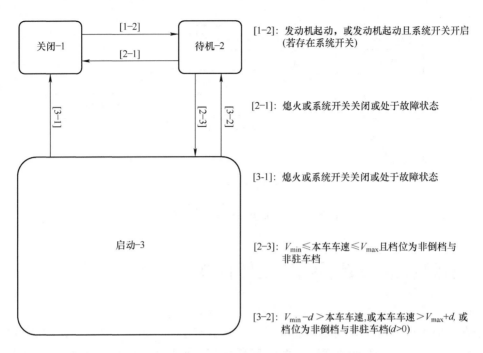

图 8-3 前向碰撞预警系统在工作过程中的状态切换过程

V_{min}—系统工作时的最低车速，单位为 m/s　V_{max}—系统工作时的最高车速，单位为 m/s

d—车速变化的迟滞量，单位为 m/s

8.4 前向碰撞预警系统的警告功能

8.4.1 警告目标对象功能

车辆的前向碰撞预警系统主要关注运动中的障碍车辆，这包括那些曾经在运动但目前已经停止的车辆。对于完全静止的障碍车辆，系统提供警告是一个可选功能。

该系统的核心目标在于，当自车与前车之间存在可能的碰撞风险时，及时提醒驾驶人。为实现这一功能，系统依赖于以下关键信息：

1）自车和前车之间的相对距离。
2）自车与前车的相对速度。
3）确认前车是否正位于自车预期的运动轨迹上。

配备此预警系统的车辆，需具备以下功能：

1）准确感知前方车辆的存在。
2）明确识别出探测到的前车与自车之间的相对位置，以及其位置的变化趋势。
3）确切地获取自车的行驶速度。
4）预测自车未来的运动路径。
5）根据系统的预设功能及标准，向驾驶人发出相应的警告。

8.4.2 预备碰撞警告及碰撞警告

车辆前向碰撞预警系统主要包含两种警告机制：预备碰撞警告及碰撞警告。

预备碰撞警告：这种警告旨在提醒驾驶人前方道路上存在的障碍物或车辆，以便驾驶人做好应对措施，降低潜在的碰撞风险。

碰撞警告：此警告紧迫性更强，直接提示驾驶人需要立刻采取避免碰撞的必要行动。

警告的形式可以是视觉、听觉、触觉或它们的任意组合。值得注意的是，当触发碰撞警告时，除了视觉提示外，还必须包含听觉或触觉提示，以确保驾驶人能够迅速、准确地对危险情况做出反应。

决定发出警告的关键因素包括自车与障碍车辆的相对速度、两车之间的距离、自车的行驶速度、驾驶人从接收到警告到做出反应所需的时间，以及两车潜在的制动减速度。

当自车快速靠近前方障碍物或车辆时，具体的警告距离应由特定的指标决定，如碰撞时间（Time To Collision，TTC）的阈值。

8.4.3 警告形式

车辆前向碰撞预警系统的警告要求如下：

（1）碰撞警告特征

1）必须包含视觉元素与听觉或触觉元素（或二者同时）。

2）触觉警告可以通过安全带的预警机制实现。

（2）预备碰撞警告特征

1）应至少包括视觉和听觉中的一种警告形式，或者两者的组合。

2）触觉警告可以作为附加的提醒手段。

（3）制动中的警告

1）如果驾驶人正在进行制动，建议避免使用制动警告。

2）如果车辆自动启用了制动系统，可以考虑使用制动警告。

（4）制动报警的持续性

1）时长不得超过1s。

2）造成的减速度不得超过0.5g。

3）在警告过程中，速度降低不得超过2m/s。

4）为确保制动警告效果，平均减速度应至少为0.1g，并且持续时间不短于100ms。

（5）听觉警告的清晰性

音量应合理调整，以确保其清晰且可以与其他非前向碰撞相关的警告（如侧向危险警告）区分开。

警告的视觉和听觉特征详细描述见表8-1。

表 8-1 警告的视觉和听觉特征详细描述

警告类型	视觉警告	听觉警告
碰撞警告	颜色：红色 位置：主视方向 亮度：高亮 间歇：建议使用短间隔式间歇	音量：应高于车内其他所有听觉警告 音调：应容易听到且容易与车内其他不相关的警告区分 间歇：建议使用短间隔式间歇
预备碰撞警告	颜色：黄色或者黄褐色 亮度：日间足够亮，夜晚不刺眼 间歇：时序警告或长间隔式间歇	音量：应超过背景杂声 音调：应不使人厌烦 间歇：建议持续警告，使用长间隔式间歇，单一声音，或语音提醒

8.4.4 不警告条件

车辆前向碰撞预警系统应在如下条件下抑制或延迟警告：

1）制动与速度关系：当自车的减速度达到或超过规定的最小减速度阈值时，预警系统不应触发警告。

2）曲率半径与车道内的车辆：根据表 8-2 中描述的道路水平方向曲率半径，系统不应针对不在自车所在车道的前车发出警告。

3）前车高速切入：当前车从侧面切入到自车前方，并且其速度超过自车时，系统建议不发出警告。

4）驾驶人制动时：如果驾驶人已经开始制动，预警系统可以考虑暂停或延迟警告。

5）碰撞时间预估：如果预估的 TTC 超过 4.0s，系统可以抑制或延迟警告。

特殊驾驶情境如下：

1）当自车进行换道或其他高度动态的操作时，或者驾驶人尝试通过增加加速踏板输入抵消车辆辅助系统的制动力时，或者自适应巡航控制系统正在施加最大的制动力时，系统可以暂停或延迟警告。

2）其他工作条件：如果当前驾驶情况与系统的工作限制条件不匹配，预警系统可以考虑暂停或延迟警告。

根据适用的道路水平方向曲率半径对系统进行分类，见表 8-2。

表 8-2 系统分类

分类	水平方向曲率半径/m	说明
Ⅰ型系统	≥500	具有在曲率半径不低于 500m 的道路上检测到前车的能力
Ⅱ型系统	≥250	具有在曲率半径不低于 250m 的道路上检测到前车的能力
Ⅲ型系统	≥125	具有在曲率半径不低于 125m 的道路上检测到前车的能力

8.5 障碍车检测区域

系统的最小检测区域如图 8-4 所示。

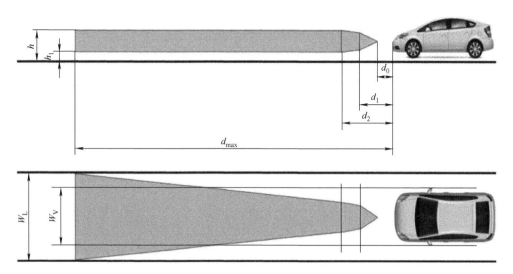

图 8-4 系统的最小检测区域

d_0—不具备距离测量能力时的最小可检测距离,单位为 m d_1—具备距离测量能力时的最小可检测距离,单位为 m d_2—对切入车辆的最小可检测距离,单位为 m d_{max}—最大可检测距离,单位为 m h—最高可检测离地高度,单位为 m h_1—最低可检测离地高度,单位为 m W_L—车道宽度,单位为 m W_V—本车宽度,单位为 m

系统的检测距离要求见表 8-3。

表 8-3 检测距离要求

距离	计算公式或值	含义
d_{max}	$V_{max\_rel}T_{max} + V_{max\_rel}^2/2\,a_{min}$	最大可检测距离
d_2	Ⅰ型系统：≤10m Ⅱ型系统：≤7.5m Ⅲ型系统：≤5m	对具有 20% 横向偏移量的前车的最小可检测距离
d_1	$T_{min}V_{min}$	系统具备距离测量能力时的最小可检测距离
d_0	≤2m	最小可检测距离

注：1. V_{max_rel}—系统工作时的最大相对车速,单位是 m/s。

2. V_{min}—系统工作时的最低车速,单位是 m/s。

3. T_{max}—警告后驾驶人的最长制动反应时间,单位为 s。

4. T_{min}—警告后驾驶人的最短制动反应时间,单位为 s。

5. a_{min}—本车满载充分制动时所能达到减速度的最低标准,单位为 m/s²。

6. V_{max_rel}、V_{min}、T_{max}、T_{min} 与 a_{min} 为系统的设计参数,由车辆制造商进行设计。

系统的检测宽度和高度要求见表 8-4。

表 8-4 检测宽度和高度要求

距离	最小检测宽度/m	最小检测高度
d_{max}	W_L	$h_1 = 0.2m$, $h = 1.1m$
d_2	W_V	$h_1 = 0.2m$, $h = 1.1m$
d_1	无特定要求	无特定要求
d_0	无特定要求	无特定要求

8.6 警告距离

车辆前向碰撞预警系统基于前车和自车的车速来计算警告距离。当计算出的警告距离小于或等于两车之间的实际测量距离时,系统判断存在潜在的碰撞风险并及时向驾驶人发出警告。为了适应不同的驾驶条件,这个警告距离可以基于驾驶人的反应时间和车辆的制动减速度进行调整。警告距离见式(8-1),其计算原理如图8-5所示。

$$D = v_{SV}T + \frac{1}{2}\left(\frac{v_{SV}^2}{a_1} - \frac{v_{TV}^2}{a_2}\right) \tag{8-1}$$

式中,D 为车间距离,单位为 m;v_{SV} 为自车车速,单位为 m/s;v_{TV} 为前车车速,单位为 m/s;T 为驾驶人对警告的反应时间,单位为 s;a_1 为自车减速度,单位为 m/s²;a_2 为前车减速度,单位为 m/s²;

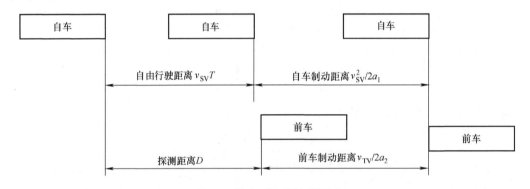

图8-5 警告距离的计算原理

8.6.1 前车匀速行驶

当前车和自车车速相等时,警告距离由式(8-2)计算。

$$D_1 = v_{SV}T \tag{8-2}$$

自车以恒定车速行进,速度略微高于前车,分别假设驾驶人对警告的反应时间为 1.50s、0.66s、0.40s,前车匀速行驶时自车速度与警告距离的关系如图8-6所示。

8.6.2 前车静止

当前车静止时,警告距离由式(8-3)计算。

$$D_2 = v_rT + \frac{v_r^2}{2a_1} \tag{8-3}$$

式中,v_r 为前车速度。

自车遇到静止的前车,假设驾驶人对警告的反应时间分别为 1.50s、0.66s、0.40s,车辆的制动减速度分别为 3.6m/s²、5.3m/s²、7.0m/s²,则自车速度与警告距离之间的关系如图8-7所示。

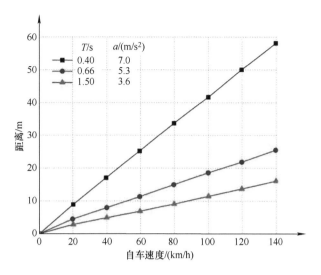

图 8-6　前车匀速行驶时自车速度与警告距离的关系

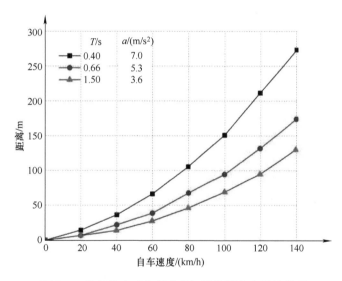

图 8-7　前车静止时自车速度与警告距离之间的关系

8.6.3　前车减速

假设前车与自车的减速度相等,即 $a = a_1 = a_2$。警告距离由式（8-4）计算。

$$D = \left(T + \frac{v_r}{a}\right)v_{SV} - \frac{v_r^2}{2a_2} \tag{8-4}$$

当前车减速时,假设自车速度为 100km/h,驾驶人对警告的反应时间分别为 1.50s、0.66s、0.40s,制动减速度为 3.6m/s²、5.3m/s²、7.0m/s²,则相对速度和警告距离之间的关系如图 8-8 所示。

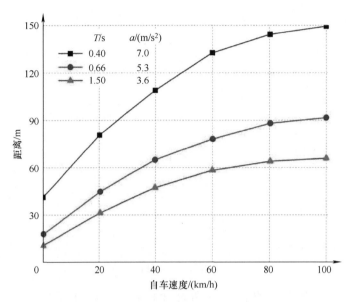

图 8-8　相对速度和警告距离之间的关系

8.7　未来发展趋势

随着技术的日益进步和消费者对行车安全的关注日益提升，前向碰撞预警系统正面临着一系列创新和升级。预计未来的 FCWS 将展现出更高的精确度和更快的反应速度，得益于传感器技术和数据处理的飞跃，它们不仅会与其他高级驾驶辅助系统融合，如自动紧急制动和车道保持系统，还将整合车辆间的通信技术，从而在复杂的交通环境中提供更为准确的预警。值得期待的是，随着技术成本的降低，前向碰撞预警系统将不再局限于高端车型，而是普及至各个市场段，同时也为自动驾驶车辆提供关键的安全支持。

第9章 盲区监测技术

车辆盲区监测（Blind Spot Detection，BSD）技术是一种利用传感器等设备，实时监测车辆周围难以通过后视镜或侧视镜观察到的区域，并通过算法识别盲区内的障碍物，以向驾驶人提供警告或决策支持，进而提高驾乘人员的安全性和舒适性的技术。该技术一般通过安装在左右后视镜、车辆后部或其他位置的毫米波雷达或摄像头感知后视镜盲区范围内的信息，当后方有车辆、行人、自行车及其他移动物体靠近时，盲区监测系统就会通过声光报警器提醒驾驶人或在紧急情况下进行制动。BSD技术可以大幅度减少因变道而发生的事故，是目前市场上配置率较高的一项ADAS功能。

本章旨在介绍车辆盲区监测技术的原理、分类、应用和发展趋势，以及相关的法规和标准。本章共分为四节，分别是盲区监测技术概述、盲区监测技术的原理、盲区监测技术的评价方法、盲区监测技术的法规和标准。

9.1 盲区监测技术概述

工业革命以来，经济的快速增长与科技的飞速进步，促使汽车工业大踏步发展。随着车辆保有量的不断增加，道路交通压力也逐渐增大，这引发了一系列的交通问题，进而导致乘车出行的安全性降低。我国平均每年发生约50万起交通事故，死于车祸的人数高达10万。造成交通事故的原因多种多样，其中30%的交通事故是由车辆盲区造成的。为了解决这一问题，许多研究者开始关注车辆盲区监测技术，这是一种能够提供车辆周围环境实时监测和识别，以及警告驾驶人潜在危险的辅助手段。本节将介绍车辆盲区监测技术的背景、意义、发展历程和研究现状。

1. 车辆盲区监测技术的背景与意义

车辆盲区是指车辆在行驶过程中，由于车辆本身的结构、视野限制和人类生理反应时间等因素，导致驾驶人无法直接观察到的一部分区域。车辆盲区的形成原因和类型多种多样，将在下一节中详细介绍。若在盲区内存在障碍物或行人等，极易发生碰撞事故。因此，车辆盲区监测技术的意义在于提供一种辅助手段，帮助驾驶人及时发现并避免潜在的交通事故。具体而言，车辆盲区监测技术具有以下四方面的意义：

1）提高驾驶人的行驶安全性：通过实时监测车辆周围环境，车辆盲区监测技术可以提前识别出潜在的危险源，如行人、自行车和其他障碍物，并及时向驾驶人提供警告或决策支持，有助于驾驶人及时采取措施，避免事故发生。

2）降低交通事故发生率：车辆盲区监测技术可以帮助驾驶人更加全面地了解车辆周围的状况，从而减少因驾驶人视线受阻或反应不及时而导致的交通事故。根据相关研究表明，使用车辆盲区监测技术可以显著降低交通事故的发生率。

3）促进道路交通的智能化发展：车辆盲区监测技术是智能交通系统中的重要组成部

分。通过与其他智能交通技术的结合，如自动驾驶技术、车联网技术等，车辆盲区监测技术可以实现更加高效、安全和智能化的道路交通运行。

4）推动相关产业的发展：车辆盲区监测技术的广泛应用可以带动相关产业的发展，如传感器制造、图像处理技术研发、交通安全设备生产等。这有助于促进经济发展和提供更多的就业机会。

综上所述，车辆盲区监测技术在提高道路交通安全性、降低交通事故发生率、促进交通智能化发展等方面具有重要的意义。随着相关技术的不断发展和完善，该技术将发挥更大的作用，为人们提供更加安全、便捷和高效的交通环境。

2. 车辆盲区监测技术的发展历程

盲区监测技术的发展历程可以追溯到早期的车辆辅助驾驶技术。在20世纪80年代，随着汽车电子技术的发展，人们开始关注如何利用电子传感器和计算机技术来提高车辆的行驶安全性。其中，车辆盲区监测技术作为一项重要的辅助驾驶技术，逐渐受到研究者的关注。

在早期阶段，车辆盲区监测技术主要采用超声波传感器来实现。这种传感器可以通过发射超声波信号并接收回波来判断车辆周围的物体位置和距离。通过安装多个超声波传感器，可以实现车辆周围环境的实时监测和警告。然而，这种超声波传感器存在着一些问题，如信号易受环境影响、精度较低等。美国通用汽车（GM）公司率先推出了盲区监测系统，该系统采用了超声波传感器，可以监测到车辆后方的盲区。

随着技术的不断发展，20世纪90年代末期，红外传感器开始被应用于车辆盲区监测技术中。红外传感器通过感应物体发出的红外线辐射来实现对物体的检测和识别。相比超声波传感器，红外传感器具有更好的抗干扰性能和更高的精度。然而，红外传感器也存在一些问题，如灵敏度受环境温度影响、成本较高等。

进入21世纪以来，随着图像处理技术和计算机视觉技术的快速发展，基于图像处理的车辆盲区监测技术得到了广泛应用。这种技术通过安装摄像头来获取车辆周围的图像，并通过图像处理算法来实现对车辆周围环境的监测和识别。相比之前的传感器技术，基于图像处理的车辆盲区监测技术具有更高的识别精度、更低的成本和更强的适应性。同时，随着计算机处理能力的提升，基于图像处理的车辆盲区监测技术也实现了更加复杂的功能和算法。

目前，车辆盲区监测技术已经在各种类型的车辆上得到广泛应用，包括轿车、货车、公共汽车、摩托车等。同时，随着智能交通系统的发展，车辆盲区监测技术正在与其他智能交通技术如自动驾驶、车联网等相结合，以实现更加高效、安全和智能化的道路交通运行。

未来，随着技术的不断创新和完善，车辆盲区监测技术将朝着更高的精度、更低的成本和更强的适应性方向发展。同时，随着人工智能和机器学习等技术的不断发展，车辆盲区监测技术将能够实现更加复杂的功能和算法，为道路交通提供更加安全、便捷和高效的保障。

3. 车辆盲区监测技术的研究现状

针对车辆盲区引起的各种安全隐患，设计一套有效的车辆盲区监测系统成为国内外各大汽车生产厂商、高校及相关研究机构共同的研究方向。经过多年的发展，多种预警方案已经被提出并应用到实车上。

（1）国外研究现状

在车辆盲区监测技术的研究方面，国外起步较早，技术相对成熟。其中，美国、欧洲和日本等地区在该领域的研究处于领先地位。例如，美国的卡内基梅隆大学和斯坦福大学在

20 世纪 90 年代初就开始了对车辆盲区监测技术的研究。这些机构利用激光雷达和摄像头等设备，对车辆周围环境进行实时监测，取得了显著的成果。欧洲的瑞典、德国和法国等国家也在 20 世纪 90 年代开始了类似的研究，其中，德国的慕尼黑大学通过研究车辆盲区的物理模型，提出了一种基于模型的方法，可以有效识别车辆盲区内的障碍物。而日本则以本田、丰田和日产等汽车制造商为主导，将车辆盲区监测技术广泛应用于其新款车型上。

沃尔沃公司研发的盲点信息系统（BLIS），能通过安装在车辆左右后视镜根部的摄像头对车辆盲区进行实时监测，如图 9-1 所示。该摄像头适用于各种路况条件，其可监测范围为宽 3m、长 10m 的区域。当有车辆或行人进入该范围时，系统通过比对目标位置与车辆当前位置的相对距离，来判定盲区是否安全。若不安全，则安装在后视镜支柱上的警告灯会亮起以提醒驾驶人注意。该系统从 2005 年开始应用在量产车型上，如 XC70、V70 等。目前，BLIS 已配备在沃尔沃、福特和其他厂商的多种不同车型中。

图 9-1　沃尔沃盲点信息系统

奥迪的侧向辅助系统（Audi Side Assist）同样是一种盲区监测系统，其通过毫米波雷达来对车辆盲区进行监测。不过与沃尔沃的 BLIS 不同的是，仅当车速大于 60km/h 时，该系统才开始运作，并对车辆后方 50m 范围内进行监测。当系统判断盲区中存在潜在的风险时，就会点亮后视镜上的警告灯，以提示驾驶人此时并线可能存在安全隐患。

（2）国内研究现状

尽管国内对于车辆盲区监测系统的研究起步相对较晚，但在过去的多年中，经过深入的探索和努力，已经取得了一定的技术突破。国内的盲区监测系统以视觉技术为主。例如，吉林大学交通学院研究了一种基于视频的自行车监控方法，该方法通过对比同一辆自行车在多幅图像中的空间位置,来实现对车周自行车的动态监控。另外,国防科学技术大学也提出了一种高速公路车道偏离预警系统,该系统基于工业摄像头传感器来获取周边的路况信息,并提取视频流中的车道线和障碍物目标,从而实现了对车辆盲区的监测。

(3) 存在的问题

尽管国内外在车辆盲区监测技术方面取得了显著的成果,但仍存在一些问题需要解决:①准确性问题,由于车辆运行环境的复杂性和多样性,如何准确识别车辆盲区内的障碍物或行人仍是一个挑战;②实时性问题,驾驶人需要在实时变化的环境中迅速做出反应,因此要求车辆盲区监测系统具有较高的处理速度和较短的响应时间;③成本问题,为了实现更精确的监测和识别功能,需要使用先进的传感器和计算设备,这会导致成本增加;④隐私保护问题,在利用图像处理技术进行监测时,如何保护行人和车辆的隐私也是一个需要考虑的问题。

9.2 盲区监测技术的原理

1. 车辆盲区的形成原因及分类

车辆行驶时会受到多种不同因素的影响,这些都可能导致盲区的产生,如地形、建筑物和其他交通参与者的遮挡,以及车辆的自身结构等。本节主要讨论由车辆自身结构和内轮差效应所导致的盲区。此类由车辆自身产生的盲区主要可分为车头盲区、车尾盲区、车底盲区、后视镜盲区、AB 柱盲区,如图 9-2 所示。

(1) 车头盲区

车头盲区是车辆前进时,由于发动机舱盖的遮挡,驾驶人无法直接观察到的车头附近的区域。车头

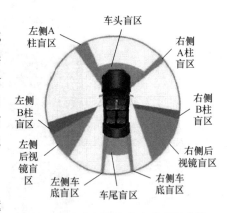

图 9-2　由车辆自身产生的盲区分类

盲区的范围受多种因素影响,包括车辆自身高度、车头长度、驾驶人的身高和坐姿,以及座椅调整等。当障碍物高度低于车头高度时,驾驶人难以察觉到障碍物的存在,从而可能引发潜在的安全隐患。此外,许多车辆追尾事故也是由于驾驶人无法准确判断本车与前车的距离,导致未能及时停车而发生的。因此,在驾驶过程中,驾驶人应重视车头盲区的影响,采取相应的预防措施,以避免潜在的安全风险。

(2) 车尾盲区

车尾盲区是指驾驶人在车内通过后视镜观察车辆后方路况时,由于行李舱的遮挡而无法观察到的区域。车尾盲区与车头盲区一样,也属于半盲区。多种因素会影响车尾盲区的大小,包括车尾的长度、驾驶人的身高和坐姿、车辆自身高度,以及座椅调整等。在倒车过程中,如果车尾盲区内有高度低于车尾高度的障碍物,极易发生碰撞事故。因此,驾驶人在倒车时应重视车尾盲区的影响,采取相应的预防措施,以避免潜在的安全风险。

(3) 车底盲区

车底盲区是指由于车辆 C 柱的遮挡,驾驶人通过后视镜无法观察到后轮附近车身两侧的区域。车底盲区的大小受到多种因素的影响,包括车辆自身高度、后视镜的规格及安装角

度等。

（4）后视镜盲区

车辆左右后视镜的观察范围是有限的，驾驶人通过后视镜只能观察到以左右后视镜为顶点、以车身一侧纵向线为始边向外展开30°左右的扇形区域。在这个区域之外，驾驶人就无法观察到，这就形成了后视镜盲区。当驾驶人有变道意图时，如果后视镜盲区内有车辆行驶，就容易发生交通事故。

（5）AB柱盲区

A柱和B柱是车身结构的重要组成部分，但由于它们的存在，驾驶人的视线被部分遮挡，形成了AB柱盲区。AB柱盲区的大小受多种因素影响，主要包括A、B柱的宽度和驾驶人与A、B柱的距离。当车辆进行大角度的右转弯时，B柱盲区对驾驶人的视线影响最大，如果此时车辆右侧有行驶的车辆，可能会发生碰撞事故。

2. 盲区监测系统的组成

车辆盲区监测系统由四个主要部分构成：盲区信息采集模块、数据处理模块、信息显示模块和声光报警模块。该系统利用各种传感器，如摄像头和雷达等，对车辆盲区的路况信息进行采集，并将采集到的信息传送给数据处理模块。数据处理模块负责处理这些信息并做出相应的决策，其常用的设备包括单片机、ARM处理器和高性能计算机等。信息显示模块通过显示屏将处理后的信息或图像展示给驾驶人，使驾驶人能够实时了解盲区的路况。当数据处理模块判断盲区路况存在危险时，声光报警模块会通过语音警告装置和警告灯提醒驾驶人采取必要的安全措施。

盲区信息采集模块是监测系统的关键部分，其收集的信息质量将直接影响最终的监测结果。这一模块主要依赖于各种传感器，如红外传感器、毫米波雷达、超声波传感器、激光雷达和摄像头等，它们在距离探测方面各有优势和不足。例如，红外传感器具有成本低、测量范围广、实时性强等特点，并且不受雨雪、雾霾、风沙天气的影响，可昼夜工作。然而，其测量距离相对较短。毫米波雷达的测距精度高，能同时识别多个目标，并且具有成像能力，但在雨、雪、雾环境下探测距离会有所降低。超声波传感器的测距指向性强、能耗小、探测距离远，但其传播速度受环境温度影响较大，导致测距时间准确性较差，使得测距结果精度较低。激光雷达的实时性强，不易受外界因素干扰，并且具有较高的分辨率，能同时跟踪多个远距离目标，但在大雨或有浓烟、浓雾的环境下，性能衰减严重，导致测距不准甚至失效。基于摄像头的视觉测距通过对盲区路况图像的实时获取，利用计算机视觉处理技术监测、跟踪图像中的目标。然而，光线强或弱、恶劣天气条件及夜间拍摄都会对测量结果的准确性产生较大影响。同时，当车辆快速行驶时，图像数量快速增加，而系统处理图像的能力有限，因此测量结果的实时性不可避免会有所下降。

3. 盲区监测系统的工作原理

车辆盲区监测系统的工作原理虽然因设计方案不同而采取不同的探测设备，但其基本工作原理相同。

首先，盲区信息采集模块负责对车辆盲区的路况进行实时监测。这些信息或图像数据在采集后，会进行初步的转换与处理，随后传输给数据处理模块。数据处理模块接收到这些信息后，会对其进行详细的分析与处理。它的目标是理解并解析这些信息，对盲区路况的安全情况做出准确的判断。

然后，这个判断结果会以实时的形式在信息显示模块上显示出来，让驾驶人能够及时地了解并掌握盲区路况的最新情况。同时，如果数据处理模块发现盲区路况存在任何危险，它会立即向声光报警模块发出启动指令。随后，警告灯将会亮起，同时语音提示也会响起。

最后，驾驶人接收到这些预警信息后，就能够根据提示做出相应的安全处理，从而避免危险的发生。这种系统的存在，大大增强了驾驶人对盲区路况的掌握能力，降低了交通事故的风险。

9.3 盲区监测技术的评价方法

1. 评价方法及评分依据

盲区监测系统主观评价是指经过培训的评价人员依据评价标准，在典型的场景中利用身体感官评估盲区监测系统的总体性能表现，并将评价结果进行分析描述，通过打分及描述快速评价盲区监测系统的性能水平。

本节介绍常用的十分制评价方法。为了使主观评价数据能够体现车辆性能之间的细微差距，采用 0.25 分作为最小分度值，即把分数 1 分为 0、0.25、0.5、0.75 四个分数档。

十分制评分依据如下：

分数 1~4 为不可接受类别，分数 5 为有条件接受类别，分数 6~9 为可接受类别。

分数 1，极差，所有用户均抱怨，功能丧失。

分数 2，差，所有用户均抱怨，有严重缺陷。

分数 3，较差，所有用户均抱怨，有缺陷。

分数 4，稍差，普通用户抱怨，需要改进。

分数 5，勉强接受，普通用户抱怨，问题较多。

分数 6，接受，挑剔用户抱怨，问题较少。

分数 7，较好，挑剔用户抱怨，问题很少。

分数 8，好，评价师抱怨，问题极少。

分数 9，很好，评价师抱怨，几乎感觉不到问题。

分数 10，完美，没有抱怨，感觉不到问题。

2. 评分条件

进行 BSD 系统评测应具备以下条件：

1) 人员条件：熟知 BSD 系统工作原理及使用方法且具有丰富 ADAS 功能道路试验经验的工程师。

2) 车辆条件：车辆需具备良好的动态性能，发动机、底盘、车身，以及电器与电子设备系统无故障，车辆轮胎气压按照车辆制造厂的规定进行调整，轮胎花纹深度应不少于初始花纹深度的 70% 且胎面状态良好。

3) 场地条件：主观动态评价要求的道路为清洁、干燥的沥青或类似的路面，包含不同半径的弯道、上下坡、隧道、匝道等多种路面条件的试验场地较为适宜。

4) 目标物体条件：评测 BSD 系统时，应准备摩托车、自行车和电动自行车作为试验辅助目标物。

5) 天气条件：平均风速应小于 5m/s，晴天、雨天、雪天或阴天均可。

3. 典型评价场景

（1）市区典型工况

1）直线超车工况：测试车辆以 20km/h 的车速低速行驶，测试车辆左侧有汽车以 40km/h 的速度超越，右侧有自行车以 10km/h 的速度、电动自行车以 25km/h 的速度超越场景，模拟市区中低速拥堵路况。

2）直线并线工况：车辆以 50km/h 的速度行驶，左侧车辆从测试车辆盲区外横向接近，右侧摩托车从盲区外横向接近测试车辆。

3）目标车变道超越测试车：测试车辆以 40km/h 的速度行驶，后方一台汽车或者摩托车接近并以 60km/h 的速度从左侧超越测试车辆。

（2）市郊、城市快速及高速公路工况

1）直线超车：测试车辆分别以 60km/h、80km/h 的速度行驶，测试车辆左侧有汽车以高于测试车辆 20km/h、40km/h 速度超越。

2）直线并线：车辆以 80km/h 的速度行驶，左侧车辆从测试车辆盲区外横向接近。

3）目标车变道超越测试车：车辆分别以 60km/h、100km/h 的速度行驶，后方一辆汽车以高于测试车辆 20km/h 的速度从左侧超越测试车辆。

4）匝道工况：车辆在快速路或高速路上匝道并入主路，模拟城市快速路时，测试车辆车速为 30km/h，相邻车道车辆速度为 80km/h；模拟高速工况时，测试车辆车速为 60km/h，相邻车道车辆速度分别为 100km/h、120km/h。

4. 评价角度

（1）人机交互

1）仪表信号及开关：评价车辆 BSD 系统是否设计具有开关、开关的位置是否容易找寻，评价车辆仪表是否有明确的符号来显示 BSD 关闭或者故障状态。

2）一级预警方式：评价一级预警的预警方式是否适当醒目、预警灯光或其他预警方式安排位置是否合理。

3）二级预警方式：评价二级预警是否足够引起驾驶人的注意、预警方式是否得当。在盲区内存在障碍物时，若驾驶人继续并线或开启转向灯，设计得当的二级预警能提供更加强烈的提醒，防止驾驶人发生事故。

（2）不同场景下的预警时刻及稳定性

评价车辆的盲点探测系统预警时机是否得当、预警时机是否足够给驾驶人预留反应时间、是否能根据目标车辆与测试车辆的速度差自动调节适当的预警时机；同时评价车辆盲点检测系统在工作过程中是否出现无目标误报或有目标漏报的现象、在目标驶出盲区时能否及时关闭预警信息。

9.4 盲区监测技术的法规和标准

本节将国标 GB/T 39265—2020《道路车辆 盲区监测（BSD）系统性能要求及试验方法》与联合国欧洲经济委员会（UNECE）标准 ECE R151《Uniform provisions concerning the approval of motor vehicles with regard to the Blind Spot Information System for the Detection of Bicycles》进行对比分析，研究国内外标准 BSD 系统的技术要求并进行标注差异性分析。

1. 适用范围

ECE R151 标准适用于车辆总重量（GVW）大于 8t 的 N_2 及 N_3 类车辆，但 GVW 小于 8t 的 N_2、M_2、M_3 类应制造商要求也可适用此标准，该标准中要求 BSD 系统工作时的车辆速度区间一般在 5～30km/h，环境照明条件超过 15lx。由此可以看出，该标准侧重点是要求在大型车辆的视野盲区内即将出现骑自行车人的轨迹时要进行预警。与之不同的是，GB/T 39265—2020 适用于安装有 BSD 系统的 M、N 类车辆，适用范围比 ECE R151 更宽泛，国内的标准体系中已将 M_1、N_1 类车辆纳入覆盖范围内。标准的技术要求中不仅包含大型车辆，对 M_1、N_1 类小型车辆的视野盲区内即将出现的其他类型车辆轨迹也要进行预警。标准的相同点是二者均要求如果安装盲区监测系统，则必须符合要求，但不强制所有上路车辆必须安装。

2. GB/T 39265—2020 盲区监测功能警告要求

M_1、N_1 类车辆盲区监测范围如图 9-3 所示。

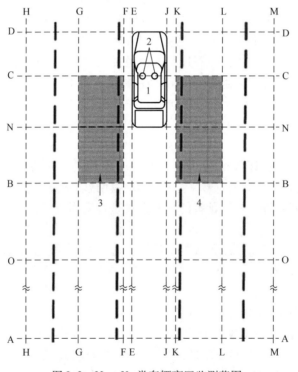

图 9-3　M_1、N_1 类车辆盲区监测范围

1）左侧盲区警告要求。按规定进行直线行驶工况试验，当目标车辆处于以下条件所列范围内时，系统应发出左侧盲区警告：目标车辆的任何部位位于 B 线前面、完全位于 C 线后面、完全位于 F 线的左侧、任何部位位于 G 线的右侧。如果目标车辆任何部位均未处于 A、D、E 和 H 四条直线交叉覆盖区域内，则不应发出左侧盲区警告。

2）右侧盲区警告要求。按规定进行直线行驶工况试验，当目标车辆处于以下条件所列范围内时，系统应发出右侧盲区警告：目标车辆的任何部位位于 B 线前面、完全位于 C 线后面、完全位于 K 线的右侧；任何部位位于 L 线的左侧。如果目标车辆任何部位均未处于

A、D、J 和 M 四条直线交叉覆盖区域内，则不应发出右侧盲区警告。

3）系统响应时间。从目标车辆进入盲区监测范围到系统发出警告的时间应少于300ms。

4）可选盲区警告抑制。如果试验车辆正在超越目标车辆，且目标车辆从前方进入了监测范围，则可将盲区警告抑制一段时间，警告抑制时间不应大于2s。

第10章 车道保持技术

车道保持技术是智能辅助驾驶系统的一部分，它可以在 LDWS 的基础上对转向系统进行控制，辅助车辆保持在本车道内行驶。车道保持是通过前视摄像头来识别车道线，如果车辆偏离车道，就会自动辅助驾驶人矫正转向盘，并提醒驾驶人重新及时接手转向盘。具体而言，该技术通过前视摄像头识别车道线，然后通过 ECU 计算出偏离量和方向，最后通过电动助力转向系统或电子转向系统进行转向控制，使车辆回到正确的行驶轨迹上。该技术能提高驾驶安全性，帮助驾驶人保持车辆在车道内行驶，减少因疲劳、分心等导致的车辆偏离车道而引发的事故。车道保持技术目前已广泛应用在量产车型上。

本章旨在介绍车道保持技术的背景意义、原理、应用和发展趋势。本章共分为四节，分别是车道保持技术概述、车道保持技术原理、车道保持技术的实际应用、车道保持技术的发展趋势。

10.1 车道保持技术概述

到 2023 年底，我国的机动车保有量已达到 4.35 亿辆，其中汽车保有量为 3.36 亿辆，而机动车驾驶人则达 5.23 亿人，其中汽车驾驶人达 4.86 亿人。我国已然成为世界前列的汽车大国。然而，随着经济的持续快速发展，汽车保有量仍在快速增长，这也导致了交通压力的不断增大和交通事故的层出不穷。

尽管引发交通事故的原因多种多样，如车辆故障、交通拥堵和驾驶人操作失误等，但由驾驶人分神、疲劳、误操作等自身原因引起的交通事故占总量的绝大部分。欧洲的一项调研表明，接近 40% 的致命交通事故都是由于汽车驾驶人在行车过程中无意识地偏离了正确的行车道，而根据我国交通部的统计数据，约有 50% 的道路交通事故也是因为汽车偏离了正确的行车道。由此可见，车道保持系统（Lane Keeping System，LKS）作为汽车的主动安全装置之一，在汽车安全领域所起的作用越来越重要。

1. 车道保持技术的定义和作用

车道保持技术是指利用各种传感器、算法和电子控制技术，帮助汽车在道路上保持行驶在车道内的技术。该技术的主要功能如下：当汽车在行驶过程中偏离车道时，系统首先会向驾驶人发出预警信号；如果在一段时间内驾驶人没有做出相应反应，汽车没有回到正常车道行驶的趋势，车道保持系统就会通过电子控制单元向车辆的转向执行器发出相应的转向命令，以纠正车辆的行驶状态，使汽车回到正确的车道上行驶，从而保证行车安全。

鉴于车道保持系统是为了防止汽车行驶中因驾驶人的人为因素造成汽车偏离正常行进车道，故它应当具有以下主要功能：①通过传感技术对行车道路上的车道线进行识别，并将其投射到显示屏上；②判定汽车是否因驾驶人的人为因素造成偏离车道；③汽车偏离行驶的车道时，预警并主动转向。研究的主要关键技术包括车道线识别、车道偏离预警和主动转向干预等。

车道保持技术可以提高驾驶的安全性、提高驾驶的效率、提高驾驶的舒适性,同时避免交通事故的发生。具体来说,车道保持技术的作用如下:

(1) 提高驾驶的安全性

车道保持技术可以帮助汽车在道路上保持行驶在车道内,避免了驾驶人的疲劳、疏忽、酒驾等因素导致的交通事故。特别是在高速公路等长途驾驶场景下,车道保持技术可以帮助驾驶人更加准确地掌握车辆的位置和姿态,避免了驾驶人疲劳导致的车辆偏离车道或者与前方车辆发生追尾事故。

(2) 提高驾驶的效率

车道保持技术可以通过自动跟车和自动超车等功能来提高驾驶的效率。在高速公路等交通拥堵的路段上,驾驶人可能会因反应速度慢而导致追尾事故,而车道保持技术可以通过自动跟车功能来避免这种情况的发生。同时,在城市道路上,自动超车功能可以避免因驾驶人判断失误而导致的交通拥堵。

(3) 提高驾驶的舒适性

车道保持技术可以通过自动泊车和自动避障等功能来提高驾驶的舒适性。在停车场或者狭窄的路段上,驾驶人可能会因为操作不当而导致停车困难,而自动泊车功能可以让驾驶人更加轻松地停车。在拥堵的路段上,驾驶人可能会因为反应速度慢而导致碰撞事故,而自动避障功能可以避免这种情况的发生。

总之,车道保持技术是 ADAS 的重要组成部分,它可以帮助汽车提高驾驶的安全性、效率和舒适性,同时也可以为实现自动驾驶功能提供重要的技术支持。

2. 车道保持技术的发展历程

车道保持技术的发展历程可以追溯到 20 世纪 80 年代,当时研究者们开始探索如何利用机器视觉和图像处理技术来实现车辆在车道内的精确控制。随着技术的不断发展和进步,车道保持技术已经经历了多个阶段的发展,从最初的简单控制策略到现在的复合控制策略,其精度和可靠性得到了不断提高。

第一阶段:简单控制策略。早期的车道保持技术主要采用简单的控制策略,如基于规则的控制策略和基于模型的控制策略。这些控制策略通常基于车辆的转向信号和车速信号,通过简单的逻辑判断来实现车辆在车道内的保持。但是,这些简单控制策略的精度和可靠性较低,无法适应复杂路况和环境变化。

第二阶段:机器视觉和图像处理技术。随着机器视觉和图像处理技术的不断发展,研究者们开始利用这些技术来实现更加精确的车道保持。通过识别道路上的车道线,车辆可以更加准确地判断自身的位置和姿态。这个阶段的代表性算法包括基于图像处理的直线检测算法和基于机器学习的车道线识别算法。

第三阶段:复合控制策略。随着车道保持技术的不断发展,研究者们开始探索复合控制策略,即将多种控制方法结合起来,以提高车道保持的精度和可靠性。这些复合控制策略通常包括基于规则的控制策略、基于模型的控制策略、基于机器学习的控制策略等。通过将多种控制方法结合起来,车道保持技术可以更好地适应复杂路况和环境变化。

3. 车道保持技术的应用范围

车道保持技术的应用范围非常广泛,不仅适用于普通道路,还可以应用于高速公路、城市道路、桥梁、隧道等不同场景。在自动驾驶领域中，车道保持技术是实现 L3 级别以上自动驾驶的关键技术之一，能够为汽车提供准确的车道信息和车辆姿态信息，从而实现自动导航和自动控制。

(1) 普通道路

车道保持技术在普通道路上的应用非常重要，它可以帮助汽车在行驶过程中保持稳定，避免交通事故的发生。在普通道路上，车道保持技术可以识别道路上的车道线，并根据车辆的位置和姿态信息来实现车辆的精确控制。

(2) 高速公路

在高速公路上，车道保持技术的应用可以帮助汽车保持行驶在正确的车道内，避免因为驾驶人的疲劳或者疏忽而导致的交通事故。同时，车道保持技术还可以帮助汽车实现自动跟车和自动超车等功能，提高驾驶的效率和安全性。

(3) 城市道路

在城市道路上，车道保持技术的应用可以帮助汽车更好地适应城市交通的复杂情况。它可以识别道路上的车道线，并根据车辆的位置和姿态信息来实现车辆的精确控制，同时还可以帮助汽车实现自动泊车和自动避障等功能。

(4) 桥梁和隧道

在桥梁和隧道等特殊场景下，车道保持技术的应用可以帮助汽车更好地适应路面条件的变化和光线条件的改变。它可以识别道路上的车道线，并根据车辆的位置和姿态信息来实现车辆的精确控制，同时还可以帮助汽车实现自动照明和自动调节速度等功能。

10.2 车道保持技术原理

车道保持技术共包括三个子技术，分别为车道线检测技术、车辆位置与姿态监测技术、车道偏离预警与纠正控制技术，下面将对其详细介绍。

1. 车道线检测技术

车道线检测技术是车道保持技术中的核心组成部分，它利用图像处理和计算机视觉等技术手段，从道路图像中识别和提取车道线信息。车道线检测技术是实现车道保持和自动驾驶功能的关键技术之一，它可以为车辆提供道路环境的信息，帮助车辆实现在车道内的导航和控制。

车道线检测技术主要包含以下步骤：图像预处理、特征提取、特征匹配和校正与输出。

(1) 图像预处理

车道线检测技术需要对输入的道路图像进行预处理操作，其主要包含两部分，分别是感兴趣区域（ROI）提取与图像平滑。

使用消失点建立自适应 ROI 可有效降低计算复杂度。某种消失点的检测方法如下：首先，边缘检测算法中，使用 Canny 边缘检测器，因为它对噪声具有鲁棒性。另外，使用霍夫变换提取线成分以使用车道的直线属性，如图 10-1 所示，计算检测到线的交点。然后，生成一个投票图，它是累积线成分集。如图 10-2 所示，计算投票图中的相交点数。最后，找到投票最多的区域的中心点，该中心点被定义为消失点。

图像平滑常用的方法有很多，本节简单介绍图像金字塔法。图像金字塔的主要思想是在

a) 原始图像

b) 霍夫变换

图 10-1　线成分检测：原始图像与霍夫变换

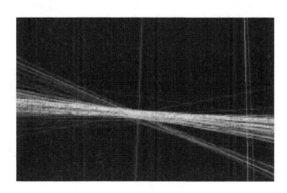

图 10-2　线成分检测：投票图

不同的比例（原始图像的下采样版本）为同一图像提供多个版本。金字塔有两种类型：高斯金字塔和拉普拉斯金字塔。高斯金字塔算法最为常用，因为与其他平滑算法相比，其能在最短的处理时间内获得最好的结果。高斯金字塔是通过对原始图像进行多次子采样和平滑处理而构建的，如果对图像的缩放版本进行叠加，则最终得到的是原始图像的一个金字塔，而最低分辨率的图像则位于金字塔的顶部。平滑图像减少了细节，缩小它能够减少处理时间。

因此，该阶段用于减少线段检测阶段算法检测到的线段数，提高系统速度。

（2）特征提取

在图像预处理之后，车道线检测技术需要对分割出来的区域进行特征提取操作，提取出车道线的特征信息。常用的特征提取方法包括纹理分析、颜色空间转换、特征点提取等。通过特征提取，可以进一步提取出车道线的形状、颜色、纹理等特征信息，为后续的识别和匹配提供依据。

（3）特征匹配

在特征提取之后，车道线检测技术需要进行特征匹配操作，将提取出来的特征信息与预先建立的车道线模型进行匹配。常用的特征匹配方法包括基于最近邻匹配、基于SIFT特征匹配、基于SURF特征匹配等。通过特征匹配，可以确定车道线的位置和方向等信息，为后续的导航和控制提供准确的引导。

（4）校正和输出

在特征匹配之后，车道线检测技术需要进行校正和输出操作，将匹配得到的车道线信息进行校正和输出。常用的校正方法包括相位的调整、角度的调整等。通过校正和输出，可以为车辆提供准确的导航和控制指令，实现车辆在车道内的稳定和安全行驶。

2. 车辆位置与姿态检测技术

车辆位置与姿态检测技术是利用传感器、导航信息、图像处理和计算机视觉等技术手段，实现车辆在空间中的定位和姿态控制的过程，如图10-3所示。车辆位置与姿态检测技术是实现自动驾驶功能的关键技术之一，它可以为车辆提供准确的空间位置和姿态信息，帮助车辆实现导航和控制。下面从车辆位置检测方法和车辆姿态检测方法两方面来进行介绍。

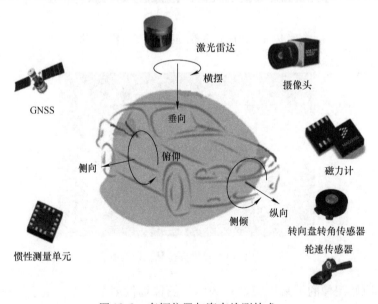

图10-3 车辆位置与姿态检测技术

（1）车辆位置检测方法

1）全球导航卫星系统（GNSS）。GNSS是一种通过卫星信号实现定位的技术，它可以提供车辆在地球表面的高精度位置信息。GNSS通过接收卫星信号，获取车辆的位置坐标、速度、方向等信息。然而，由于 GNSS 信号受到建筑物、地形等遮挡，其精度和可靠性受到了一定的影响。

2）惯性测量单元（IMU）。IMU 是一种通过传感器测量车辆的加速度和角速度来实现定位的技术。IMU 通过测量车辆的运动状态，计算车辆的位置和姿态信息。然而，由于 IMU 的误差累积效应，其精度受到了一定的限制。

3）激光雷达（LiDAR）。LiDAR 是一种通过激光雷达扫描周围环境来实现定位的技术。LiDAR 通过发射激光束，测量激光束反射回来的时间差，计算车辆与周围环境的距离和方向信息。LiDAR 具有较高的精度和可靠性，但其成本较高。

4）图像处理。图像处理是一种通过计算机视觉技术实现车辆定位的技术。图像处理通过对道路标志、车道线、交通信号灯等图像特征的提取和分析，推断出车辆的位置信息。图像处理具有较低的成本和较高的实时性，但受光照、天气等外界因素的影响较大。

（2）车辆姿态检测方法

1）横摆角（Yaw）。横摆角是指车辆绕垂直于地面的轴线旋转的角度，它是车辆姿态的重要参数之一。横摆角的检测可以通过车辆的侧向加速度、车轮转速等信息进行计算。常用的横摆角检测方法包括卡尔曼滤波、扩展卡尔曼滤波等。

2）车头方向角（Heading）。车头方向角是指车辆头部相对于地球磁北极的方向角度，它是车辆姿态的重要参数之一。车头方向角的检测可以通过 GPS 信号、磁力计等导航信息进行计算。常用的车头方向角检测方法包括磁力计辅助 GPS、互补滤波等。

3）俯仰角（Pitch）和翻滚角（Roll）。俯仰角和翻滚角是指车辆绕车轴线旋转的角度，它们也是车辆姿态的重要参数之一。俯仰角和翻滚角的检测可以通过车辆的加速度、侧向加速度等信息进行计算。常用的俯仰角和翻滚角检测方法包括扩展卡尔曼滤波、互补滤波等。

3. 车道偏离预警与纠正控制技术

车道偏离预警与纠正控制技术是利用传感器、图像处理、计算机视觉等技术手段，实现车辆在行驶过程中的车道偏离预警和纠正控制的过程。车道偏离预警与纠正控制技术可以帮助车辆在道路上安全、稳定地行驶，减少交通事故的发生。下面从车道偏离预警技术和车道偏离纠正控制技术两方面来介绍。

（1）车道偏离预警技术

1）基于图像处理的方法。图像处理是一种常用的车道偏离预警方法，它通过对道路标志、车道线等图像特征的提取和分析，判断车辆是否偏离车道。常用的图像处理方法包括边缘检测、形态学处理、特征提取等。

2）基于机器学习的方法。机器学习是一种基于数据驱动的方法，它通过对大量数据的训练和学习，实现对车辆偏离车道的预测和预警。常用的机器学习方法包括支持向量机、神经网络等。

3）基于深度学习的方法。深度学习是一种基于神经网络的学习方法，它通过对大量数据的训练和学习，实现对车辆偏离车道的预测和预警。常用的深度学习方法包括 CNN、RNN 等。

（2）车道偏离纠正控制技术

1）基于转向控制的方法。转向控制是一种常用的车道偏离纠正控制方法，它通过控制车辆的转向系统，使车辆回到正确的车道上，如图 10-4 所示。转向控制可以通过车辆的横摆角速度、车轮转角等信息进行计算和控制。

图 10-4 车道偏离纠正控制技术

2）基于加速/制动控制的方法。加速/制动控制是一种常用的车道偏离纠正控制方法，它通过控制车辆的加速和制动系统，使车辆回到正确的车道上。加速/制动控制可以通过车辆的速度、加速度等信息进行计算和控制。

3）基于组合控制的方法。组合控制是一种将转向控制和加速/制动控制相结合的方法，它通过对车辆的转向和加速/制动进行综合控制，实现车道偏离纠正控制的效果。组合控制可以同时考虑车辆的动力学特性和道路条件等因素，使车辆在保持稳定的同时回到正确的车道上。

10.3 车道保持技术的实际应用

近年来，随着技术的不断发展，车道保持系统作为智能辅助驾驶系统的重要分支之一，得到了广泛的应用。然而，在实际应用中，车道保持技术仍然存在一些问题，如雨雪天气与夜间下的车道保持等。下面将分别对这些问题进行介绍，并简要阐述可能的解决策略，以供参考。

1. 雨雪天气下的车道保持问题

在雨雪天气下，车道保持技术可能会受到严重影响。雨水和雪水可能会导致车道标志和车道线模糊不清，甚至被覆盖。这会导致传感器难以准确识别和跟踪车道标志和车道线，从而影响车道保持技术的效果。雨雪天气下的车道保持问题解决策略如下：

1）使用抗干扰能力强的传感器：在雨雪天气下，传感器可能会受到干扰，导致识别和跟踪错误。使用抗干扰能力强的传感器可以提高传感器在恶劣天气条件下的识别和跟踪准确性。

2）增强图像处理能力：在雨雪天气下，车道标志和车道线的颜色和形状可能会发生变化，这可能会影响图像处理的效果。通过增强图像处理能力，可以提高对车道标志和车道线的识别准确性。

3）多传感器融合：在雨雪天气下，单个传感器的识别和跟踪可能会受到限制，因此可以考虑使用多个传感器进行融合，以提高识别和跟踪的准确性。

2. 夜间驾驶的车道保持问题

夜间驾驶时，车道保持技术可能会受到照明不足的影响。在夜间，道路照明可能不足，导致传感器难以准确识别和跟踪车道标志和车道线，这会影响车道保持技术的效果。夜间驾驶的车道保持问题解决策略如下：

1）使用红外传感器：在夜间驾驶时，使用红外传感器可以提高传感器的识别和跟踪准确性。红外传感器可以捕捉到低照度环境下的车道标志和车道线信息，从而提高车道保持技术的效果。

2）加强图像处理能力：在夜间驾驶时，车道标志和车道线的颜色和形状可能会发生变化，这可能会影响图像处理的效果。通过加强图像处理能力，可以提高对车道标志和车道线的识别准确性。

3）调整摄像头设置：在夜间驾驶时，可以调整摄像头的设置，如曝光时间和焦距等参数，以提高摄像头的成像质量，从而提高传感器对车道标志和车道线的识别准确性。

3. 道路修补情况下的车道保持问题

在道路修补情况下，车道保持技术可能会受到道路标志或者路面因素的影响。例如，当道路出现裂缝、路面修补或者出现交通锥等障碍物时，会影响传感器对路面信息的准确识别和跟踪，从而影响车道保持技术的效果。道路修补情况下的车道保持问题解决策略如下：

1）目标检测和识别：在道路修补情况下，可以使用目标检测算法对路面上的障碍物进行检测和识别。针对识别到的不同类型障碍物，可以采取不同的应对措施，从而提高车道保持技术的效果。

2）特征增强：在道路修补情况下，可以使用特征增强的方法提高图像处理的准确性。例如，可以增加图像中的色彩通道、调整图像的对比度和亮度等参数，以提高图像处理的准确性。

3）机器学习算法：在道路修补情况下，可以使用机器学习算法对不同类型的路面情况进行学习和预测。通过学习不同类型的路面情况，可以优化控制策略，从而提高车道保持技术的效果。

4. 车辆不同驾驶风格下的车道保持问题

不同的驾驶风格可能会导致车辆行驶轨迹的变化，从而影响车道保持技术的效果。例如，不同的驾驶人可能有不同的驾驶风格，包括快速、稳定、谨慎等不同的风格。这可能会导致车辆行驶轨迹的变化，从而影响传感器对路面信息的识别和跟踪。车辆不同驾驶风格下的车道保持问题解决策略如下：

1）驾驶风格学习与适应：在车辆行驶过程中，可以使用机器学习算法对驾驶人的驾驶风格进行学习和适应。通过学习驾驶人的驾驶风格，可以优化控制策略，从而提高车道保持技术的效果。

2）多模式控制策略：针对不同的驾驶风格，可以设计不同的控制策略。例如，对于稳定的驾驶风格，可以采用较为稳健的控制策略；对于快速的驾驶风格，可以采用较为灵活的控制策略。通过使用多模式控制策略，可以适应不同驾驶风格的需求。

10.4　车道保持技术的发展趋势

车道保持技术是一种车辆辅助驾驶技术，通过感知车辆相对于道路标线的位置，通过控制转向系统，使车辆保持在车道内行驶。未来车道保持技术的发展趋势包括以下4个方面：

更高的精度和稳定性：随着传感器技术的不断进步，车道保持系统的精度和稳定性将得到提高。例如，高精度雷达、红外传感器、激光雷达等新型传感器的应用，将使车道保持系统能够更准确地识别道路标线和车辆位置，避免误识别和漏识别的情况。

更高的智能化：未来的车道保持技术将更加智能化，能够更好地适应各种道路和驾驶情况。例如，通过人工智能技术，车道保持系统能够学习驾驶人的驾驶习惯和道路特征，自适应地调整车道保持策略，提高驾驶的舒适性和安全性。

更多的集成和协同：未来的车道保持技术将与其他车辆自动驾驶技术进行更多的集成和协同。例如，车道保持系统可以与自动驾驶技术进行集成，实现更高层次的自动驾驶；同时，也可以与车距监测、盲区监测等技术进行协同，实现更全面的车辆安全保障。

更多的互联和共享：未来的车道保持技术将与移动通信技术进行更多的互联和共享。例如，通过与云端服务器的连接，车道保持系统可以获取更全面的道路信息和交通信息，为驾驶人提供更准确的导航和路线规划；同时，也可以与其他车辆进行通信，实现车辆之间的信息共享和协同驾驶。

总的来说，未来车道保持技术的发展将进一步提高驾驶的智能化、安全性和舒适性，为未来的智能交通和自动驾驶技术的发展提供重要的支持。

第11章 自主换道技术

11.1 自主换道技术简介

车辆换道是常见的驾驶行为,尤其在高速公路场景中。安全地执行换道行为需要在兼顾车辆运动状态、周围交通参与者运动状态的同时协调车辆的横、纵向运动。换道行为受到驾驶人的视野范围、心理状况、身体状态、驾驶经验和周围交通环境变化等因素的影响,是引发交通事故和交通拥堵的主要原因之一。驾驶人的决策失误或操作不当,极有可能造成交通事故,因此自主换道技术始终是交通安全领域的核心课题。

根据换道意图产生原因的不同,换道行为通常可分为强制车道变换(Mandatory Lane Change, MLC)和自主车道变换(Discretionary Lane Change, DLC)。强制车道变换是指驾驶人根据驾驶任务必须进行的换道操作,如汇入车流、高速匝道等情况,如图11-1a所示。自主车道变换是为了获得理想的车速或更安全宽广的行驶空间而进行的变换车道动作,如图11-1b所示。自主车道变换是一种非强制性的自主驾驶行为,即使不变换车道也可以完成驾驶任务。

a) 强制车道变换

b) 自主车道变换

图11-1 强制车道变换与自主车道变换示意图

11.2 自主换道技术方法设计

下面从自主换道决策、自主换道轨迹规划、自主换道轨迹跟踪控制三个方面对自主换道技术的方法设计进行介绍。

11.2.1 自主换道决策方法设计

自20世纪80年代,得益于数据采集技术的进步,学者开发了一些基于规则的自主换道决策模型。这些模型从微观层面上模拟驾驶人的驾驶动作，如转向盘转角、车辆加速或减速，因此可以结合到自动驾驶仿真软件中模拟车辆的车道变换行为。由于可以使用关于驾驶人行为的基本假设来校准并使用实际数据验证自主换道模型，因此这些模型得到广泛应用和改进。

常用的自主换道模型包括 Gipps 模型、MITSIM 模型、AIMSUN2 模型、CORSIM 模型和 SITRAS 模型。Gipps 模型是第一个基于规则的模型。Gipps 模型假设人类驾驶人具有理性的行为，通过将车道变换决策与城市驾驶情况联系起来，通过一系列因素来决定车辆的换道时机，包括纵向安全间隙、永久障碍物的位置、其他车辆的行驶意图、重型车辆的存在、专用车道的出现，以及当前车道和目标车道中的车辆的相对速度优势等因素。Gipps 模型中的车道变换过程可以概括为具有一系列固定条件的决策树，考虑了在道路上可能遇到的情况。在 Gipps 模型中，换道是基于规则的触发事件，最终输出是二元指令（换道/不换道）。该模型的优点是结构灵活、方便修改，便于在原有的基础上添加或替换任何自定义换道诱因。Yang 以 Gipps 模型为基础创建了 MITSIM 模型。MITSIM 中车道变换的触发模型包括三个步骤：判断换道必要性、选择目标车道、判断间距是否可以接受。MITSIM 模型建立了容忍度因子、速度差因子来判断换道的必要性，同时将期望车速、车道可允许最大速度作为选择目标车道的依据，最后通过建立方程组来计算 MLC 和 DLC 的可接受间隙。AIMSUN2 是道路交通的组合离散连续模拟器，它可以表示在模拟期间连续变化的道路系统的元素和以离散的时间间隔变化的元素，可以模拟单个车辆及其驾驶人行为，同时它可以区分不同类型的车辆和驾驶人。CORSIM 模型由 NETSIM 模型和 FRESIM 模型组合而成。其中，NETSIM 模型主要用于城市工况，FRESIM 模型主要用于高速工况。NETSIM 模型中考虑了车辆运动和车道变化对换道决策的影响；FRESIM 模型加入了车道数变化、坡道合并等因素对换道决策的影响。SITRAS 模型同样将换道分为三步：①换道是否是必要的；②选择目标车道并判断从本车道移动至目标车道是否可能；③执行换道操作。该模型判断"换道是否必要"借鉴了 Gipps 模型中提出的原因，而是否可移动至目标车道是通过两个条件进行判断的，分别是本车跟随目标车道前车所需的减速度是否大于本车的减速度阈值，以及目标车道后车跟随本车所需的减速度是否大于目标车道后车的减速度阈值。

此外，Rickert 提出了一种元胞自动机模型。该模型由三个条件构成：第一个为本车道前方空元胞个数，以计算是否触发换道行为；第二个为目标车道前方空元胞个数，用来判断目标车道是否相比当前车道更具有优势；第三个为目标车道后方空元胞个数，用来判断换道后车辆间的纵向间隙是否可接受。当三个判断条件均得到满足时，本车会以一定的概率触发换道行为。该模型对于左换道与右换道的驾驶行为有着不同的触发概率。Nagel 等人对于不同的车道变换方法进行了大量的试验，提出了一个总体方案，开发出了更接近实际交通流的车道变换规则。Balal 等人提出了一种基于模糊理论的车辆换道二元决策模型。该模型以主车与本车道前车距离、主车与目标车道的前车/后车距离、目标车道后车与前车距离为输入，采用模糊算法判断换道行为的可行性。魏丽英、隽志才等人采用线性跟驰理论分析了车辆之间的相对距离、相对速度、相对加速度、多车道车头时距、单车道车头时距与车辆换道的关系，得出了驾驶人在车道变换时机和目标车道选择的一般规律。金立生、杨双宾建立了一种考虑换道过程中车辆加速行为的安全换道模型。Zhou 等人将换道的紧急程度划分成四个级别，并开发了驾驶人换道行为识别模型，设计了车辆换道的典型仿真场景，最后采用数学方法计算了换道的概率。李迎锋等人分析了在快车道行驶的高速车辆对车辆换道的影响，建立了一种全新的换道随机决策模型，并基于蒙特卡罗方法进行了仿真验证。谭春满等人提出了一种基于 Agent 方法的多车道交通流协调控制层次模型，建立了车辆换道行驶、加减速等常见驾驶行为的模糊规则库。在该模型中，车辆的行为由建立好的模糊规则库决定，克服了传统模型中未考虑车辆之间相互作用的缺点。杨小宝等人提出了一种基于饱和流率的换道决策模型，使用叠加的速度优势而不是瞬时的速度优势作为换道的触发条件，有效地克服了其他模型中可能出现频繁换道的缺点。王晓原等人提出了一种基于模糊数学和仿生学原理的多传感器信息融合算法，模拟了驾驶人的换道决策过程，得到了比基于单一传感器的决策算法更强的容错能力。朱愿从生理学角度详细地分析了驾驶人的换道行为，总结了换道诱发原因，并提出了期望满足度的概念，使用期望满足度作为换道触发的判断条件，然后基于支持向量机建立了一个用于判断当前换道是否安全的二元决策模型。王政利用期望满足度作为换道触发的判断条件，使用最小安全跟车距离作为换道安全性的评价指标。

11.2.2 自主换道轨迹规划方法设计

换道的轨迹规划是局部路径规划技术的典型应用，目前应用比较广泛的换道轨迹有 5 种，分别是圆弧换道轨迹、等速偏移换道轨迹、正弦函数换道轨迹、正反梯形加速度换道轨迹和多项式换道轨迹，其中正反梯形加速度换道轨迹和多项式换道轨迹应用得最多。Nishiwaki 等人考虑到驾驶人的个异性，使用隐马尔可夫模型针对不同风格的驾驶人车道变换特点进行建模并生成了相应的换道轨迹。Kato、Shin 等人研究了智能网联汽车换道轨迹的产生方法和轨迹跟踪方法。Sledge 研究了智能网联汽车在紧急避障工况下的换道行为轨迹规划方法。Eshleman 使用多项式曲线建立了车辆换道的行驶轨迹，并通过仿真证明了多项式轨迹比圆弧轨迹更适合作为换道轨迹。Daily 等人使用正弦曲线作为换道轨迹。Kanayama 等人使用螺旋线对换道轨迹进行了描述。Chee 等人使用正反梯形曲线的加速度进行了换道轨迹规划。De Boor 等人基于贝塞尔曲线生成了换道轨迹。游峰对常用的 5 种换道轨迹进行了研究，最终选择了五次多项式作为换道轨迹。李玮等人也采用五次多项式作为换道轨迹。徐慧智等人设计了一种基于缓和曲线的换道轨迹生成方法。高越等人基于实车试验数据，采用速度积分的方法采集了熟练驾驶人的换道轨迹。任殿波对智能车在弯道公路下的换道工况进行了研究。王政使用二自由度模型作为轨迹生成器，找出与采用五次多项式生成的最优轨迹最契合的轨迹作为每个周期内的换道轨迹，该方法克服了以往轨迹规划未考虑车辆动力学特性的缺点。陈伟利用滚动窗口的原理，首先采用启发式搜索算法提取换道过程的关键位置数据点，然后采用过渡圆弧进行数据点的平滑，以实现换道过程的局部路径规划。李玮等人根据 B 样条理论对换道轨迹进行重规划，以实现换道轨迹的生成。Xu 等人在不同的交通场景下进行轨迹规划，并进行碰撞检测，试验结果表明，该方法比五次多项式的轨迹规划具有更好的适应性。Qian 等人将轨迹生成问题转化为非线性规划问题，并采用混合整数规划求解最优的换道轨迹。

11.2.3 自主换道轨迹跟踪控制方法设计

轨迹跟踪控制是自动驾驶技术研究领域的核心问题之一，其任务是基于规划好的轨迹，计算出能使车辆沿着期望轨迹行驶的制动、加速、转向指令。轨迹跟踪控制主要分为两个方面：其一为横向控制，主要研究智能网联汽车的侧向跟踪能力；其二为纵向控制，主要研究智能网联汽车对期望车速的跟踪能力。一般来说，智能网联汽车的运动控制除了需要考虑控制精度以外，还需要考虑行驶安全性和行驶舒适性。目前使用比较广泛的侧向控制方法有 PID 控制方法、模糊控制方法、最优控制方法、H_∞ 鲁棒控制、基于反馈线性化方法、滑模控制方法、模型预测控制方法、自适应控制方法等。Thrun 等人在 DARPA 智能车大赛中设计了一种叠加控制器，该控制器由根据前方道路曲率的前馈控制和 PID 反馈控制组合而成，Thrun 凭借该控制器赢得了大赛的冠军。Netto 等人设计了一种针对大曲率路径的 PID 控制器。马莹等人设计了一种新型的有限时间最优预瞄横向控制器。Ganzelmeier 提出了一种可以解决传统控制模型中参数不确定问题的 H_∞ 横向控制方法。Tan 等人基于 $\dfrac{H_2}{H_\infty}$ 合成方法设计了一种可以在多目标约束下完成目标控制的控制器。由于在换道过程中车辆的纵向速度基本保持不变，因此 Rajamani 等人认为换道的轨迹跟踪控制属于横向控制。智能网联汽车进行自主换道时，会由轨迹规划模型规划出一条换道轨迹，轨迹跟踪控制算法会沿着这条既定的轨迹进行跟踪。Tan 等人在车载传感器不够发达的时代采用了埋磁钉的方式设置好路径，然后采用磁力传感器对车辆位置进行检测，并基于滑膜控制器设计了换道的轨迹跟踪控制算法，最后通过实车试验验证了算法的合理性。Hatipolglu 在没有定位传感器的情况下，采用跟踪横摆角与横摆角速度的方法间接实现了对轨迹的跟踪。Lin 等人基于最优控制理论，使用自行车模型作为车辆动力学模型设计了一种换道控制器，并在不同的车速下进行了仿真验证。Hessburg 等人分析了驾驶人的换道数据，根据换道特点设计了模糊规则库，最后基于模糊控制理论设计了换道的轨迹跟踪控制器。王政基于模型预测控制设计了换道的轨迹跟踪控制器，并在仿真环境中验证了该控制器在不同速度、不同附着系数下的跟踪效果。

11.3 自主换道技术实例分析

11.3.1 自主换道决策实例分析

1. 换道意图的产生

自主换道变换的目的是摆脱前方低速车辆，以获得更宽阔的驾驶空间和较高的车速，提高车辆的通行效率。需要进行自主换道的场景如图 11-2 所示。场景中：①前车车速 u_2 明显小于自车车速 u_1，并且前车保持在车道内低速行驶，不换道；②存在能够进行换道的目标车道。

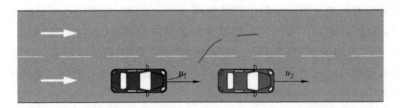

图 11-2 自主换道场景示意图

自主换道这一驾驶行为的产生主要考虑速度期望和间距期望。

（1）速度期望

由于不同道路环境速度的限制，驾驶人不会追求过高的行驶速度而选择换道操作，通常是因为在行驶过程中前方车辆持续低速状态,使得自车的行驶速度无法达到所期望的行驶状态,则会产生换道意图,因此需要一个定量指标来作为换道产生的依据。

这里引入自车对车速不满累积度,并设定自车在行驶过程中的期望车速,但在实际的行驶过程中,自车跟驰本车道前方车辆,有可能不能达到所期望的车速,并与期望速度存在一定的差值,这个差值会在车辆行驶的过程中不断地叠加累积,即自车对车速的不满累积度:

$$Z(k) = Z(k-1) + \frac{V_{des} - V}{V_{des}}T \tag{11-1}$$

式中,Z 为不满累积度;V_{des} 为设定的期望车速;V 为当前时刻的实际车速;T 为采样时间;k 为当前时刻。

当不满累积度随着时间积累,超过了设定的阈值 Z_{thr},则产生换道意图,即

$$Z(k) \geq Z_{thr} \tag{11-2}$$

(2)间距期望

车辆在行驶期间,为了防止与其他车辆发生碰撞,需要在两车之间保持足够的安全距离(Safe Spacing,SS),即跟车安全距离,指的是行驶在道路上同一车道的前后方车辆为保证两车之间的行驶安全必须保持的行车间距,同一车道前后车辆之间的间距若大于该距离,则在交通道路行驶期间不会发生图11-3所示的追尾碰撞类事故。另外,最小换道临界碰撞安全距离指的是为了避免换道时发生碰撞而两车之间必须保持的间距,也就是最小安全距离(Minimum Safe Spacing,MSS)。

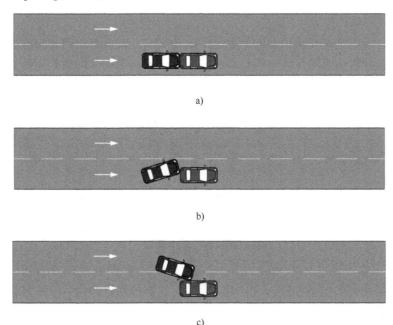

图11-3 追尾碰撞类事故

本节先从车辆跟车安全距离的角度研究,由于两车以一定的相对速度跟随行驶,两车间距与后方车辆车速 v 成线性关系,因此可以推出跟车安全距离模型为

$$SS = vt_b + D_c \tag{11-3}$$

式中，SS 为跟车安全距离；t_b 为后方车辆的制动迟滞时间，一般取 1.2~2s；D_c 为后方车辆停止时的心理安全距离，一般取 2~5m。

如果自车在本车道与前方车辆实际间距小于跟车安全距离，而且不断减小，在目标车道满足条件时可以选择自主换道。

2. 换道可行性的分析

以上是从换道到目标车道后存在安全的驾驶空间层面来设计智能车是否触发自主换道。当交通流量较小时，车辆的换道过程应秉持对其他交通参与者影响较小的原则，保证换道行为的安全风险尽可能小，因此自车在完成换道行为后，需要保持与目标车道后方车辆足够安全的跟车距离，使后方车辆保持匀速状态；同时，若自车在换道完成后目标车道前方车辆出现紧急制动等特殊情况，为了方便调整自身状态或者有足够的距离紧急制动，自车完成换道后还需要与目标车道前方车辆保持一定的安全跟车距离。除了从自车换道完成后需要保持跟车安全距离分析外，还需要考虑自车换道过程中与目标车道前后车辆的最小安全距离。

建立了自车的跟车安全距离模型后，还需要分析自车换道过程中与目标车道前后车辆、本车道前方车辆的最小换道临界碰撞安全距离，即最小安全距离。为了防止自车在换道期间发生碰撞，以及换道完成后与目标车道前后两车保持行车安全，需要满足一定的换道安全距离 SS_{safe}，即跟车安全距离 SS 和最小安全距离 MSS 两者之和，这样既满足了车辆的换道可行性，又使得自车换道安全得到了保证，同时对交通流的影响较小，不影响其他车辆的行驶状态。

3. 换道决策的制定

自车在结合道路状况和换道空间的充足性的情况下，以速度期望和间距期望来决策是否换道，当换道条件都满足时，可以选择换道操作，自车换道空间区域示意图如图 11-4 所示。

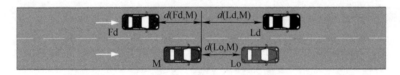

图 11-4 自车换道空间区域示意图

由于时间与研究技术等原因，不对速度期望和间距期望综合考虑，因此根据以上分析的换道决策机制，自主换道意图的产生条件为

$$d(\text{Lo},M) \leqslant SS(\text{Lo},M) \text{ 或 } Z(k) \geqslant Z_{thr} \tag{11-4}$$

式中，$d(\text{Lo},M)$ 为 M 车与 Lo 车的实际间距；$SS(\text{Lo},M)$ 为 M 车与 Lo 车的跟车安全距离。

当自主换道意图条件满足后，还需满足换道可行性的分析，因此给出以下换道决策约束条件：

$$d(i,M) \geqslant SS_{safe}(i,M), i \in (\text{Ld},\text{Fd}) \tag{11-5}$$

式中，$d(i,M)$ 为 M 车与 i 车的实际间距；$SS_{safe}(i,M)$ 为 M 车与 i 车的换道安全距离。

只有当上述换道意图产生条件和换道约束条件同时满足时，车辆才会选择执行换道操作。若有一个条件不满足，则执行减速或跟驰操作。车辆换道决策流程如图 11-5 所示。

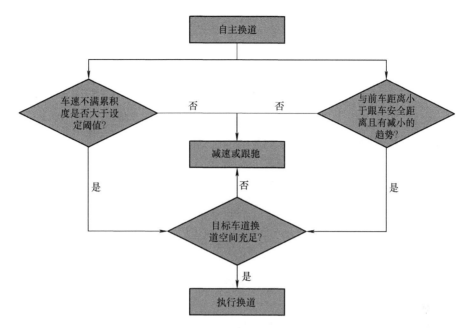

图 11-5 车辆换道决策流程图

4. 自主换道决策的约束条件

直线道路前车与自车的最小安全距离计算方法如下。Lo 车为行驶在自车 M 前方的车辆,并且与 M 车处于同一车道,考虑到 M 车换道期间与 Lo 车在临界碰撞位置发生追尾或角碰的情况,建立两车位置关系,如图 11-6 所示。图 11-6 中,实线表示双车道的外侧,虚线表示双车道的分界处,M 车和 Lo 车的初始位置用浅颜色表示,碰撞时刻位置用深颜色表示。M 车的车速为 v_M,Lo 的车速为 v_{Lo}。M 车在换道初始时刻与 Lo 车的车头间距为 $S(0)$,车辆从 $t=0$ 时刻开始换道,经过 $t=t_{p1}$ 到达图 11-6 所示的临界碰撞位置,选取 M 车、Lo 车的车头中点作为参考点。

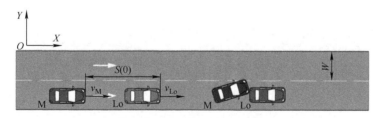

图 11-6 直线道路自车和前车碰撞的临界位置图

考虑到换道期间 Lo 车维持车道保持的行驶状态,分析图 11-6 中两车的位置关系,M 车在直线道路上换道期间不发生碰撞的条件为

$$S(t) = S(0) + \int_0^t \int_0^\tau (a_{Lo} - a_M) \mathrm{d}\tau \mathrm{d}t + [v_{Lo}(0) - v_M(0)]t - L_{Lo} - \frac{w_M}{2}\sin\theta > 0 \quad (11\text{-}6)$$

式中,$t \in [0, t_{p1}]$;L_{Lo} 为 Lo 车的车身长度;θ 为 M 车的车速方向相对于车道线切线方向在 t 时刻的夹角;w_M 为 M 车的车身宽度。

为了找到使 M 车和 Lo 车不产生碰撞的最小初始值,这里假设 $S(0) = L_{Lo}$,即换道初始

时刻 M 车和 Lo 车两车处于首尾相接的行驶状态。因此为避免换道期间发生碰撞，两车初始时刻最小安全距离为

$$\text{MSS}(\text{Lo},\text{M}) = \max\left\{\int_0^t\int_0^\tau (a_\text{M} - a_\text{Lo})\text{d}\tau\text{d}t + [v_\text{M}(0) - v_\text{Lo}(0)]t + \frac{w_\text{M}}{2}\sin\theta\right\} \quad (11\text{-}7)$$

式中，$t \in [0, t_{p1}]$。

从式（11-7）中可以看出，M 车与 Lo 车之间的最小安全距离是由两车之间的相对纵向加速度、初始相对纵向速度和碰撞时间 $t(t \in [0, t_{p1}])$ 所共同决定的。

根据上述的推导分析，计算出换道前的最小安全距离需要测定两车间纵向速度和加速度，但在实际实现时存在较大的技术困难，考虑到车辆换道时车速较高，车辆相对于车道切线方向的夹角较小，假设换道期间纵向速度变化不大，即 $a_i = 0$，$i \in \{\text{M}, \text{Lo}\}$，简化后得到最小安全距离为

$$\text{MSS}(\text{Lo},\text{M}) = \max\left[(v_\text{M} - v_\text{Lo})t + \frac{w_\text{M}}{2}\sin\theta, 0\right] \quad (11\text{-}8)$$

由于 M 车与 Lo 车的相对速度始终是恒定的，因此可以推导出：

$$\text{MSS}(\text{Lo},\text{M}) = \begin{cases} (v_\text{M} - v_\text{Lo})t_{p1} + \dfrac{w_\text{M}}{2}\sin\theta, & v_\text{M} \geqslant v_\text{Lo} \\ 0, & \text{其他} \end{cases} \quad (11\text{-}9)$$

直线道路左后方车辆/左前方车辆与自车的最小安全距离及弯道上前车与自车的最小安全距离在这里不再详细展开描述。当换道意图产生条件和换道约束条件同时满足时，车辆会选择执行换道操作；否则，执行减速或跟驰操作。

11.3.2 自主换道轨迹规划实例分析

下面以直线道路自主换道轨迹规划为例进行介绍。图 11-7 所示为直线道路多项式换道轨迹示意图，X 和 Y 分别为全局坐标系的纵轴和横轴，原点 O 为车辆初始时刻的位置，X 轴方向平行于车道，Y 轴方向垂直于车道，C 为车辆的质心位置，假设两车道之间的宽度为 W，车辆的车速为 v。

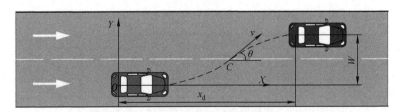

图 11-7 直线道路多项式换道轨迹示意图

五次多项式换道轨迹的函数曲线见式（11-10）。

$$y_\text{d}(x_\text{d}) = a_0 x_\text{d}^5 + a_1 x_\text{d}^4 + a_2 x_\text{d}^3 + a_3 x_\text{d}^2 + a_4 x_\text{d} + a_5 \quad (11\text{-}10)$$

根据车辆换道开始时的位置和状态，纵向起点为零，初始的横向位移、横向速度和横向加速度都为零，轨迹函数应满足如下约束方程：

$$y_\text{d}(0) = 0, \dot{y}_\text{d}(0) = 0, \ddot{y}_\text{d}(0) = 0 \quad (11\text{-}11)$$

由式（11-10）和式（11-11）可得到：

$$\begin{cases} a_5 = 0 \\ a_4 = 0 \\ a_3 = 0 \end{cases} \quad (11\text{-}12)$$

经过纵向距离 D，车辆换道操作完成。根据车辆换道结束时的位置和状态，其横向位移为 W，横向速度和横向加速度都为零，轨迹同样满足式（11-11），便可得到换道的参数化表达式。

$$y(D) = W, \dot{y}(D) = 0, \ddot{y}(D) = 0 \quad (11\text{-}13)$$

由式（11-10）和式（11-13）可得到：

$$\begin{cases} a_0 D^5 + a_1 D^4 + a_2 D^3 + a_3 D^2 + a_4 D + a_5 = W \\ 5a_0 D^4 + 4a_1 D^3 + 3a_2 D^2 + 2a_3 D + a_4 = 0 \\ 20a_0 D^3 + 12a_1 D^2 + 6a_2 D + 2a_3 = 0 \end{cases} \quad (11\text{-}14)$$

进而可以求解出其余参数，得到可表示为 y_d 和 x_d 的多项式换道轨迹函数：

$$y_d(x_d) = W\left[6\left(\frac{x_d}{D}\right)^5 - 15\left(\frac{x_d}{D}\right)^4 + 10\left(\frac{x_d}{D}\right)^3\right] \quad (11\text{-}15)$$

考虑到车辆换道初始和结束时的横向加速度为 0，即

$$\ddot{y}_d(0) = \ddot{y}_d(D) = 0 \quad (11\text{-}16)$$

则可以得到：

$$K = \frac{(|\ddot{y}_d(x_d)|)}{[1 + \dot{y}_d^2(x_d)]^{\frac{3}{2}}} \quad (11\text{-}17)$$

式中，K 为轨迹函数曲线上的点的曲率。

可以看出，车辆换道开始和结束时轨迹的曲率为零，再次验证了五次多项式换道轨迹平滑的优点。

假设车辆自主换道的纵向速度为 $v_x(t)$，换道结束的时刻为 t_c，因此 y_d 可通过 t 表示为

$$y_d(t) = W\left[6\left(\frac{\int_0^t v_x(t)\,\mathrm{d}t}{\int_0^{t_c} v_x(t)\,\mathrm{d}t}\right)^5 - 15\left(\frac{\int_0^t v_x(t)\,\mathrm{d}t}{\int_0^{t_c} v_x(t)\,\mathrm{d}t}\right)^4 + 10\left(\frac{\int_0^t v_x(t)\,\mathrm{d}t}{\int_0^{t_c} v_x(t)\,\mathrm{d}t}\right)^3\right] \quad (11\text{-}18)$$

考虑到换道时间较短，车辆换道期间的纵向速度变化不大，为了简化分析的难度，将 $v_x(t)$ 视为常数值，即车辆的纵向速度不变，则有

$$v_x(t) = v_x, t \in [0, t_c] \quad (11\text{-}19)$$

最终换道轨迹函数转化为

$$\begin{cases} x_d(t) = v_x t \\ y_d(t) = W\left[6\left(\frac{t}{D}\right)^5 - 15\left(\frac{t}{D}\right)^4 + 10\left(\frac{t}{D}\right)^3\right] \end{cases} \quad (11\text{-}20)$$

第12章 自适应巡航控制技术

12.1 ACC 简介与系统定义

据统计，我国交通事故造成的伤亡人数每年超过 10 万人，其中驾驶人人为原因（疲劳、酒驾、误操作等）所致事故逐渐增多。汽车交通事故引起的人员伤亡、经济损失、道路拥堵等已演变成重大社会问题。

为解决上述问题，交通法规、安全技术等各种交通安全措施随之诞生并不断发展，其中汽车安全技术是保障道路交通安全的关键。汽车安全技术分为被动安全技术和主动安全技术。从 20 世纪 80 年代开始的安全气囊、安全带等被动安全技术，再到 90 年代逐渐出现且成为标配的 ABS、ESP 等主动安全技术，都在一定程度上起到了保证人们财产安全的作用。进入 21 世纪，汽车主动安全技术愈发被重视，从预警系统、独立控制、集成控制、智能驾驶到无人驾驶等主动安全技术方面都获得了飞速发展，其中，自适应巡航控制（Adaptive Cruise Control，ACC）、LDW、FCW 等汽车先进驾驶辅助系统（Advanced Driver Assistance Systems，ADAS）成为防止交通事故的新一代前沿技术。

自适应巡航控制（Adaptive Cruise Control，ACC）系统又称主动巡航控制系统，在传统定速巡航控制的基础上结合了车距保持功能，利用车载雷达探测前方行驶环境，通过控制节气门和制动系统自动调整车速，提高驾驶舒适性和安全性。

ACC 的发展历史可以追溯至 20 世纪 70 年代，1971 年，美国 EATON（伊顿）公司便已从事这方面的开发，其雏形是日本三菱公司提出的车前距离控制（Preview Distance Control，PDC）系统。1995 年，三菱汽车在日本市场推出首款 ACC 系统，此后丰田、本田、通用、福特、戴姆勒、博世等公司也投入研发行列。纵观 ACC 系统的发展历程，可以分为三个阶段：第一阶段为 20 世纪 90 年代初针对高速公路的 ACC 系统，主要实现定速巡航和安全车距功能；第二阶段为 20 世纪 90 年代末针对城市工况的 ACC 系统，即起 - 停巡航系统（Stop&Go Cruise Control，SG - ACC），实现自动起步、停车和低速跟车功能；第三阶段为 21 世纪初至今综合考虑燃油经济性、跟踪性能和驾驶人感受的多目标协调式 ACC 系统。此外，ACC 的功能也在不断扩展，如将 ACC 与车道保持相结合、ACC 与避撞相结合、ACC 与车道变更相结合等，突破了传统 ACC 仅纵向跟车的功能局限，进一步实现汽车辅助安全驾驶。

目前，ACC 系统主要装备在各大汽车公司中高档轿车上，国内缺乏成熟的 ACC 生产制造商。国内外科研机构、高等院校等对 ACC 技术进行了深入研究，并取得了阶段性的进展。

12.2 ACC 工作原理

ACC 系统的工作原理大致如下：
1) 检测前方车辆：ACC 系统使用车辆感知系统的传感器来监测车辆前方的交通情况，

以获取前方车辆的位置、速度和加速度。

2）设置巡航速度：驾驶人或程序设定一个期望的巡航速度，系统会在可能的情况下维持这个速度。

3）计算安全距离：系统根据车辆的速度、前车速度和双方的相对距离，计算并维持与前车之间的安全距离。

4）调整速度：当 ACC 系统检测到前方车辆减速或者与前车的距离小于安全距离时，它会自动减小节气门开度或者轻微应用制动来减速。反之，如果前车加速或与前车的距离大于安全距离，系统则会加速到设定的巡航速度，直到再次接近前车。

5）停车与重新起动：某些带有 Stop&Go 功能的 ACC 系统可以将车辆减速至完全停止，并在交通流动后自动重新加速至设定的巡航速度。

12.3 ACC 系统功能

12.3.1 环境感知系统

ACC 系统的环境感知可以通过毫米波雷达、摄像头、激光雷达等实现，对基于雷达/摄像头系统的车辆识别技术已经开展了较多的研究，但对于静态目标和复杂多变的行车环境（起伏坡道顶端、弯道、大雪、暴雨、结冰等），其环境感知的可靠性和鲁棒性仍是研究热点。环境感知传感器比较见表 12-1。目前环境感知研究热点主要有雷达与机器视觉融合、弯道工况前车跟踪和前方多车辆复杂行车环境目标选择及跟踪等。

刘志峰等人研究了车载雷达对前方目标车辆探测和追踪，并用 Kalman 滤波进行目标的有效性检验。为了克服雷达传感器难以探测静止目标的限制，Shimonura 等人提出了利用雷达与机器视觉融合来实现前方物体识别，利用雷达判断前方障碍物的运行状态（静止/移动），利用机器视觉对车道线及障碍物相对车道线的位置进行判断，然后融合上述信息对障碍物类型进行识别。

表 12-1 环境感知传感器比较

ACC 传感器	探测范围	优点	缺点
毫米波雷达	77GHz，200m；24GHz，20m	性能稳定，不易受天气影响；探测距离远，直接获取距离和速度；多目标跟踪能力强	图形识别受限；无法识别静止物体
激光雷达	360°扫描最远达到 150m	方向性强，波束窄，识别能力和侧向探测能力强；更大扫描范围	环境适应性较差，探测距离有限，不能直接获取车速
摄像头	立体，40~50m；单目，150~200m	获取更多环境信息；识别静态物体	信息处理需要时间；恶劣天气时精度大大降低

张德兆、Miyahara 等人研究了弯道行驶工况的车辆跟踪算法，其中张德兆基于相关系数检验法对目标车辆进/出弯道及换道所对应的拟合回归方程进行拟合优度检验，并利用单回旋线道路模型对前车与自车的相对横向距离进行估计，基于 t 检验法对弯道工况中的本车道前车、邻车道前车及路边障碍物进行识别与区分。如图 12-1 所示，Miyahara 等人推导出前车进/出弯道时两车相对方位角和相对速度的关系为

$$\theta = \frac{(v_{\text{lat}}/v_0 - L/R_0)^2 - (L/R_0 - L/R)L/R_0}{2L(1/R - 1/R_0)} \quad (12\text{-}1)$$

式中，θ 为前车相对自车的方位角；v_{lat} 为相对速度的横向分量；v_0 为自车速度；L 为两车相对距离；R 为前车所在位置的道路半径；R_0 为自车所在位置的道路半径。

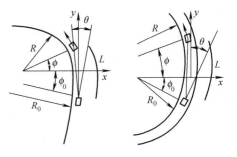

图 12-1 前车进/出弯道

针对汽车复杂的行车环境，Möbus 等人提出一种针对多车辆目标环境的 ACC 算法，对由毫米波雷达、激光雷达和摄像头获得的复杂交通场景建模，并通过混杂系统理论获得最优加速度。Moon 等人针对多个车辆的交通环境提出多车辆目标选择算法，如图 12-2 所示。

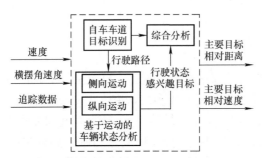

图 12-2 多车辆目标选择算法

12.3.2 驾驶人行为特性分析

自适应巡航控制特性和驾驶人跟车特性的符合程度直接影响驾驶人乘坐感受。与 ACC 相关的驾驶人行为特性包括驾驶人期望车距特性和动态跟车特性。

（1）驾驶人期望车距

驾驶人期望车距是指跟车过程中自车与前车保持的安全车距，该距离必须同时兼顾行车安全和道路交通效率两方面的要求，并且能够真实反映实际驾驶人行车过程的心理和需求。

为了实现行车安全状态判断，国内外学者们提出了多种期望车距模型，侯德藻将期望距离模型总结为 3 种，并给出了各自的代表性表达式，分别为

$$D_{s,\text{brk}} = v_f t_d + \frac{v_f^2}{2a_{f\max}} + d_0$$

$$D_{s,h} = v_f t_h + d_0$$

$$D_{s,\text{pre}} = v_{\text{rel}} t_g - \frac{a_p t_g^2}{2} + X_{\lim} \quad (12\text{-}2)$$

式中，$D_{s,\text{brk}}$ 为基于制动过程运动学分析的期望距离；v_f 为自车车速；t_d 为驾驶人和制动系统延迟时间；$a_{f\max}$ 为自车最大制动减速度；d_0 为自车停止后与前车距离；$D_{s,h}$ 为基于车间时距的期望车距；t_h 为车间时距；$D_{s,\text{pre}}$ 为驾驶人预瞄安全车距；v_{rel} 为相对车速；t_g 为预瞄时间；a_p 为前车加速度；$X_{\lim}$ 为驾驶人主观感觉的界限车间距离。其中，基于车间时距的期望车距

模型应用最广。

车间时距按照是否可变,分为固定车间时距和可变车间时距,固定车间时距比较简单,不能适应较为复杂的工况。Broqua、Yanakiev 等人分别给出了考虑自车车速和相对车速的可变车间时距,分别为

$$t_h = h_2 + h_3 v_f$$
$$t_h = t_0 - c_v v_{rel} \tag{12-3}$$

式中,h_2、h_3、t_0、c_v 为参数;t_h 与自车车速或相对车速成正比。

期望车距按照形式可分为线性期望车距和非线性期望车距。Xu 等人通过高速公路大量行驶数据拟合,得出了指数形式的安全车距模型;美国密歇根大学交通运输研究所(UMTRI)提出了二次曲线的安全车距模型为

$$d_{des} = av_f^2 + bv_f + c \tag{12-4}$$

式中,d_{des} 为期望车距;a、b、c 为模型系数。

李升波认为 a、b、c 缺乏明确的物理含义,将二次项在平均车速处泰勒展开,整理为各系数具有明确物理含义的二次型模型,即

$$d_{des} = rv_f(v_f - v_{fmean}) + \tau_h v_f + d_0 \tag{12-5}$$

式中,r 为二次项系数;τ_h 为车间时距;v_{fmean} 为跟车工况的平均车速。

由于驾驶人的多样性和复杂性,二次型非线性期望车距模型要比线性车距更加准确,在一定程度上体现驾驶人的跟车期望。

(2) 驾驶人动态跟车特性

驾驶人动态跟车特性是指动态跟车过程中,驾驶人采用的加速度与车间状态和车辆状态的关系,反映了驾驶人调整自车运动轨迹的操作习惯,在一定程度上反映驾驶人期望车距特性,是某一种类型的微观交通流模型。

20 世纪 50 年代,Gipps 等人通过研究驾驶心理机制,以刺激-反应原理解释动态跟车过程,建立了跟车模型,即

$$a_f(t+T) = \lambda \Delta v(t) \tag{12-6}$$

式中,a_f 为自车加速度;$\Delta v(t)$ 为相对速度;λ 为驾驶人控制增益;T 为驾驶人反应时间。实车试验数据表明,λ 随不同驾驶人、不同车距和车速而发生变化为描述微观交通流特性,GM 公司提出线性结构跟车模型为

$$a_f = K_V \Delta v + K_D \Delta d \tag{12-7}$$

式中,K_V 和 K_D 为驾驶人控制增益;Δd 为车距误差。

吉林大学利用预瞄跟随理论和模糊决策理论建立了驾驶人最优预瞄加速度模型,并建立了一种适用于多种典型行驶工况的 ACC 算法。为描述驾驶人控制增益的时变非线性,Li 等人在分析驾驶人对跟踪误差敏感度的基础上,建立具有准线性结构且参数物理含义明确的驾驶人跟车模型为

$$\begin{cases} a_f = S_{VE} k_V (v_p - v_f) + S_{DE} k_D (d - d_{des}) \\ S_{VE}^{-1} = k_{SVE} v_f + d_{SVE} \\ S_{DE}^{-1} = k_{SDE} v_f + d_{SDE} \end{cases} \tag{12-8}$$

式中,k_V 和 k_D 为名义控制增益;S_{VE} 和 S_{DE} 分别为驾驶人对车速误差和车距误差的敏感度;

k_{SVE}、k_{SDE}分别为前车速度和对应敏感度的线性参数；d_{SVE}和d_{SDE}为常数项系数。

驾驶人跟车系统结构如图12-3所示。

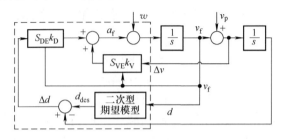

图12-3 驾驶人跟车系统结构

许多学者还研究了驾驶人跟车过程的固有特性，如加速工况和制动工况的不对称性、起-停工况与高速工况的不一致性、拥堵交通流的特殊跟车特性等，相继提出了多种驾驶人跟车模型。这些模型结构复杂、参数众多、含非线性环节，可较好模拟驾驶人的跟车特性。此外，对驾驶人跟车行为的研究还涉及驾驶人对车辆安全跟车状态的期望模式，驾驶人年龄、性别、心理、驾驶经验等特征对驾驶人跟车行为影响，以及人工智能理论和方法应用等。

12.3.3 车辆动力学建模

车辆模型是控制系统设计、功能实现和仿真评价的基础。车辆模型根据复杂非线性程度和考虑因素不同，分为复杂车辆模型和简单车辆模型；根据模型用途不同，分为仿真验证模型和控制器设计模型。由于复杂车辆模型的高度非线性和复杂性，控制器设计模型要进行不同程度简化。

侯德藻等人建立了ACC系统纵向动力学模型，将理论分析模型和车辆试验数据结合，建立了模拟汽车主动避撞系统中车辆行驶复杂工况的纵向动力学模型。高峰等人采用线性化方法对比分析传动系统各部件对系统传递性的影响，总结出适合汽车纵向运动控制的简化数学模型，并应用灵敏度理论分析了系统传递特性对参数的敏感性，Ohtsuka等人建立了针对起-停巡航系统的纵向动力学模型。

考虑ACC系统的应用环境，车辆纵向动力学模型均给了不同程度的假设和简化：①忽略车辆横向和垂向运动；②发动机燃烧迟滞为一阶惯性环节，采用发动机速度特性描述发动机的转矩输出；③自动变速器的换档逻辑为节气门开度和车速的非线性函数；④忽略轮胎的滑移；⑤汽车左右完全对称，忽略前后轴载荷转移；⑥假设制动压力与制动力矩为固定增益关系，其动态特性由一阶惯性延迟环节描述。基于上述假设和简化，车辆纵向动力学模型为

$$\overline{T}_e = F_e(n, \alpha_t), T_e = \overline{T}_e \frac{1}{\tau_e s + 1}$$

$$I_e \dot{\omega}_e = T_e - T_c$$

$$I_t \dot{\omega}_t = T_c - \frac{T_{wp}}{i_g i_0}, \omega_w = \frac{\omega_t}{i_g i_0}$$

$$u = \omega_w r_{eff}$$

$$m\dot{u} = \frac{T_{wp}}{r_{eff}} - \frac{T_{wb}}{r_{eff}} - F_f - F_w - F_i$$

$$T_{wb} = \frac{K_b e^{-\tau_d s}}{\tau_b s + 1} p_{brk} \qquad (12\text{-}9)$$

式中，$\overline{T}_e$ 为发动机稳态输出转矩；$F_e(*)$ 为发动机的稳态转矩特性函数；n 为发动机转速；α_t 为节气门开度；T_e 为发动机动态输出转矩；τ_e 为时间常数；s 为复变量；I_e 为与发动机转动部件相连的有效转动惯量；$\dot{\omega}_e$ 为发动机飞轮角加速度；T_c 为离合器或液力变矩器传递力矩；I_t 为离合器从动部分和变速器传动轴等部件有效转动惯量；$\dot{\omega}_t$ 为离合器从动部分或液力变矩器涡轮等部件角加速度；ω_t 为离合器从动部分或液力变矩器涡轮等部件转动角速度；ω_w 为车轮角速度；i_g 为行星齿轮变速器速比；i_0 为主减速器速比；u 为车速；r_{eff} 为轮胎有效半径；m 为整车质量；T_{wp} 为车轮驱动转矩；T_{wb} 为车轮制动力矩；F_f 为车轮滚动阻力；F_w 为空气阻力；F_i 为坡度阻力；K_b 为制动系增益；p_{brk} 为制动压力；τ_b 为制动系时间常数；τ_d 为因制动压力传递延迟造成的时滞常数。

式 (12-9) 给出的车辆纵向动力学模型仍存在发动机强静态非线性、液力变矩器非线性、变速器有级档位、二次型空气阻力和制动系时滞特性等问题。针对非线性问题，主要有两种处理方法：一种是非线性建模方案，利用滑模变结构控制等非线性设计方法处理纵向动力学模型中存在的非线性问题；另一种是利用线性化方法将非线性对象转化为线性或准线性模型，如泰勒展开法、基于微分几何的输入输出线性化法及逆模型法等。对于发动机等强非线性对象，泰勒展开法不可避免存在较大的线性化误差，而且理论上变速器有级档位无法使用泰勒展开。基于微分几何的输入输出线性化法虽然理论上无线性化误差，但使用条件相对苛刻，不便于后续控制算法设计。逆模型法无苛刻的应用条件，不要求被控对象光滑连续，能够补偿纵向动力学模型中的非线性，是解决车辆纵向非线性问题的有效措施。

逆模型法需要建立车辆逆纵向动力学模型，通常包括驱动/制动模式切换、期望发动机力矩和制动力矩计算、逆发动机模型和逆制动器模型。其中驱动/制动模式切换根据实车试验数据获得，取怠速工况下不同车速所能达到的最大减速度作为切换加速度，为避免节气门、制动器频繁切换，通常在切换逻辑曲线上下两侧添加缓冲层，如图 12-4 所示。

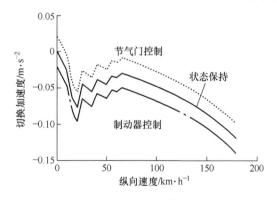

图 12-4 驱动/制动模式切换

逆发动机模型和逆制动器模型是相对于发动机模型和制动器模型来说的，其中，发动机逆模型根据发动机转速和需求转矩，通过插值得到节气门开度，如图 12-5 所示；制动器逆模型根据纵向速度和纵向减速度得到制动压力，如图 12-6 所示。

由于车辆动力学模型与逆模型逆向相反，将车辆逆纵向动力学模型、执行器模型和车辆动力学模型结合在一起，形成具有线性输入输出特性的广义车辆纵向动力学模型，如图 12-7 所示。

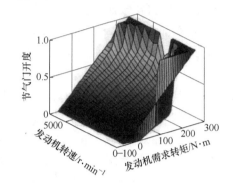

图 12-5　逆发动机模型

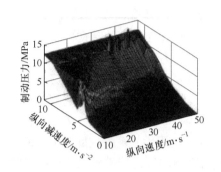

图 12-6　逆制动器模型

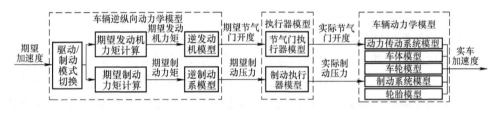

图 12-7　广义车辆纵向动力学模型

为了获取准确的广义车辆纵向动力学系特性，多采用系统辨识方法来获取车辆特性，最终获得一阶惯性环节传递函数形式为

$$\ddot{x}(t) = \frac{K_G}{\tau s + 1} u(t) \tag{12-10}$$

式中，$\ddot{x}(t)$ 为车辆的实际加速度；$u(t)$ 为期望加速度，即 ACC 上层控制器计算得到的控制输入；K_G 和 τ 为传递函数的系统增益的时间常数。

上述仅建立了车辆特性的模型，还需要结合车间状态，建立集成式纵向跟车模型，作为后续控制器设计模型。车辆纵向动力学的复杂性使得逆模型建模存在较大困难，而且模型误差会给控制器输出带来很大偏差；同时不同车辆之间的差异性使得控制器难以在不同车辆上进行移植，对每种车型都需要建立相应模型，增加了设计难度和工作量。

12.3.4　ACC 系统控制算法

ACC 工作模式如图 12-8 所示，可以实现速度控制（定速巡航）和距离控制（车距保持）。距离控制根据行车工况的不同，分为稳态跟车、前车急减速、前车急加速、旁车切入、前车切出、远处接近前车、主动避撞 7 种模式，而且要求模式切换时要平滑过渡。

如图 12-9 所示，ACC 控制多采用分层控制结构，上层（或外层）控制重点描述驾驶人跟车行为特性，根据当前的行驶环境，以驾驶人跟车模型为依据，输出安全跟车所需期望加速度；下层（或内层）控制依据上层得出的期望加速度或期望车速，通过节气门和制动器的切换控制，使得车辆的实际加速度能够追踪实现上层控制器期望加速度。

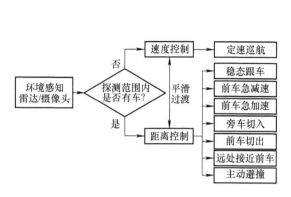

图12-8　ACC工作模式

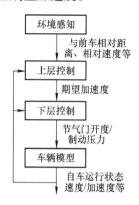

图12-9　ACC控制结构

针对ACC车辆的定速巡航功能，多采用PID算法对其进行控制。而ACC车辆的距离控制以及速度控制与距离控制之间的平滑转换是ACC控制的难点，很多学者做了大量研究。典型控制算法有PID控制、基于固定车距模型设计的滑模变结构控制律、基于二次车距模型设计的非线性解耦控制律、自适应车间时距的线性二次型控制律、模型预测控制等。

1）PID控制：控制方式简单，是经典的控制算法之一，在ACC中有较长时间的应有历史。例如，Zhang等人利用PID算法调整ACC系统的间距误差和相对速度，通过零极点配置理论选取控制参数；Yi等人将PI控制和前馈思想相结合，设计起-停ACC系统的下层控制，使得系统具有较快的响应速度，但鲁棒性较差。

2）最优控制：最优控制理论是在满足一定约束条件下，寻求最优控制策略，使得性能指标取极大值或极小值。ACC系统要求在满足安全车距、加速度等约束下，实现最佳跟车功能，是典型的最优控制问题。例如，Möbus等人将多目标ACC控制问题转化为求解有限时间约束最优控制问题，通过动态规划方法求得最优反馈控制律；Yi等人针对起-停巡航控制，提出车距控制算法，取状态变量和控制量的二次型为性能指标，采用线性二次型最优控制理论确定理想加速度。

3）滑模变结构控制：滑模变结构控制（Sliding Mode Control，SMC）根据系统所期望的动态特性设计滑模面，控制律使得系统从任意初始位置出发沿着滑模面到达系统原点。SMC对于克服ACC系统的模型扰动、变量时滞等具有重要意义，在ACC系统中得到广泛应用。例如，Lu等人基于动态滑模方法设计可变时距的ACC系统，并分析了闭环系统的鲁棒稳定性；Ganji等人利用SMC实现了混合动力汽车的自适应巡航控制；宾洋等人在研究其加速度动态响应非线性特性的基础上，设计了一种基于SMC的模型匹配控制器；Li等人从尽可能减少硬件成本而不影响期望性能和可靠性的角度，研究了一种自动跟车终端滑模控制器，该控制器只用到传统雷达信息，不考虑前车加速度信息。

4）模糊逻辑与神经网络控制：模糊逻辑（Fuzzy Logic，FL）用于表达界限不清晰的定性知识与经验。人工神经网络能够根据环境的变化，对权值进行调整，改善系统的行为。此两种方法均具有非线性、自适应性等优点，被广泛应用于ACC系统。例如，Naranjo等人针对ACC和SG-ACC，根据驾驶人经验提取出13条模糊规则，定义了速度误差、加速度、时间间距误差和导数 4 个模糊变量，分别设计了输出为节气门或制动的模糊控制器；Khayyam 等人提出了一种基于自适应神经模糊推理系统的 ACC 预测系统，旨在减少车辆的能量损耗；Hiroshi 等人研究了熟练驾驶人在使用 ACC 时驾驶行为的适应过程，使用神经网络描述了基于反馈误差学习策略的驾驶人模型；Alonso 等人将模糊控制用于城市交通的 ACC 系统，并用遗传算法对其关键参数进行优化，弥补了单纯模糊控制难以解决 ACC 复杂任务的不足。

5) 模型预测控制（MPC）：MPC 是 20 世纪 70 年代后期提出，近年来被广泛应用的一种新型控制方法。预测模型、滚动优化、反馈校正为模型预测控制的 3 个基本特征。例如，Corona 等人使用分段仿射系统的混合 MPC 方法解决跟车问题；Shakouri 等人把车辆的非线性动态模型进行线性化，得到线性时不变模型，将距离跟踪目标融入非线性 MPC。

12.4 现有主要问题

1) ACC 系统难以识别静态目标，道路的几何形状（倾斜、起伏坡道顶端、弯道等）和天气情况（大雪、暴雨、结冰等）都对 ACC 系统的功能起到限制作用。因此，将雷达和摄像头信息相融合，开展复杂行车环境下的 ACC 环境感知技术研究是必要的。

2) 因驾驶人跟车特性的多样性和非线性，以及前车状态的不可预知性，难以用统一或标准的安全距离模型和跟车模型来描述驾驶人的跟车行为特性，而且还要兼顾驾驶人的乘坐感受。因此，基于大量的驾驶人行为数据，开展驾驶人行为特性研究，使之能适应复杂多变的行驶环境，并有效地平衡行驶过程中的安全性、跟车性及道路的通行能力，是未来 ACC 研究的重点。

3) 车辆建模过程均对车辆动力学系统进行了不同程度的简化处理，没有全面考虑发动机模型的动态特性、动力传动系统的非线性及建模的不确定性对动力学特性的影响。因此，分析汽车多系统耦合的复杂系统动力学行为产生机理，建立考虑汽车动力学系统时滞、时变、耦合和强非线性特性的车辆模型是未来 ACC 的研究方向之一。

4) 虽然针对城市环境的起 - 停 ACC 系统已经量产，但是对于前车紧急加速、紧急减速、前车切出、旁车切入等复杂多变的行车环境，ACC 系统的可靠性和鲁棒性还有待进一步提高，同时，ACC 车辆还要受到自车加速度限值约束、安全距离限值、前车加速度不可控等影响。因此，开展基于前车运动状态预测的多目标（跟车性、舒适性等）协同控制算法研究是必要的，同时节能型 ACC 逐渐成为人们关注的热点。

5) 目前，ACC 仅用于车辆纵向的定速巡航和定距跟随，功能相对独立，缺乏与其他系统集成或协同控制，如 LKA、ESP 等。随着车载 ADAS 的不断普及，ACC 系统与其他 ADAS 的集成或协同控制是未来的发展趋势。

12.5 仿真案例分析

ACC 系统的仿真主要包括控制算法的仿真和系统建模的仿真。

张丽萍等人设计研究了一种 ACC 系统建模和分层控制方法，如图 12-10 所示。采用 PreScan 与 Simulink 建立了一种车辆纵向动力学模型，设计了具有上、下两层结构的 ACC 系统，控制器基于 MATLAB/Simulink 进行建模，上层结构通过最优控制理论计算出理想的期

望跟车加速度 α_{des}，下层结构将期望跟车加速度作为输入量对车辆进行相应的加速和减速控制，通过对汽车距离差和相对速度的计算和推理，实时调整本车加速度 α。结果表明，所建立的巡航控制系统可以较好地实现车辆自适应巡航功能，并且保证良好的跟车性、安全性和适应性。该控制算法具有响应速度快、超调量小、能够消除系统偏差等优点。

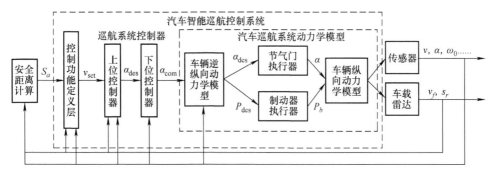

图 12-10　ACC 系统建模和分层控制方法

韩晶等人设计了一套自适应巡航系统，使用 Simulink 进行了模型搭建，搭建了跟车过程的道路及距离计算模型，对 ACC 系统进行了建模，并通过 PreScan 软件针对特定场景进行了仿真，如图 12-11 所示，仿真之后也验证了 ACC 算法的有效性。

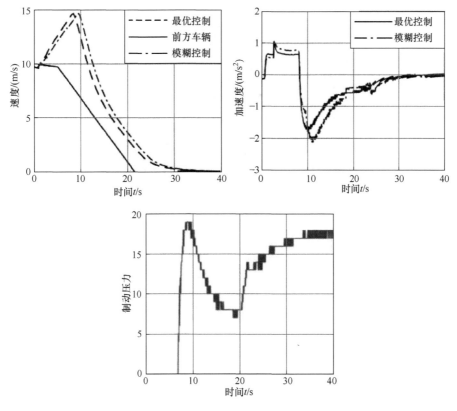

图 12-11　仿真效果

12.6 应用案例分析

Audi Adaptive Cruise Control 当前应用于奥迪旗下多种车型上的 ACC 系统,Audi Adaptive Cruise Control 相比于传统 ACC,还具有多种设置和功能。例如,驾驶人可以选择 ACC 的跟车距离,从而更改车辆与前方车辆的安全距离。此外,该系统还可以根据车速和车道情况自动调整车道偏离预警系统和制动系统的设置。

奥迪 Q6 车型还配备了交通拥堵辅助系统,如图 12-12 所示,该系统可以在低速交通情况下自动跟车和保持车道。这种技术可以缓解交通拥堵带来的疲劳和压力,并提高驾驶的舒适性和安全性。

图 12-12　Audi Adaptive Cruise Control 中控界面

特斯拉的自适应巡航控制系统 Autopilot 如图 12-13 所示。该系统包含自动紧急制动、自动前撞预警、侧撞预警等功能,可以自动制动和加速,并将车辆保持在车道内,并根据车道标线来控制车辆的转向。

图 12-13　特斯拉自适应巡航控制系统 Autopilot

第13章 自动紧急制动技术

13.1 AEB 简介与系统定义

近年来，汽车工业飞速发展，私家车的保有量也明显增加。与此同时，车辆保有量的增加也带来了交通拥堵、环境污染、交通事故等一系列经济和社会问题。表13-1 为近年来我国交通事故发生量。

表13-1 近年来我国交通事故发生量

年份	交通事故发生数/起	交通事故死亡人数/人	交通事故受伤人数/人	交通事故直接财产损失/万元
2015	187781	58022	199880	103692
2016	212846	63093	226430	120760
2017	203049	63772	209654	121311
2018	244937	63194	258532	138456
2019	247646	62763	256101	134618
2020	244674	61703	250723	131361
2021	273098	62218	281447	145036

汽车安全性一直被视作汽车最重要的特性，是汽车技术发展的一个关键驱动因素。目前，我国在汽车安全系统的研究上已经取得了一定的进展。汽车安全系统分为主动安全系统与被动安全系统两种：主动安全系统是指防抱死制动系统、紧急制动辅助系统等传统汽车安全系统，这类系统可以使得汽车的行驶更加稳定，缩短制动距离，降低汽车的碰撞率，但是这些系统必须在人工控制的状态下才能发挥出作用，没有办法预测和有效避免交通事故的发生；被动安全系统是指安全气囊、儿童安全座椅、安全带等安全系统，这类系统的作用仅仅是减少车祸所带来的损失，旨在碰撞发生后保障车内与车外人员免受或少受碰撞的伤害，然而无法避免交通事故的发生。随着业界各方的共同努力，汽车的被动安全技术已日趋完善，以预防危险事故发生为核心的主动安全技术已成为现代汽车技术发展的重要方向。因此，研制一种主动安全系统，为驾驶人提供自动警告与辅助制动的服务，可以弥补现有安全系统中存在的不足，有利于维护人们的生命与财产安全。

美国国家公路交通安全管理局（NHTSA）的一份调查显示，由驾驶人因素造成的道路交通事故占交通事故总数的90%，由车辆自身机械故障等因素造成的交通事故仅占3%。在道路交通事故中，追尾事故约占事故总数的20%。而在追尾事故中约49%是因为驾驶人已经意识到危险而采取制动措施，但因为制动力不足而引发事故；20%是因为驾驶人发现危险但制动时机过晚，已经不能避免事故发生；31%是因为驾驶人分神、注意力不集中而没有采取制动措施而发生的。随着主动安全技术的不断发展，AEB对行车安全的提升有显著效果，美国公路安全保险协会（IIHS）、研究发现90%的交通事故是由驾驶人的注意力不集中而引起的，装备了AEB的车辆可以降低27%的事故发生率，其中追尾发生率可降低38%，并能明显减少事故伤亡。随着现实需求激增，汽车安全技术的发展日益完善，AEB系统越来越多地应用到车辆上。

根据IIHS的调查显示，如果车辆配备AEB系统，则车祸发生的概率会下降43%，在AEB系统启动前，若采用声光等措施对驾驶人提前预警，则可以将事故发生的概率下降64%。此外，奔驰公司对大量交通事故数据进行分析，发现在碰撞事故发生前0.5s对驾驶人进行预警并执行避撞操作，则可以使追尾事故、正碰事故和侧碰事故分别减少60%、40%和30%。德国ADAS在测试AEB性能时主要进行有效性测试及误报可靠性测试，在有效性测试中，主要关注系统的预警策略和制动性能，在误报可靠性测试中，主要对误报临界状态进行测试，防止误报发生率过大对驾驶人行驶安全造成影响。

近年来，在保险业、汽车安全组织和政府的共同推动下，AEB成为越来越多车型的标配，各家车厂都积极发展、配备到出厂的新车上，纷纷将AEB功能等作为新车上市的重要卖点之一。随着自动驾驶的发展，AEB可能还会向着更高性能发展。AEB是在车辆处于紧急工况下通过主动制动方式来缓解或者避免碰撞的主动安全技术，属于一种汽车安全辅助驾驶系统。根据欧盟新车安全评鉴协会（Euro NCAP）定义，当汽车感知到即将发生碰撞时，系统自动进行制动来降低车速，并避免可能的碰撞，称为自动紧急制动（AEB）。AEB种类根据不同路况主要分为城市AEB、城际AEB及行人AEB，其系统的功能由前车探测系统、多数据融合算法、制动执行机构共同实现。当系统计算出车辆的碰撞风险达到临界报警点（t1）时，系统会通过视觉、声音等方式向驾驶人发出预警，提醒驾驶人提前做出避免碰撞的操作；如果驾驶人没有对预警及时做出正确反应操作时（t2），系统会加快预警频率，同时通过轻微振动制动踏板或转向盘等额外的方式向驾驶人发出警告，系统此时会通过点制动、发动机转矩限制等方式进行部分主动制动；当系统计算的碰撞危险程度达到临界制动点（t3）时，已经无法人为避免与前方目标碰撞，系统会进行自动全制动来缓解或避免碰撞，其原理图如图13-1所示。该系统不同的汽车生产厂家有不同的名字，如丰田的PCS（Pre Collision System）、奔驰的PRE - SAFE系统，以及本田的CMBS（Collision Mitigation Brake System）等，但工作原理是相同的。

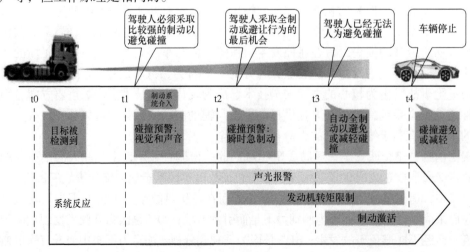

图13-1 AEB系统原理图

2013年底,IIHS正式将AEB纳入测试项目,欧洲的Euro NCAP也在2014年将AEB纳入测试项目。中国新车评价规程(C-NCAP)在2018版测试项目中正式加入AEB的测试。

13.2 AEB的工作原理

当驾驶人起动汽车时,功能会自动开启,环境感知模块的传感器(毫米波雷达、激光雷达、摄像头)就会去探测环境周边的状况,探测出的情况会由信号传到数据分析决策模块(ECU),然后计算出与前方行人或障碍物的碰撞的概率,如果有危险发生,制动执行模块会依次通过图片、声音、振动转向盘的方式提醒驾驶人,如图13-2所示,当遭遇紧急危险时,汽车会帮助驾驶人进行制动,从而避免或减轻碰撞。

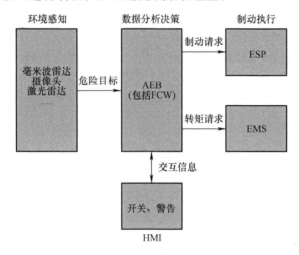

图13-2 AEB工作原理示意图

13.3 AEB系统功能

AEB系统是主动安全技术,它由环境感知模块、决策模块和制动执行模块组成。在信息采集方面,主要依靠毫米波雷达、摄像头及激光雷达等传感器识别车辆行驶过程中前方的障碍物,将自车及前方障碍物的实时信息通过车载网络传给AEB系统的数据分析决策模块,数据分析决策模块通过分析数据判断当前本车所处的危险状况,当存在碰撞风险时会通过声光等方式向驾驶人传递警告信息,若驾驶人没有采取有效措施,此时数据分析决策模块会向车辆的制动执行模块发送信息,告知采取制动措施,避免事故的发生。

1. 环境感知模块

环境感知模块主要通过各类传感器(视觉、雷达、高精度定位和导航)、车内网技术、4G/5G及V2X无线通信等,收集车内车外(人、车辆、障碍物)的信息,并向数据分析决策模块高速输送信息。测距技术是汽车防碰撞最基本、最关键的技术,它会对前车、行人或者前方障碍物进行精确的测量,与AEB的准确性、有效性有直接关系,所以对测距技术有以下要求:①系统要求测距传感器测量的时间和接收时间尽量越短越好,还必须拥有非常快的信号传输速度，需要有实时性；②由于汽车行驶时，周围环境多变、电磁干扰较多、工作时温度范围变化较大，所以需要一定的稳定性、环境适应性、抗干扰性；③一定的角度范围和垂直角度，由于距离不断变化，所以需要比较高的分辨率；④较小的电磁辐射。运用到汽车上的测距传感器包括超声波传感器、激光雷达、摄像头（单目、双目）、毫米波雷达，优劣对比如图13-3所示，根据测距传感器的性能不同，运用到汽车的测距方法也不同。

类型	摄像头	激光雷达	毫米波雷达	超声波传感器
功能	利用计算机视觉判别周围环境与物体，判断前车距离	障碍检测、动态障碍检测识别与跟踪、路面检测、定位和导航、环境建模	感知大范围内车辆的运行情况，多用于自适应巡航系统	探测低速环境，常用于自动泊车系统
优势	成本低、硬件技术相对成熟、可识别物体属性	精度极高、分辨率高、抗干扰性强、探测范围大	全天候工作、探测距离远、性能稳定、分辨率较高	成本低、近距离探测精度高、不受光线条件的影响
劣势	易受恶劣天气影响、难以精确测距	成本高、工作容易受天气的影响，如雨雪、大雾等	探测距离受到频段损耗的制约，感知行人能力弱，对障碍物无法精准建模，探测角度小	受信号干扰、探测距离短

图13-3　传感器的优劣对比

毫米波雷达利用多普勒效应测量速度。它是工作在毫米波波段探测的雷达。一般毫米波的频率为30~300GHz。发射电磁波后，根据遇到障碍物反弹回来的电磁波波长对其进行不断测量，并计算出与障碍物的相对速度和距离。毫米波雷达的优点是探测性能稳定，不轻易受障碍物的形状、颜色和大气流的影响；缺点是需要防电磁波干扰，雷达彼此之间的电磁波和其他通信设施的电磁波对其测距性能都有影响。

随着ADAS使用量增加，各个国家都极力推荐AEB系统，"4中短+1长"的毫米波雷达逐渐成为AEB的标配。毫米波雷达主要由天线、收发系统、信号处理系统组成，工作原理如图13-4所示，收发芯片和天线印制电路板是其核心。目前汽车市场上主要使用的毫米波雷达频段如下：①24~24.25GHz，特点是频率较低，带宽比较窄，只有250MHz，应用于盲区检测、变道辅助；②77GHz，特点是频率较高，国际上允许的带宽高达800MHz，应用于紧急制动、自动跟车等主动安全功能；③79~81Hz，特点是带宽非常高，要比77GHz高出3倍以上，具有非常高的分辨率（雷达能区分两个物体间的距离），可以达到5cm。77GHz的毫米波雷达是目前前向环境感知方案中的主流传感器，其主要的优点有：探测距离为150~200m；抗干扰能力强，而且不受光照、降雨、扬尘、下雾或霜冻影响，工作稳定；探测距离、位置和方向准确。欧盟限制了24GHz车用毫米波雷达的发射功率，仅用于短距离雷达，而77GHz相对独有。

激光雷达主要由发光二极管、反射镜、电动机、角度编码器和控制电路等组件组成。利用发射的红外激光和接收到发射的激光所需时间来计算物体的距离。激光雷达的工作原理和无线电雷达基本吻合，在工作过程中，通过发射系统来发射信号，碰到障碍物时被反射，由接收系统来收集，物体的距离是通过往返信号的时间来确定，如图13-5所示。激光雷达测

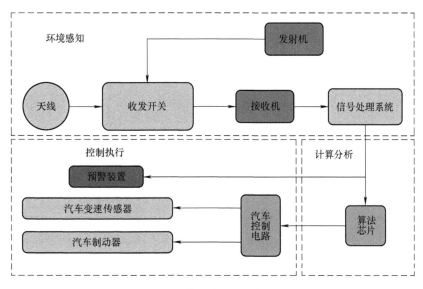

图 13-4　毫米波雷达工作原理

距有三种。第一种是激光飞行时间法：通过光脉冲在物体和雷达飞行的来回之间的时间与光速相乘再除以 2 就可以算出距离。第二种是三角法：由入射光和反射光构成一个三角形，对光斑位移计算运用三角定理，从而计算出距离。第三种是调频连续波法：通过多普勒效应等光的波动变化来测算发射光谱频率和接收光谱频率差异，从而计算出距离。激光雷达的优点是测量时间短、量程大、精确度高；缺点是稳定性和可靠性有待提高，体积受限。

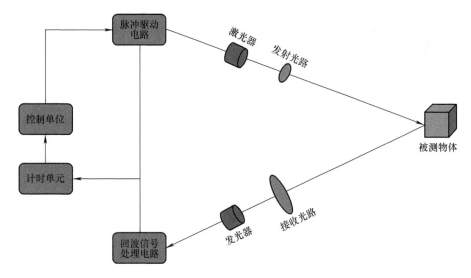

图 13-5　激光雷达工作原理

AEB 安装在汽车上的摄像头有两类。一类是单目摄像头，它需要对前方障碍物进行识别，精确识别之后再进行测距。它一般被放置在后视镜底座，目的是能够有更开阔的视线，并且左右偏移都不能相差太多，如果摄像头和汽车之间的坐标系过大会极大地影响测量前方的障碍物。而且，摄像头也得安装在刮水器的操作范围之内，确保可以清晰地看见前方目标。另一类是双目摄像头，比单目摄像头多了一个镜头，它利用仿生学的原理来模仿人类的眼睛，从而实现立体感，它通过画面的视察来进行测距，因此并不需要了解前方目标具体是什么。单目摄像头的缺点是需要实时更新数据来识别出前方是什么物体，而双目摄像头的缺点是需要经过大量计算才能测距，并且成本很高。双目摄像头的工作原理如图 13-6 所示。

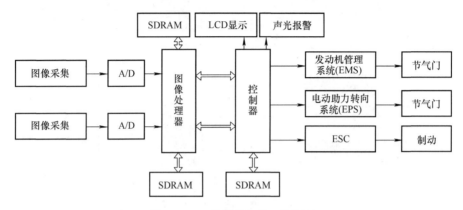

图 13-6 双目摄像头的工作原理

超声波传感器是泊车辅助系统的重要组成部分，它向汽车后方发射出超声波，碰到目标就会反射回去，当反射波反射到雷达计时就会结束，从而计算出汽车尾部和障碍物之间的距离。超声波由超声波传感器、控制器、显示器等部分组成。它可以通过声音更加直接地帮助驾驶人测量到障碍物的距离，更好地帮助驾驶人泊车和倒车，并弥补了汽车的视野缺陷和模糊的视角。现在汽车上的倒车雷达大多使用超声波传感器，当驾驶人开始倒车或者泊车时，就可以启动超声波传感器。图 13-7 所示是超声波传感器工作原理。

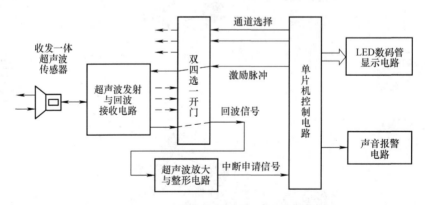

图 13-7 超声波传感器工作原理

2. 决策模块

决策模块的主要功能是将环境感知模块所带来的信息与车辆本身的信息一起传递到 ECU 数据分析模块内进行分析、处理之后做出决策，并向制动执行模块发送指令。数据分析决策模块示意图如图 13-8 所示。它的作用主要是安全车距计算和评估危险，合理判定"临界安全车距"，有效避免碰撞是最基本的要求。此外，单纯考虑安全性而追求大数值的安全距离，会引起系统的频繁警告，失去警告意义，也影响到驾乘人员的主观体验。因此，选取合适的安全距离模型对 AEB 系统的性能有着非常重要的影响。

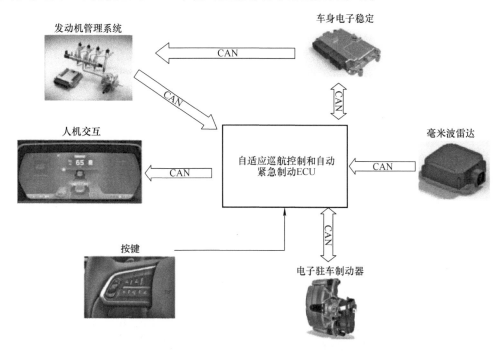

图 13-8 数据分析决策模块示意图

3. 制动执行模块

当车辆遇到突发危险而驾驶人来不及反应去制动或制动过晚、制动力过小时，AEB 系统会适时介入帮助驾驶人增大制动。在执行制动前，系统会去提醒驾驶人，让驾驶人有心理准备，让他自己去处理。在预碰撞阶段，系统会用警告的方式提醒驾驶人并对制动盘增加压力，收紧安全带，但制动力一般是 30% 左右。驾驶人如果干涉也可以避免碰撞。在部分预警碰撞阶段，系统会帮助驾驶人打开双闪并把制动力提高到 70%，如果驾驶人干涉，还是可以避免碰撞。当到了全力碰撞预警时，系统会将制动力增加到 100%，而且会忽略驾驶人的干涉。整个执行过程持续时间非常短。

13.4 AEB 的仿真实例

AEB 的出现对自动驾驶技术的发展具有里程碑的意义，它标志着自动驾驶所依赖的制动执行系统在硬件上得到了充分实现。目前，市场上主要基于视觉传感器、毫米波雷达和激光雷达三种方式实现 AEB。出于成本考虑，国内主要采用前两种方式。第一种是利用单目/双目摄像头采集图像，识别障碍物并发出制动指令的"视觉派"；第二种是利用毫米波雷达判定前方障碍物，测量与障碍物的相对运动趋势并发出制动指令的"雷达派"。这两种技术各有优劣。于是就有了第三种方案，将摄像头和毫米波雷达进行融合，相互配合共同构成汽车的感知系统，取长补短，实现更稳定可靠的 AEB 功能。Euro NCAP 将 AEB 的评价工况分为 AEB City（城区）和 AEB Inter–urban（城际），未来还准备加入 AEB Pedestrian（行人）

工况。AEB City 主要针对城区低速工况的防追尾碰撞,其感知装置通常是位于前风窗玻璃后面的激光雷达,起作用的车速为 10~50km/h,有效间距为 6~8m,低速 AEB 通常也不需要预警和部分制动,而是直接制动停车。AEB Inter-urban 主要针对城际中高速行驶的防追尾碰撞,其感知装置通常是远距离雷达(如毫米波雷达),起作用的车速为 30~80km/h。中高速 AEB 通常会包含预警、部分制动和完全制动。对于 AEB Pedestrian,行人碰撞避免的感知装置主要是摄像头(包括红外装置),通常还用雷达作为辅助判断。行人碰撞避免的难点在于精确识别行人的软件算法,以及避免在行人平行通过等情况下误制动。

13.5　AEB 系统的局限性

当前 AEB 的使用具有局限性:第一,AEB 对工作速度有着极大的限制,由图 13-9 可以看出,车速越快,AEB 起到的作用越弱;第二,AEB 识别车辆较快,对行人和骑车人需要比较长的探测时间,碰撞时的车速仍然比较高;第三,AEB 系统很难及时识别被前车或侧车遮挡情况下突然出现的车辆、行人和骑车人;第四,针对盲区明显、车辆转弯、迎面而来的交叉车流或转弯车、对面来车突然变道等情况,AEB 基本无效;第五,对于摄像头为核心的 AEB 系统,恶劣天气、低照度情况或高亮度情况下很难发挥效果。

2021版C-NCAP AEB测试场景

测评项目	事故场景	场景描述		
		目标物	本车	碰撞位置
AEB车对车	CCRs	前车静止	20~80km/h直行	-50%、100%、50%
	CCRm	20km/h直行	30~80km/h直行	-50%、100%、50%
AEB车对行人	CPNA白天	5km/h穿行	20~60km/h直行	75%、25%
	CPFA白天	6.5km/h穿行	20~60km/h直行	50%、25%
	CPFA夜晚	6.5km/h穿行	20~60km/h直行	25%
	CPLA白天	5km/h前方直行	20~80km/h直行	50%、25%
	CPLA夜晚	5km/h前方直行	20~80km/h直行	50%、25%
AEB车对二轮车	CBNA自行车	15km/h穿行	20~60km/h直行	50%
	CSFA踏板式摩托车	20km/h穿行	30~60km/h直行	50%
	CBLA自行车	15km/h穿行	20~80km/h直行	50%、25%

图 13-9　2021 版 C-NCAP 基于高频的实际交通事故场景 AEB 功能测评

第14章 自动泊车

自动泊车系统（Automatic Parking System，APS）也可以称为自主泊车系统，是指汽车可以自动识别停车位，从而进行车辆停车过程的路径规划，控制车辆驶入车位的一种辅助驾驶系统。按照停车方式，它可以分为垂直停车和平行停车，垂直停车一般是在停车场中停车时的状态，平行停车一般是在道路两侧停车位停车，也可以称为侧方位停车。随着相关研究的深入，自动泊车系统正在从半自动泊车（仍需要驾驶人进行辅助操作）向全自动泊车发展。

根据公安部发布的我国历年汽车保有量数据，2024年6月底，我国汽车保有量为4.4亿辆，按照城市停车规划导则中车位与汽车数量的最小比例进行车位需求量估算，2022年底，国内停车位需求量达到3.14亿个，然而实际车位量与需求量还是存在较大的缺口。根据人民日报调查，2022年，车位缺口已经达到1.62亿个，车位供给不足随之为人们日常生活带来诸多问题，如交通拥堵、交通事故等。对于车位供给短板，政府推行了一些措施与意见，如推进停车设施规划建设、加快停车设施提质增效、加快补齐城市车位供给短板、改善交通环境、推动高质量发展。然而，这些措施并没有很好解决快速增长的汽车保有量所引起的问题。车位供给不足、停车难等问题仍然困扰着很多大城市车主，严重情况下也会造成一些剐蹭事故，这也就造成了自动驾驶的最后一公里问题，"泊车难"的问题困扰着很多驾驶人。

采用自动泊车技术可节省车主的时间和精力，有效提高日常生活中的停车效率和安全性，帮助驾驶人在停车区域准确地找到车位并停车，但是当没有此功能时，驾驶人就必须全神贯注地控制车辆的档位、转向盘与车速，同时还要时刻关注周边情况，以免发生安全事故。这种具备辅助泊车功能的车辆，可以极大缓解驾驶人身心压力，尤其是对新手和有停车困难的老人。此外，泊车辅助功能也能够有效地缓解交通阻塞，缩短对车道的占用时间。

14.1 自动泊车简介

自动泊车技术（图14-1）属于智能化技术，在汽车事业发展的进程当中，具有极为关键的作用，对于推动汽车技术的进步意义重大。自动泊车系统主要由传感器、控制单元、执行器及人机交互系统等共同组成，能够有效识别周围环境，借助传感器传达信息，通过人机交互系统对其进行指挥操作，最后由控制单元发出指令，借助执行器完成自动泊车功能。

其中，传感器能够对周围数据进行有效采集，并且还能够针对汽车自身的状态进行全面感知。针对数据收集，往往会通过两种方式，分别为图像采集和距离探测，前者借助摄像装置来完成，后者则通过超声波技术来完成。这样便能够有效采集周围环境数据及停车位的具体情况，针对汽车自身的状态，可以借助轮速传感器、陀螺仪等对汽车运动过程中所产生的数据信息进行有效检测。控制单元主要负责接收信号，借助传感器获取信息之后，便将收集到的数据传递给控制单元，控制单元有效分析当前停车位的相关数据，进而对该车位是否能够完成停车进行判断，并规划出最适合的停车路线。不仅如此，控制单元还能够将停车的整个过程所需要用到的转向、转角等数据，通过信号的形式发给执行器，最终由执行器完成相关操作命令。而执行器作为重要的执行机构，能够按照控制单元提供的指令进行操作，进而使汽车完成自动转向及停车。

图 14-1　自动泊车技术

在实际操作过程中，汽车需要泊车时，通过前方的雷达或者摄像头，查看到合适车位时，便可以将车位的具体信息传递给控制单元，控制单元经过分析，发现满足泊车条件，便借助人机交互系统传递给驾驶人，驾驶人可以通过提示的语音或者屏幕，对目标车位进行确认，如果驾驶人认可该车位，则可以选择同意，最终由控制系统按照所规划出的最适合路线，向执行器发出指令，最终由执行器完成一系列停车操作。在执行过程当中，也可以对车辆的运动状态进行实时感知，并且将数据及时反馈给控制系统，便于控制单元及时做出命令调整，使停车的整个过程更加安全可靠，真正实现智能化控制。

14.2　技术框架

自动泊车技术系统框架如图 14-2 所示。

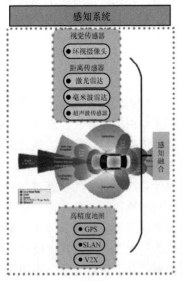
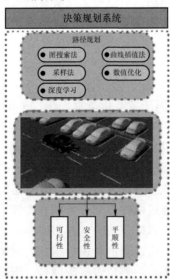

图 14-2　泊车技术系统框架

1. 检测识别

车位检测技术是自动泊车技术中的关键技术之一，目前在应用车位检测技术进行自动泊车时，主要采用两种方式，一种是通过超声波传感器完成自动泊车操作，另一种是借助超声波传感器及图像传感器共同作用，进而实现自动泊车功能。对目标停车位的检测识别是自动泊车系统的一个重要组成部分，市场上大多数（半）自动泊车系统产品都是通过用户界面，以超声波传感器（通常安装在车辆的两侧）为基础来指定目标停车位的位置。同时，全景式监控影像（Around View Monitor，AVM）系统已成为停车辅助产品，一些汽车制造商已生产了配备此系统的车辆。AVM 系统通过将由三台或四台摄像头采集的大量图像拼接在一起，来生成车辆 360°周围环境的鸟瞰图图像。显示 AVM 图像有助于驾驶人在停车操作期间轻松识别停车位标记和车辆周围的障碍物。以下针对这两种方式，简单分析车位检测技术的具体应用。

在应用车位检测技术进行停车的过程中，利用超声波传感器的方式较为普遍，在实际应用时，当汽车需要完成停车操作时，可以通过超声波传感器，对车辆周围环境的各项数据进行全面检测，包括与其他车辆的距离、车位长度、宽度等，能够做到精准测定，进而通过计算系统对车位的具体情况进行有效计算，查看是否符合停车需求。例如：Run Rain – Shine 将超声波传感器测量的车位长度与车位的实际情况进行了科学比对，而后根据探测结果对探测器进行了进一步修正，如此一来，便有效提高了超声波探测的精准度；Park 主要针对不同的超声波传感器进行了有效测试，进而对各个情况下的车位进行数据探测，通过对其结果进行研究，发现将超声波传感器安置在对角位置，能够更加有效地测量车位数据信息，并且准确度高、速度相对较快，具有重要的应用意义。

此外，随着我国科学技术的快速发展，在图像处理和模式识别方面取得了全面进步，这也给自动泊车技术带来了进一步优化，使机器视觉系统在自动泊车当中得到了有效应用，推动汽车自动化程度进一步加深。随着图像处理技术的融入，自动泊车系统在工作过程中，能够充分发挥超声波传感器和图像传感器的功用，充分获取距离位置信息和图片信息，并将二者进行充分融合，如此能够更加清晰明确地判断车位具体情况，以及是否满足泊车需求。通过实践证明，将超声波传感器和图像传感器进行充分结合，能够在车位识别过程中更加精确，识别形势也呈现多样化特点，对于推动汽车智能化发展具有重要的意义和作用。例如，在实际应用过程中，通过中央处理器可以将超声波传感器和图像传感器中收集到的数据信息，进行收集整理，进而使泊车系统有了视觉特效。此外，上海交通大学通过不断研发，充分利用双目视觉和陀螺仪，能够充分构建三维数据模型，及时查看车位周边情况和障碍物，并对汽车本身位置进行有效测量，如此更有利于提高自动泊车的准确性。通过对车辆里程和图像数据信息的收集，形成了 3D 虚拟模型，能够更好地帮助驾驶人快速找到车位。Nandugudi 等人分析了一种有趣的方法，该方法利用诸如加速计之类的用户智能手机传感器来检测用户活动，以确定他们是在停车还是要离开。后台应用程序读取传感器数据，并巧妙地使用此信息来判断某个停车场是否有空位。

2. 路径规划

自动泊车路径规划属于自动驾驶路径规划的一部分，泊车阶段的路径和其他场景下的路径规划不太相同，需要车辆前进、后退、换档较多，因此需要规划出多段路径。相比于通过不断搜索阶段来规划出初始路径，再使用平滑方法进行处理得到最终路径的方法，如

图 14-3 所示，使用几何曲线对多段路径进行组合计算的方式在路径规划方面效率高、计算量小，更容易在工程中实现量产。

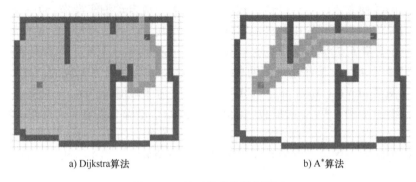

a) Dijkstra算法　　　　b) A*算法

图 14-3　基于搜索的规划算法

路径规划是指借助传感器获取的泊车可行驶区域，并结合车辆的几何参数，预先规划出一条理想的泊车轨迹。平行泊车如图 14-4 所示。平行泊车常用的是确定公法线加相切圆弧的方案规划设计一条可行的期望路径轨迹。泊车时，存在泊车路径不连贯、需要反复调整的问题，许多研究者通过算法设计优化泊车路径，如粒子群算法、遗传算法等。李红等人提出基于 B 样条理论的平行泊车路径规划方法，该方法综合车辆停放要求，以 B 样条路径曲线控制点为变量，以泊车终点处车身方位角最小化为目标，建立了含有避障约束等多个约束的泊车路径函数。用该方法对多个泊车工况进行路径规划并仿真，结果表明基于 B 样条理论的泊车路径规划方法可得到较优的泊车路径。

垂直泊车如图 14-5 所示。垂直泊车过程与平行泊车类似，也需要考虑避撞、转向等约束条件，对路径进行平滑，而且垂直泊车存在泊车空间狭窄的问题，尹刚分别对理想条件下的单步垂直泊车和狭窄泊车环境下多步垂直泊车进行路径规划，并采用了粒子群优化算法理论优化路径，对优化前后的路径进行对比，优化后的路径不仅能实现安全无碰撞地进入目标车位，而且缩短了车辆的行驶长度。

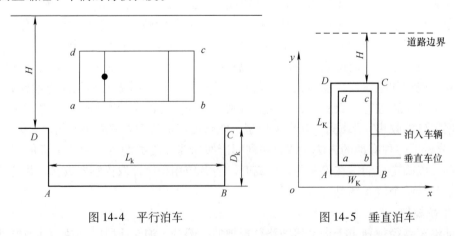

图 14-4　平行泊车　　　　图 14-5　垂直泊车

在路径规划方面，Hyumki 等人提出一种 KPP 规划算法，在该算法中使用了两种类似机器人的汽车运动方式，分别为平移运动和最大转角的旋转运动，通过以上方法简化车辆的运动模式，从而使得该算法在计算规划路径过程中有很短的时间消耗，通过和 RRT 算法的仿真比较验证了 KPP 算法能够计算不同工况的泊车路径，同时在耗时方面有着很大优势。Zhang 等人建立一种基于几何算法的路径规划算法，在考虑运动约束的前提下，构造圆弧和直线组合的路径，并通过 B 样条插值方法对路径的曲率进行平滑优化，最终得到一条平滑的泊车路径且通过仿真验证了算法的可行性。

Ferhat 等人提出一种针对大型车辆的逆向规划方法，规划的流程是是从库位中的目标点向起点进行规划，在库位内部的每次运动，都是运动到库位的边界，同时根据车辆在车位中不同的碰撞情况划分不同的状态，通过在库位内部只考虑车辆的驶出、在库位外部进行姿态调整的形式，逐步将车辆从库位内解救出来，最后通过试验验证，在多种大型车辆试验中，该算法相比其他算法性能提高了 48%。

胡杰等人使用分段路径规划，将整体路径分解为多项式曲线和圆弧曲线的组合，并通过设置评价函数选取最优的曲线路径，最后通过仿真试验与双圆弧路径进行性比较，验证了该方法在路径曲率平滑方面的优势。徐远征等人在快速搜索树（RRT）算法的基础上进行改进，使用逆向搜索树进行搜索，并使用 Reeds – Shepp（RS）曲线进行尝试连接目标点，在已完成搜索的区域使用 RS 曲线进行优化，同时在采样时利用高斯分布减少搜索量，试验结果表明该方法比常规的 RRT 算法搜索效率要高，并且在车位内没有过多的无用位姿调整，性能上也有很大提升。

根据上述研究情况可以发现，自动泊车过程中的路径和一般的路径不同，泊车过程的路径相比普通的路径而言分段较多，并且会有多次前进、后退、换档操作。因此在自动泊车路径规划过程中，从起始点到目标停车位的路径模式比较固定，可以使用有限的分段路径组合进行完整路径的规划。通过搜索栅格中的节点进行规划初始路径和在一定范围内随机采样的规划方式计算量比较大，同时规划出的路径需要进一步平滑处理。而使用几何算法进行路径规划计算量相对较小，同时曲线组合在规划路径的同时就已经考虑了车辆的运动学约束，并将路径分段进行分别规划，很大程度上提高了自动泊车路径规划的效率和鲁棒性。

在几何路径规划中，最常见的就是圆弧和直线的组合。圆弧和直线组合而成路径的方式简单方便，但是在两种几何曲线相交的位置会出现曲率跳变的现象。针对规划路径曲率约束的问题，Yu 等人提出一种使用径向基函数神经网络训练贝塞尔曲线控制点的方法，通过模拟人类驾驶人行为，使用弧线规划初始路径，然后使用五次贝塞尔曲线进行拟合，最后通过建立径向基函数神经网络进行训练，得到贝塞尔曲线中间的四个控制点的坐标，并通过仿真试验验证了该方法在曲率连续和曲率约束方面的有效性。相关研究人员提出在使用圆弧和直线组合的基础上使用 B 样条曲线进行优化，将路径转化为连续曲率的路径。还有研究人员在进行路径规划的过程中考虑其他车辆的动态运动对本身路径的影响进行路径规划。

自动驾驶系统中由于内外因素，总会存在路径跟踪控制有误差和初次规划出现的路线中出现障碍物的情况，若误差过大会导致最终的泊车任务失败。针对此问题，Zhou 等人提出一种基于预设模式的二次规划的几何规划算法，通过预先设计 24 种不同工况下的直线加圆弧组合的路线，然后通过遍历的方式匹配选择上述路径组合来规划当前的路径，最后通过仿真与 RRT 算法比较，验证了该预设模式算法在规划性能上的优越性。针对沿着原路径行驶会发生碰撞风险的问题，Cai 等人提出一种基于几何规划的再规划方法来提高系统的鲁棒性，通过系统生成一个考虑控制误差因素的目标线集，使车辆在任何位置都可以生成一条到达开始停车位置的路线，经过仿真验证，在比较狭窄的工况中，该方法在计算时间、调整次数和规划成功率方面都有着良好的性能。针对四轮转向汽车自主泊车路径规划问题，张家旭等人使用 D*Lite 算法进行全局路径规划，然后使用动态窗口法和基本的圆弧组合方法，提出一种可以在动态障碍物存在情况下自主避障的路径规划方法。

3. 跟踪控制

在确定好车辆泊车过程的路径后，下一步的工作是控制车辆跟踪规划好的泊车路径安全行驶进入停车位。目前，基于人工智能的方法，如模糊逻辑、遗传算法、神经网络和混合智能技术已经引起了研究者的广泛关注。人工智能被认为是自主停车系统克服传统方法的局限性和问题的关键因素之一。自动驾驶过程中，设计的控制器跟踪性能决定了整个系统的性能，其中常用的车辆模型包括阿克曼转向模型和线性车辆模型，分别如图 14-6 和图 14-7 所示。国内外的研究人员对控制算法的研究中，发现在控制过程中存在的问题主要有跟踪精度、时滞延迟及车辆横纵向控制不同步的问题。

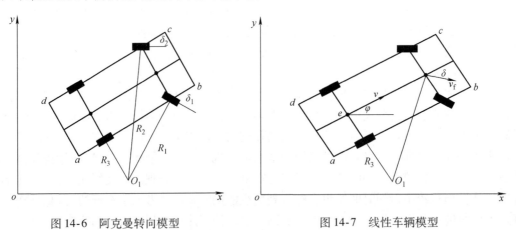

图 14-6 阿克曼转向模型　　　　　图 14-7 线性车辆模型

模糊控制系统是以模糊数学、模糊语言的知识和模糊逻辑的规则为理论基础，采用计算机控制构成的一种具有反馈通道的闭环控制系统。模糊控制无须被控制对象有完备精准的数学模型，故对于难以创建模型的控制对象来说，如 APS，是一种良好的控制方法，而且它可以弱化参量变化和不可避免的干扰产生的影响，使系统在误操作、异常情况下也具有良好的稳定性。王芳成设计了可实现自动泊车的模糊控制器，并通过 MATLAB/Simulink 进行仿真分析，验证了控制器的可行性。

强化学习属于人工智能的一个领域，是在多次迭代中自主地重新修正算法来进行学习，其完全根据规则自我进化，没有人类主观经验的干预，使得最终系统的性能超越了人类水平。针对在轨迹跟踪过程中出现的路径跟踪精度问题，Zhang 等人将强化学习引入端到端的停车算法中，使车辆在不同停车位多次停车的尝试中不断学习，使其在不同的停车位学习最佳的转向盘转角，从而避免路径跟踪控制过程中的误差，最后通过实车试验验证了该方法比基于路径规划和跟踪控制方法的停车效果更符合标准。例如，在计算机游戏模拟环境中，利用强化学习训练的智能体可达到经验玩家的水平。张继仁等人提出了一种基于强化学习的泊车运动规划，基于蒙特卡洛树搜索和初始的神经网络，结合车辆模型，对不同库位、起始位置进行仿真，产生数据；然后建立安全性、舒适性相关指标对数据进行评价，利用筛选后的最优数据来更新网络。该更新网络又用到下一次迭代产生数据中，从而为蒙特卡洛树搜索提供更强的搜索引导。这样使得产生的泊车数据质量不断提升，学习到的泊车策略不断增强，最终收敛到最优，从而达到自主学习的目的。

针对在有限空间内泊车过程中的轨迹跟踪控制精度问题，Das 等人研究了基于超声波传感器的平行泊车控制算法，提出一种基于模糊反馈前馈的并联泊车控制方法，通过试验对比模糊控制和常规横向控制的性能，验证了该算法在纵向辅助横向控制的优势。Zhang 等人基于 GPS 信号进行预瞄，并采用纯跟踪算法计算车辆的前轮转向角，同时利用滑模控制和变论域模糊控制的结合，来设计最终的横向控制器，实现了比较精准的跟踪效果。

Chen 等人考虑了路面附着系数对路径跟踪效果的影响，通过卡尔曼滤波对车辆的状态和路面条件进行估计，之后通过模型预测控制器对前轮转向角进行补偿计算，从而提高了车辆在速度较大或附着效果较差工况时的跟踪效果和抗干扰的能力。Sánchez 等人针对路径跟踪过程中存在障碍物的问题，根据非线性模型预测控制，在其中引入额外的辅助轨迹对其进行拓展，使用在目标函数中添加附加项的方式来代替添加新约束的方法实现避障控制，在保证有效避障的同时，也保持了后续优化问题的可行性。

赵治国等人使用预瞄控制进行路径跟踪控制器的设计，在分析不同的预瞄距离产生的不同控制效果后，验证了预瞄距离过大会导致跟踪误差大，预瞄距离小会导致车辆来回摆动，最后使用粒子群算法对预瞄距离进行优化，设计了预瞄距离自适应的控制器，并验证该方法在跟踪精度、跟踪稳定性等方面的良好效果。有研究者同样研究了基于预瞄的路径跟踪控制器，通过模糊控制和神经网络对预瞄距离进行自适应调节，同时利用遗传算法对模糊控制算法进行了优化。

在控制存在时滞延迟方面，Hua 等人针对控制过程中的时滞影响问题，提出了一种不确定云推理模型，将车辆转向角的实际误差作为输入参数，并将设定的多维云模型的单规则推理结合，构成多维度的推理规则，根据规则修改控制量的比例系数，从而降低时滞的影响，通过仿真验证了在匀速泊车工况下的控制效果良好，但是该算法在变速泊车工况下的效果有待验证。

Xu 等人针对车辆的初始位置不在有效停车区域内的问题，提出一种基于滑膜变结构控制（SMVSC）和模糊逻辑控制（MPC）相结合的自动泊车方法，使用 SMVSC 控制车辆到指定的停车位置，之后再通过模糊控制将车辆从有效停车区域内泊入指定的泊车位，从而解决了初始位置不在模糊控制有效停车区域的问题。Hao 等人以车辆的运动学模型为基础，推导出线性时变的路径跟踪控制预测模型，并引入松弛因子增加算法的可求解性，并基于 MPC 理论推导预测和优化问题的表达式，将跟踪控制问题转化为具有约束的线性二次规划问题，最终通过与 PID 控制和无控制的仿真结果比较，验证了带有约束的 MPC 算法在路径跟踪控制中的优越性。

Xu 等人针对模块通信存在延迟和转向控制滞后现象而影响控制效果的问题，将一阶滞后系统近似模拟转向滞后效果，使用预测的超前跟踪误差补偿策略，将原问题处理成一个增广无延迟系统的策略，此方法经验证增强了跟踪控制系统的稳定性和跟踪效果。Yu 等人通过结合管道模型预测（Tube-MPC）和时延运动预测（TDMP），通过有限步骤可达的管道 MPC 处理意外的扰动，并提出信号延迟期间的路径，从而解决了环境不确定因素的干扰和处理了转向延迟问题。

在车辆的横纵控制不同步方面，Moon 等人针对车辆纵向速度的响应延迟产生车辆速度和其他参数不同问题，导致控制器无法跟踪期望轨迹的现象，提出一种基于神经网络的横纵向一体控制的自动泊车控制器，并结合逆车辆模型来计算期望跟踪的初始计划速度，以及利用神经网络模型进行数据训练生成转向角和调整后的期望速度，最终实现有限空间内的自动泊车。目前常见的自动驾驶研究中，对自动泊车方法的研究都是分成路径规划和跟踪控制两个步骤，主要的研究方向都聚焦在如何提高路径规划的高效可靠和跟踪控制的精准度方面。但是也有一些其他的自动泊车思路，如模仿人类行为的引导式泊车，有研究人员不采用常规的路径规划加跟踪控制的方法，通过模仿总结人类驾驶人常用的停车方法，将平行泊车分为三部分，分阶段方式与几何规划方法类似，但是没有计算具体路线，而是通过控制方法来引导控制车辆到达指定的停车位置，最后通过试验表明，在停车位不太小的情况下，该引导控制方法可以有很大概率完成泊车任务。

4. 性能评价

国内外学者已经对自动泊车技术进行了大量研究，但关于自动泊车系统评价的相关研究及评价标准较少，周莎等提出了一种有价值的评价方法，通过结合定量与定性指标，可以对 APS 进行较为可靠的评价。目前，各大汽车厂商仍将自动泊车技术视为高科技配置，加之消费者对自动泊车系统信任程度不高，使得自动泊车系统技术应用落后于理论研发。因此，随着技术的进步、市场的成熟，结合消费者的认知，有必要出台自动泊车相关的真实有效的评价标准。

14.3　具体开发应用

随着城市的发展建设，停车空间越发狭小，停车难度也不断加大，因此自动泊车技术的研发势在必行。例如，博世集团对自动泊车系统的研发及应用极为重视，并且有了显著的成效，通过自动泊车系统能够实现对汽车的远程控制，保证在没有驾驶人的前提下，能够使车辆完成入库和出库等操作。而且在试验过程当中，其空间相对狭小，即便如此，操作人员也可以在远处利用手机和遥控钥匙等完成自动泊车操作。不仅如此，通过自动泊车系统还能够实现平行泊车功能，可见随着自动驾驶技术的不断发展，自动泊车系统将会取得全面进步，充分利用超声波传感器和摄像头等捕捉车辆的运行状况，还能够实现自动变道，具有重要的应用价值。

除此以外，德国大众在自动泊车系统的应用方面也取得了长足的进步，在实际安装应用的过程当中，主要将该系统安置在保险杠两侧，借助雷达和超声波传感器对车辆和路面情况进行全面扫描，有效分析车位空间及长宽等数据，通过对各项参数的有效分析，确定车位是否符合要求。然后借助车载计算机对转向停车等操作进行有效控制，驾驶人则可以适当调控加速踏板，便能够有效完成停车操作。在停车过程中，也能够通过液晶屏实时显示车辆状态。当然由于车型的不同，在部分车辆中无法满足垂直停车，即便如此，也可以通过多媒体构建相应倒车线路，根据指示进行转向便能够完成泊车操作。

14.4 自动泊车应用现状

特斯拉 Autopilot 是全球最早量产的高阶自动泊车系统,其智能召唤功能可控制车辆前往车主所在位置或所选位置,能实现绕行障碍物,最终泊车入位,如图 14-8a 所示。

a) 特斯拉

b) 博世　　　　　　　　　c) 法雷奥　　　　　　　　d) 采埃孚

图 14-8　国外自动泊车供应商

博世从 2008 年量产泊车预警和半自动泊车系统,2010 年后量产 L2 级自动泊车辅助(APA)功能,再到近年来推出代客泊车技术,博世始终保持车端+场端的协作模式。截至目前,博世与众多汽车制造商签订了技术合作协议,包括奔驰、福特、广汽、华人运通等,如图 14-8b 所示。

法雷奥作为全球范围内较早部署自动泊车方案的一级供应商(Tier 1),提供 Park4U Remote 全自动遥控泊车、Cyber Valet Parking 全自动代客泊车等服务,如今已经成为该领域的全球领导者,占有全球 35% 左右的市场份额,如图 14-8c 所示。

采埃孚充分发挥传感器和系统集成的特长,利用环视感知与超声波传感器感知的融合技术,结合天瞳威视的技术支持,能够有效识别周围环境,并帮助车辆定位、实时规划泊车路径,引导控制系统沿指定路径接近目标车位,并且无须依赖停车基础设施,如图 14-8d 所示。

相较于国外自动泊车技术的快速发展,国内研究虽然起步较晚,由于泊车运动场景固定且行驶速度较低,安全问题容易解决,因此也成为国内很多科技企业研究无人驾驶最先落地的应用场景,同样也取得了非常优异的成绩。

在 i-VISTA 的 APS 竞赛中,小鹏 G3 取得了自动泊车截至 2020 年的最高成绩,这充分说明了小鹏汽车在自主研发领域的实力,尤其是自动泊车系统领域。2022 年,小鹏 P5VPA-L Beta 版升级了跨楼层记忆泊车,不仅拥有良好的停车性能,而且还新增了一项很实用的功能,即当停车位置被占用时,可以在经过的路线上任意选择停车位置。

百度是国内较早布局自动泊车技术的厂商之一,搭载百度代客泊车辅助(AVP)系统的威马 W6 批量生产,此后吸引广汽、长城成为百度泊车技术的合作伙伴。百度目前在硬件方面也实现了泊车域控制器(ACU-Advanced)的自主研发量产。

纵目科技陆续布局自动泊车、记忆泊车、代客泊车等技术线路，在规模化量产方面，长安汽车将会在多款车中使用APA6.0智能泊车系统，而APA7.0将首发搭载于长安全新平台战略车型C385，同时纵目的AVP技术已经成功搭载在红旗E-HS9车型上。

德赛西威以全景环视切入，目前包括全自动泊车系统在内的ADAS业务已经批量供货给国内众多主流车企，如吉利星耀。此外，新一代融合了代客泊车、遥控泊车及高级别自动驾驶辅助功能的产品也已获得国内车企的项目订单。

14.5 自动泊车发展趋势

自动泊车技术作为智能化技术，对于推动汽车智能化发展意义重大，具有广阔的发展前景，在未来的发展趋势主要体现在以下方面：

首先，目前在自动泊车技术中，主要应用单一传感器，但随着科学技术的飞速发展，在传感器应用方面会向着多传感器彼此融合的方向不断迈进，将超声波传感器、激光雷达及其他传感器彼此协调，进而能够准确计算停车位的相关数据，选择最佳的停车路线及方式。除了平行泊车、垂直泊车两种方式，还可以使斜车位、圆弧泊车成为可能，同时也能够使泊车更加方便安全。

其次，随着通信技术的不断发展，可以将通信技术与汽车之间进行良好衔接，驾驶人可以通过移动网络控制汽车，尤其是5G技术的出现，可以使泊车更加便利，可以借助移动智能设备，发送停车指令，完成自动驾驶，即便驾驶人不在车辆内部，然而通过远程控制也能够实现自动停车功能，这是未来发展的主要方向。

除此以外，全自动泊车技术也会得到全方面推广，尤其是影像泊车技术，也会得到进一步发展。而且随着技术研发的不断深入，也会大大降低成本，并且在应用过程中，能够实现精准控制，在复杂的环境下，也能够实现停车，甚至在运行过程中也能够主动避免碰撞。

第15章 交叉口通行协同控制技术

15.1 交叉口通行协同控制技术简介

随着汽车保有量的急剧增加和出行需求的快速扩张，交通拥堵日益严重已成为无可争辩的事实。交叉口作为城市路网中的网格点，汇集了多种行驶路线交叉产生的冲突点，其交通状况对整个路网的交通效率和安全性都有着非常重要的影响。智能交通系统（ITS）被认为是提高道路交通可靠性、安全性和减少环境污染的有效手段。当前，无线通信和互联网等技术的进步，推动了以 V2V、V2I 为基础的车路协同系统（Cooperative Vehicle Infrastructure System，CVIS）的发展。车车、车路之间能够传递更为丰富的道路环境等信息，使得多车协作控制成为可能。许多研究尝试避免车辆频繁、低效的停走模式，依靠车辆与车辆、交叉口管理中心的交互协同，引导车辆安全快速地通过交叉口。无信号交叉口具有特殊性，是事故和拥堵的多发之地，车辆的通行控制存在较大的困难。无信号交叉口处车辆协作控制是多车协作的重要研究内容，交叉口车辆通行冲突关系如图 15-1 所示。通过对无信号交叉口车辆的冲突状态进行预测、评估和消解，能够避免碰撞事故的发生。解决无信号交叉口交通拥堵和车辆安全问题，可以改变传统的交通管控模式，实现更大范围的任务协作和行为协作，是改善行车安全、提高通行效率和实现节能减排的有效手段，已是当今智能交通领域研究热点之一。

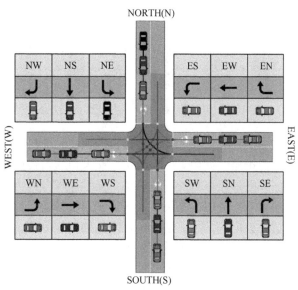

图 15-1 交叉口车辆通行冲突关系
注：N 为北，S 为南，E 为东，W 为西。

15.2 交叉口通行协同控制方法设计

15.2.1 交叉口通行协同控制方法分类

最早的交叉口通行控制系统是基于固定时间间隔的交通信号灯控制系统,这种方法存在时间配比可能不合理、不能实时适应交通流量等问题。尽管后来学者们进行了很多基于信号配时优化的研究,一定程度弥补了固定配时的系统缺陷,但仍无法充分发挥交叉口在时间和空间维度上的资源利用效率。得益于智能网联汽车的快速响应可控能力和先进通信技术如V2X、5G的多终端信息高效传输能力,交叉口通行协同控制被广泛地认为是有效提高交通效率的方法。

交叉口通行协同控制通过控制智能网联汽车的运动状态(如速度、转向和预期轨迹)来实现其在交叉口的有序通行。现有的交叉口通行协同控制研究的分类方法有很多,如图15-2所示,从控制机制层面来看,可分为集中式控制方法和分布式控制方法。集中式控制指由交叉口管理器进行所有车辆的通行调度,如图15-3a所示。智能网联汽车行驶到交叉口时,把当前的车辆运动状态等动态信息及车身尺寸、预期路径等静态信息发送给交叉口管理器的路侧单元,交叉口管理器根据全局的交通运动状态,结合交叉口拓扑结构对所有车辆进行集中调度,再把调度指令发送给每辆车,各车严格按照指令行驶通过交叉口。分布式控

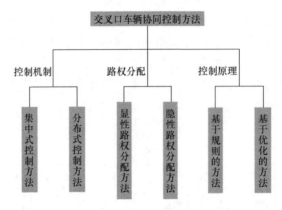

图15-2 交叉口通行协同控制研究分类方法

制指没有交叉口管理器对在交叉口通行的车辆进行全局调度,而是由各车之间直接通信,博弈、协商出在交叉口的通行策略,如图15-3b所示。交叉口通行协同控制研究根据路权分配可分为显性路权分配方法和隐形路权分配方法两类。显性路权分配方法有着明确的车车之间的路权关系,该类方法通常基于分层的决策方法来实现车辆的协同控制,上层根据车辆运动状态、到达时间、期望行驶方向等信息,进行车辆之间的路权分配,下层根据上层分配的路权关系,以行车安全、通行效率、行驶舒适性、能耗经济性等为优化目标,进行车辆运动控制。隐形路权分配方法通常将交叉口车辆通行决策问题建模成一个最优控制问题或强化学习问题,以交叉口全局车辆运动状态作为输入,经模型求解直接计算输出每辆车的实时控制指令,实现车辆在无信号交叉口的通行。此外,交叉口通行协同控制研究根据控制原理主要分

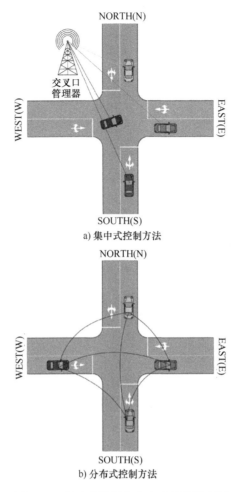

图 15-3 集中式控制与分布式控制示意图

为两类：基于规则的交叉口通行协同控制方法和基于优化的交叉口通行协同控制方法。由于各分类下的控制方法有所重合，下面本章从控制原理层面对现有的交叉口通行协同控制方法进行介绍、分析和总结。

15.2.2 基于规则的交叉口通行协同控制方法

基于规则的交叉口通行协同控制方法通常使用预定义的规则来制定车辆在交叉口的通行优先级和驶入时刻，如利用交叉口通行预约制度或交通法规来制定车辆的通行优先级。

美国得克萨斯州大学的 Dresner 和 Stone 在 2008 年提出了自主交叉口管理（Autonomous Intersection Management，AIM）的概念，用于替代传统交通信号灯控制。其基本思想是将交叉口区域网格化，交叉口管理器接收来自接近交叉口车辆的预约申请通行信息，遵循先到先服务（First Come First Service，FCFS）的原则来分配时间和空间资源。基于预约的交叉口通行协同控制方法设计思路如图 15-4 所示。

当车辆快要到达交叉口时，车载单元将交叉口通行预约请求发送给交叉口管理器，请求信息包括到达速度、到达时间、车辆的形状、可达加速度范围等。交叉口管理器根据交叉口

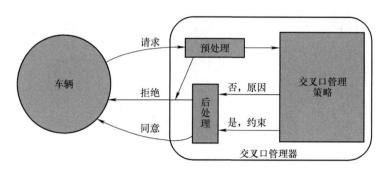

图 15-4 基于预约的交叉口通行协同控制方法设计思路

管理策略，结合交通信息综合决策，通过判断车辆是否能安全通过来决定是否批准预约申请。若判定能安全通过，则下达指令为同意，车辆通过，否则不通过。

近年来，一些学者在预约制协同控制的框架下，对算法进行改进以提升算法的性能。Fortelle 将交叉口区域离散化为若干关键点，相比于基于网格的预留方法，该算法降低了通过交叉口的车辆的数量，但提高了整体扩展性，减轻了系统计算的负担。Matteo 开发出一种基于概率总体的车辆协调算法，通过提高车辆的行驶速度来缩短总的行程时间。在适中的车辆密度下，算法可以显著减少被拒的预留申请，但在低密度和高密度的情况下表现一般。Vasirani 等人在预约制交叉口的基础上，探讨多个交叉口下无信号灯的智能网联汽车如何行驶，核心理念是"市场行为"，将汽车与设施的信息交互看作市场行为，通过购买交叉口预约服务，从而安全通过交叉口，其研究证明，在相似的交通承载量下，增加的基础设施可以减少乘客出行的平均时间。

基于规则的交叉口通行协同控制方法的优点是代码复杂度低、可靠性高、计算开销小，保证了通行的公平性，相比信号控制在交通流量较稀疏的场景下可以获得更高的通行效率。但这种方法并不是在全局范围内协调车辆，由于刻板的优先级规则，车辆不可避免地需要在交叉口前减速等待，尤其是交叉口中有慢车通行或交通流量较高时，这样的通行策略易导致蝴蝶效应，造成交通流的堵塞。

15.2.3 基于优化的交叉口通行协同控制方法

基于优化的交叉口通行协同控制方法是近年来比较热门的研究方向。典型的方法包括博弈论、最优控制和深度强化学习。

基于博弈论的方法将交叉口中的智能网联汽车视为游戏参与者。在交通环境中，车辆之间存在相互影响、相互依存、相互作用的关系，每辆汽车都是具有非合作意向的理性智能个体，有不同的目标和收益回报，因此，适合利用非合作动态博弈理论来模拟交叉口路权争夺时的交互式决策过程。为了使自身的收益最大化，每个游戏参与者都必须考虑竞争参与者可能采取的行动规划，试图选择对自身最有利的方案。图 15-5 模拟了人类驾驶人驾驶汽车通过交叉口的交互决策过程和纵向速度调整策略。先行动的车辆能预测到后行动车辆对自己行为的反应，评估自身在策略集中的相应收益并采取当前的最优策略；后行动的车辆能观察到先行动车辆的行动方式，例如，加速或减速操作，以及加速或减速操作的程度，在此基础上做出对自身最有利的决策。无论是先行动车辆还是后行动车辆，风格因素不同会造成博弈交互决策的结果不同,例如,攻击性的车辆 A 与保守的车辆 B 交互的可能结果会是车辆 A 抢占道路通行权,反之车辆 A 可能会让出道路通行权。

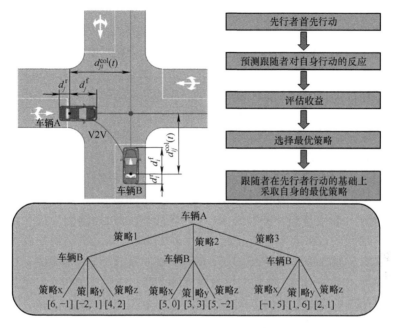

图 15-5　人类驾驶人驾驶汽车通过交叉口的交互决策过程和纵向速度调整策略

车辆 A 是先行动的,在车辆 A 的策略集中可以选择策略 1、策略 2、策略 3,车辆 B 是后行动的,在车辆 B 的策略集中可以选择策略 x、策略 y、策略 z 来对车辆 A 所采取的行动做出反应,可以用图 15-5 中的动态博弈树来展开这个过程。在博弈树的末端有每个行动序列对应的收益矩阵,矩阵的左侧数字是车辆 A 在此行动序列下得到的收益;同样地,矩阵的右侧数字是车辆 B 在此行动序列下得到的收益。例如,当车辆 A 采取策略 2 和车辆 B 采取策略 x 时,车辆 A 和车辆 B 得到的收益分别是 5 和 0。假设两车均为理性的参与者,所有车辆都以最大化自身的收益为目标。当车辆 A 选择策略 1 时,车辆 B 会选择策略 z 来应对,因为此时车辆 B 的收益最大,其值为 2;当车辆 A 选择策略 2 时,车辆 B 会选择策略 y 来应对;当车辆 A 选择策略 3 时,车辆 B 会选择策略 y 来应对。先行动的车辆 A 能预测到理性的后行动车辆 B 对自己行为的反应,理性的车辆 A 会选择策略 1 作为自己的最优策略,车辆 A 的收益为 4;否则,当车辆 A 选择策略 2 或策略 3 时,它的收益分别为 3 和 1,均比选择策略 1 时的收益更低。综上所述,策略对(策略 1,策略 z)是车辆 A 和车辆 B 在该非合作动态博弈交互决策过程中的最优行动组合,是一种均衡的结果。任何理性的参与者在当博弈达到均衡时都没有单方面改变自身策略的动力,否则只会导致自身收益的降低。

Li 等人提出了一种博弈论方法来模拟人类驾驶的车辆在无信号灯的十字路口的时间延长、多步骤和互动决策过程。Wang 等人建立了一个纳什均衡模型来模拟无信号灯十字路口的两辆智能网联汽车之间的竞争性出行策略,并探讨了他们的合作控制机制。Tian 等人基于博弈论方法建立了具有驾驶风格异质性和互动性的车辆交通模型,并将其用于虚拟测试、评估和校准自动驾驶汽车控制系统。Wei 等人提出了一个博弈框架,利用 V2V 和 V2I 以最大限度地提高交叉口吞吐量,减少交通事故和拥堵。Wang 等人提出了一种基于游戏的分层控制策略，通过设计包括优先权协商层、策略讨价还价层和策略优化层在内的三层分层策略来提高无信号灯交叉口的行驶效率。Elhenawy 等人提出了一种基于博弈论的算法，用于控制配备有合作自适应巡航控制系统的自主车辆在无控制路口的行驶，以取代路口的通常实践控制系统（如停车标志、交通信号等）。Zhang 提出了一种基于博弈论的交叉口智能网联汽车管理方法，利用拍卖博弈模型为车辆分配通行顺序，旨在提高整体通行效率。然而，基于博弈论的方法有以下缺点：①计算复杂度高，特别是在交通状况复杂和实时响应要求高的情况下；②在某些情况下，可能无法找到一个稳定的纳什均衡解。

基于最优控制的方法通常将十字路口的车辆运动建模为一个动态系统，在车辆动力学约束下建立以通行安全、通行效率、行驶舒适性等为评价指标的目标函数，以车辆实时运动状态作为输入，求解车辆控制指令。Zhao 等人开发了一种新型的集中管理机制，联合优化交叉口控制和车辆轨迹，用混合整数线性规划使总行驶时间最小化。Qian 等人提出了一种分散的模型预测控制方法，车辆并行地解决局部优化问题，确保它们顺利通过交叉口。Riegger 等人开发了一种安全自主穿越交叉口的方法，该方法控制交叉口一定范围内的自主车辆，并为该区域的所有车辆生成优化轨迹。Kneissl 等人提出了一种具有 V2I 通信能力的自主车辆的交叉口穿越算法，在分散的模型预测控制的基础上分享车辆进入关键区域的预期时间。Nair 等人提出了一个用于交通路口自主驾驶的随机模型预测控制公式，该公式结合了由高斯混合模型给出的周围车辆的多模式预测，用于避免碰撞约束。Kamal 等人提出了一个基于模型预测控制框架的集中式无信号交叉口协作方案（VICS）。该方案首先将交叉口交通问题转化为一个受约束的非线性优化问题，考虑了车辆交叉和转弯时的相关约束，阻止冲突车辆对同时靠近碰撞点，最大限度降低车辆在交叉口区域碰撞的风险。以所有接近交叉口车辆的运动状态为输入，以行车风险、加速度大小和行驶速度为优化指标，实时计算所有车辆的纵向加速度控制指令，实现了交叉口车辆通行的协同控制。在不同交通流条件下的十字交叉口的数值模拟表明，与传统的信号交叉口方案相比，VICS 显著减少了交叉口的停止延误，提高了交叉口的通行效率。值得指出的是，模型预测控制相比其他普通的最优控制方法预测能力更强，鲁棒性更强，能够快速适应环境变化。但是模型预测控制方法存在一个很大的弊端，即计算效率非常低。由于需要计算未来一段时间内所有车辆的运动状态并求最优解，带来了大量的计算开销，导致此类算法通常难以满足自动驾驶技术的控制指令高刷新率要求。

近年来，深度强化学习被广泛地应用于具有独立环境状态感知、决策制定和动作执行能力的智能体系统中，并取得了不错的效果。深度强化学习相比传统算法具有模型结构复杂、可以训练出复杂环境下的行为策略和在部署中计算速度极快的巨大优势。深度强化学习在自动驾驶领域有着广泛的应用，如车道变换、速度规划、轨迹规划、交通信号控制等。通过给定一个奖励函数，强化学习在模拟环境或真实世界中与环境交互，以环境中的状态或观测为输入，经过网络模型计算输出拟采取的动作，智能体执行该动作，进而引起环境的改变，由此完成一次算法与环境的交互，交互过程如图 15-6 所示。强化学习利用试错机制来学习得到最优策略，以使未来奖励的总和最大化。

基于强化学习的交叉口协同控制方法通常首先将交叉口通行问题转变为马尔可夫决策过程，再利用深度网络模型和特定的强化学习方法进行训练得到最优策略。马尔可夫决策过程的状态空间通常设置为车辆运动状态及其在交叉口中的位置，动作空间通常设置为车辆纵向

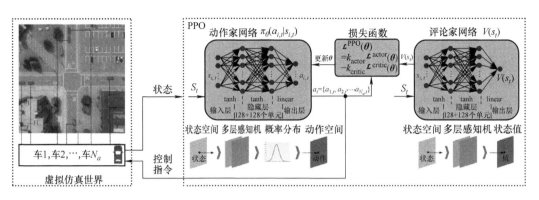

图 15-6　强化学习算法与环境的交互过程

加速度控制指令，奖励函数通常设计为关于车辆安全性、通行效率及行驶舒适性的函数，见表 15-1。

表 15-1　奖励函数设置示例

奖励项	奖励值
发生碰撞	−50
运行一个时间步	−1
某辆车通过	10
全部通过	50
舒适性	0.1 × 加速度的绝对值

为了获得更好的策略迭代效果，奖励函数可以设置得更密集，防止稀疏的奖励不利于策略的学习和收敛。Mofan 提出了一种基于强化学习的信号灯交叉口高效驾驶策略，使用 DQN 来优化车辆速度和通行时间，以达到减少能耗和排放的目的。Guo 等人提出了一种用于城市交叉口交通信号控制的强化学习（RL）方法，该方法使用神经网络作为 Q 函数近似器来处理复杂的交通信号控制问题。然而基于 RL 的交叉口通行协同控制方法也有一定的缺点。不同于信号灯交叉口通过红灯相位禁止相应车道车辆进入交叉口，RL 由奖励驱动且通过试错学习机制来不断获得更安全的策略，安全作为奖励函数的一项优化指标而非硬性保障和约束。因此，RL 应用于无信号交叉口通行协同控制仍存在安全隐患。

15.3　交叉口通行协同控制技术实例分析

前面描述了利用博弈论来解决交叉口通行协同控制问题的机理，这里详细设计安全性、舒适性、通行效率等评价指标对应的收益函数，随后通过权重系数加权表征不同驾驶风格对各项需求的倾向性，建立多智能体博弈交互决策的含约束优化目标函数。

为了产生合理的设计路权交互决策逻辑，本节精细化设计了三个方面的收益指标。安全性指标 S_i^t 定义了参与者在博弈过程中的安全性收益，舒适性指标 J_i^t 定义了参与者在博弈中考虑平顺性与减少燃油消耗的舒适性收益，通行效率指标 T_i^t 定义了参与者在博弈中利于道路通行效率的快速通行收益。将以上收益函数加权，形成考虑风格个性化的优化目标函数 U_i^t。

15.3.1 安全性指标设计

安全性指标 S_i^r 为冲突度指标 C_i^r 与车间距安全指标 D_{ij}^r 之和。

1. 冲突度指标 C_i^r

冲突度指标 C_i^r 衡量了是否存在潜在冲突或潜在冲突的严重程度，模拟了人类驾驶人对交叉驾驶安全的考量，该指标将驾驶风格与心理安全预期相结合。车辆 i 在阶段博弈 r 中的安全指标定义为

$$\Delta T_{i,j}^r = \frac{\left| \left[\sqrt{\left(\frac{v_i^r}{a_i^r}\right)^2 + \frac{2L_i^r}{a_i^r}} - \frac{v_i^r}{a_i^r} \right] - \left[\sqrt{\left(\frac{v_j^r}{a_j^r}\right)^2 + \frac{2L_j^r}{a_j^r}} - \frac{v_j^r}{a_j^r} \right] \right|}{\Delta T(q_i)} \tag{15-1}$$

$$C_i^r = \Delta T_i^r = \min\{\Delta T_{i,j}^r, \Delta T_{i,k}^r \cdots\}$$

式中，v_i^r、v_j^r 分别为在第 r 个阶段博弈开始时车辆 i、j 的速度；a_i^r、a_j^r 分别为在第 r 个阶段博弈中车辆 i、j 可能从各自博弈策略集采取的加速度策略；L_i^r、L_j^r 分别为在第 r 个阶段博弈开始时车辆 i、j 到二者潜在冲突区域的距离；q_i 反映了车辆 i 的驾驶风格；$\Delta T(q_i)$ 为车辆 i 的心理安全预期；$\Delta T_{i,j}^r$、$\Delta T_{i,k}^r$ 分别为车辆 i 与其存在潜在冲突的车辆 j、k 在采取各自策略下的通行时间差与车辆 i 心理安全预期的比值，它们的最小值记为 ΔT_i^r，即车辆 i 在阶段博弈 r 中的安全指标 C_i^r。

2. 车间距安全指标 D_{ij}^r

在第 r 个阶段博弈中，车辆 i 和车辆 j 在从各自博弈策略集中采取动作序列后可能达到的预期位置之间距离的对数函数值 D_{ij}^r，用于衡量驾驶过程中对周围行驶空间的要求。车辆 i 在阶段博弈 r 中的周围空间指标定义为

$$D_{ij}^r = \ln\left\{ \sqrt{[x_i(t^{r+1}) - x_j(t^{r+1})]^2 + [y_i(t^{r+1}) - y_j(t^{r+1})]^2} + 1 \right\} \tag{15-2}$$

$$D_i^r = \min\{D_{i,j}^r, D_{i,k}^r \cdots\}$$

式中，$x_i(t^{r+1})$、$y_i(t^{r+1})$、$x_j(t^{r+1})$、$y_j(t^{r+1})$ 为车辆 i、j 在第 r 个阶段博弈采用策略 a_i^r、a_j^r 后，在此阶段博弈结束时（即第 $r+1$ 个阶段博弈开始时）车辆 i、j 可能达到的预期位置，预期位置是每辆车在各自博弈策略集中采取某一具体行动的函数，即 $x_i(t^{r+1}) = f(a_i^r)$，$y_i(t^{r+1}) = f(a_i^r)$，$x_j(t^{r+1}) = f(a_j^r)$，$y_j(t^{r+1}) = f(a_j^r)$；$D_{i,j}^r$、$D_{i,k}^r$ 分别为车辆 i 与其存在潜在冲突的车辆 j、k 在采取各自策略下关于预期位置车间距离的对数函数，它们的最小值定义为车辆 i 在驾驶过程中的周围空间指标，记为 D_i^r。

15.3.2 舒适性指标设计

为了避免频繁加减速带来的不良驾驶体验，考虑了所有历史阶段博弈过程。将历史阶段博弈的加速度策略和当前阶段博弈中可能从博弈策略集采取的加速度策略的整体方差，作为舒适性指标 J_i^r。该指标限制加速度的波动，使车辆尽量匀速行驶，有利于节约燃油。车辆 i 在阶段博弈 r 中的舒适性指标定义为

$$J_i^r = \frac{1}{r\left[(a_i^r - a^-)^2 + \sum_{m=1}^{r-1}(a_i^{*m} - a^-)^2\right]} \tag{15-3}$$

$$a^- = \frac{1}{r}\left(a_i^r + \sum_{m=1}^{r-1} a_i^{*m}\right)$$

式中，a_i^r 为车辆 i 在第 r 个阶段博弈中可能从博弈策略集采取的加速度策略；a_i^{*m} 为车辆 i 在所有历史的前 $r-1$ 个阶段博弈中所采取的最优行动，$m \in [1, r-1]$；a^- 为历史阶段博弈的最优行动和当前阶段博弈中可能从博弈策略集采取的加速度策略的均值。

15.3.3 通行效率指标设计

当车辆 i 在阶段博弈 r 中采用策略 a_i^r 时，实际行驶距离与阶段博弈开始时的速度之比视为期望时间 $\frac{[x_i(t^{r+1}) - x_i(t^r)]}{v_i(t^r)}$。每个阶段博弈的时间周期 T 和期望时间之间的差值作为通行效率指标 T_i^r。该指标倾向于采用尽量大的加速度，以便尽量快地行驶并通过交叉口，有利于提高道路通行效率。车辆 i 在阶段博弈 r 中的通行效率指标定义为

$$\begin{aligned} T_i^r &= T - \frac{x_i(t^{r+1}) - x_i(t^r)}{v_i(t^r)} \\ x_i(t^{r+1}) &= \left[x_i(t^r) + v_i(t^r)T + \int_{t^r}^{t^{r+1}}\int_{t^r}^{t^{r+1}} a_i^r(t)\mathrm{d}t\mathrm{d}t\right] \\ x_i(t^r) &= \left[x_i(t^{r-1}) + v_i(t^{r-1})T + \int_{t^{r-1}}^{t^r}\int_{t^{r-1}}^{t^r} a_i^{r-1}(t)\mathrm{d}t\mathrm{d}t\right] \\ v_i(t^r) &= \left[v_i(t^{r-1}) + \int_{t^{r-1}}^{t^r} a_i^{r-1}(t)\mathrm{d}t\right] \\ T &= t^{r+1} - t^r = t^r - t^{r-1} \end{aligned} \quad (15\text{-}4)$$

式中，$x_i(t^{r+1})$ 为车辆 i 在第 r 个阶段博弈采取策略 a_i^r 后，在此阶段博弈结束时（即第 $r+1$ 个阶段博弈开始时）车辆 i 可能达到的预期位置；$x_i(t^r)$、$v_i(t^r)$ 分别为第 r 个阶段博弈开始时车辆 i 的位置和速度；T 为博弈阶段的时间周期。

15.3.4 驾驶风格个性化的优化目标函数

综合考虑了人类驾驶过程中对安全性、舒适性、通行效率和周围行驶空间的需求，建立了车辆 i 在第 r 个阶段博弈循环中的总收益函数，也是其优化目标函数，四个指标之间相互制约、相互补充，共同构成 U_i^r。不同的驾驶风格对各项驾驶需求有不同的权重系数。加速度是重要的决策参数，决定行为方式，其他参数保证决策的合理性，确保车辆可自然地与道路环境融合。

$$\begin{aligned} U_i^r &= \alpha S_i^r - \beta J_i^r - \gamma T_i^r + \delta D_i^r \\ \text{s.t.} & \begin{cases} a_{\min} \leq a_i \leq a_{\max} \\ v_{\min} \leq v_i \leq v_{\max} \\ \left|\dfrac{a_i(t^r) - a_i(t^{r-1})}{t^r - t^{r-1}}\right| \leq j_{\max} \end{cases} \\ & \alpha + \beta + \gamma + \delta = 1 \\ & i = 1, 2, 3, \cdots, N \end{aligned} \quad (15\text{-}5)$$

式中，α、β、γ、δ 分别为不同驾驶风格的车辆对驾驶安全性需求、舒适性需求、通行效率需求和周围行驶空间需求的权重系数，与此同时，还应满足运动学约束条件和急动度约束条件；a_{min}、a_{max} 分别为车辆的最小加速度和最大加速度；v_{min} 为车辆的最小速度；v_{max} 为道路的最高允许车速；j_{max} 为车辆行驶的急动度约束；$a_i(t^{r-1})$、$a_i(t^r)$ 分别为在第 $r-1$ 个阶段博弈和第 r 个阶段博弈中，车辆 i 采取的最优加速度策略和拟采取的加速度策略；t^{r-1}、t^r 分别为第 $r-1$ 个阶段博弈和第 r 个阶段博弈中采取行动对应的时刻。对所有参与到路权博弈交互决策的车辆，即 $\forall i \in (1,2,3,\cdots,N)$，均应满足以上条件。

第三篇

测试验证篇

第16章 测试体系

16.1 辅助驾驶系统测试的必要性

我国交通长期存在着道路拥堵及事故频发等问题,随着人工智能、云端网络等技术的突破,辅助驾驶技术蓬勃发展,智能网联车辆正逐步进入公共交通环境中,为未来缓解道路拥堵、交通事故、环境污染、能源紧缺等问题提供了新的解决方案及技术路线。美国汽车工程师学会(SAE)将车辆自动化等级标准划分为L0级到L5级六个等级,如图16-1所示。

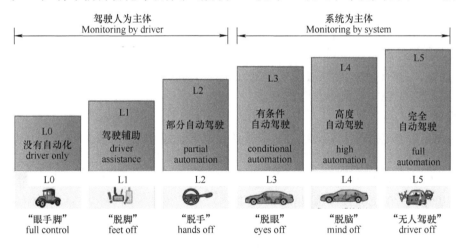

图16-1 车辆自动化分级

目前一些低级别的算法(如L1、L2级)已在中高档车型中有一定规模的应用。辅助驾驶技术的发展使我国车辆智能化普及率加速提升,智能网联汽车已成为当今汽车领域研究的重点。虽然自动驾驶有望提升通行能力、减少交通事故的发生,但对辅助驾驶系统进行充分完善的测试是确保此类系统具有可靠性和安全性的先决条件。无效或不够充分的测试可能无法识别出系统的潜在缺陷及不当行为,从而导致交通事故的发生。丰田、特斯拉等多家车企均有由于未进行充分测试而导致算法漏洞未能及时修复从而影响行车安全、造成交通事故的案例,由此可见辅助驾驶系统测试的重要意义。

辅助驾驶系统的测试与评价是车辆智能化研究的重要环节,同时也是辅助驾驶技术发展的有力支撑。随着汽车行业的发展,自动化及智能辅助驾驶体系正逐步建立。相应地,整车厂对新算法的迭代及改进过程中,为保证用户安全性及体验感,对算法进行多轮复杂的测试是智能网联车辆落地的基础。

智能网联汽车目前正处于由技术研发层面逐渐转为测试应用及产品商业化的关键时期。考虑实际应用需求的各项测试已成为智能网联汽车产业中极为必要的共性需求。探求搭载辅助驾驶系统、可实现人车路协同的智能网联汽车数字化、智能化、高效测试发展的最优道路及体系是目前辅助驾驶技术发展及智能网联车辆产业化必不可少的步骤。科学完善的测试评价体系在提升智能网联驾驶汽车研发效率、健全相关技术标准及法律法规、推进关联产业创新发展等方面起到至关重要的作用。

16.2 辅助驾驶系统测试内容

16.2.1 测试内容

智能网联车辆在进行规模化商用之前,必须进行充分的功能安全及性能安全的测试,以确保消费者及公众的安全。测试内容包括传感器、算法、执行器、人机界面等。需要从系统的应用功能、性能、稳定性、鲁棒性、功能安全、预期功能安全、型式认证等各个方面确保车辆能够安全上路。

1. 功能测试

主要功能指标包括能否正确识别各类道路交通设施、能否遵守各种交通规则、能否按照辅助驾驶功能设计的指标正确识别道路上的各类交通参与者(行人、非机动车、机动车等)、能否在设定的运行设计域之外正常退出且提示驾驶人接管,以及能否正确完成在功能设计时规划的各类辅助驾驶功能。

2. 性能测试

主要性能指标包括各项车辆运动学数据(如速度、加速度、行驶路径等);识别各类交通参与者的正确率、识别范围、响应速度;对各类不同光照、不同气候环境的适应能力;驾驶人及乘员的主观体验(如是否感到紧张或困惑不安、驾驶人或乘员感觉是否舒适、各项辅助驾驶功能执行时驾驶操作是否顺畅、自然)。

3. 安全测试

安全指标包括功能安全场景的通过情况、功能失效概率及预期功能安全场景的通过情况等。

4. 稳定性测试

稳定性测试主要验证功能及性能能否稳定运行。

5. 鲁棒性测试

鲁棒性是决定处于异常或危险情况下系统能否生存的关键因素。鲁棒性测试主要测试系统的抗打击能力。验证在复杂场景下遇到各种问题时,系统能否及时恢复,以降低问题的严重性。例如,计算机软件在输入错误、网络过载、磁盘故障或受到有意攻击情况下,测试系统能否不死机、不崩溃。

智能网联汽车是以硬件为基础、软件为核心、数据为驱动的复杂系统。其软件架构与传统汽车的电子架构存在明显区别。由于软件测试常用的测试方法(如分支测试方法等)无法直接用于程序分析,因此,智能网联汽车的测试除了需要对各软硬件进行独立测试,还需要将整个系统视为软硬件高度耦合的实体进行测试。

图 16-2 所示为 ISO 26262 中推荐的汽车电子软件 V 型流程。参照此流程可将智能网联汽车的测试内容划分为单元测试、集成测试、系统测试及验收测试 4 部分。

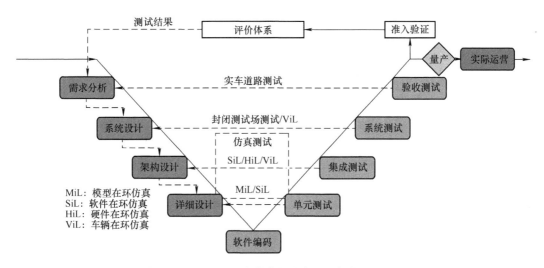

图 16-2 ISO 26262 中推荐的汽车电子软件 V 型流程

1. 单元测试

单元测试是针对智能网联汽车的某项功能展开的。智能网联汽车系统架构一般由感知环节、决策规划环节及控制环节 3 部分组成。典型的智能网联汽车系统架构如图 16-3 所示。感知环节主要负责识别环境中其他交通参与者，实现对智能网联汽车周围环境的认知。所用的传感器主要包括摄像头、激光雷达、毫米波雷达等。决策规划环节主要负责根据感知环节获取到的信息，通过一定的算法规划出智能网联汽车下一步的行为并传达至控制环节。控制环节主要负责控制汽车硬件执行决策的指令，例如，控制转向盘实现转向、控制加速踏板或制动踏板实现加速或减速等，进而完成对智能网联车辆的控制。单元测试是面向感知、决策规划及控制等智能网联车辆主要功能的考察。

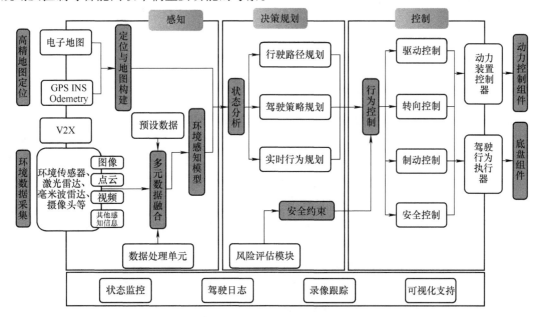

图 16-3 典型的智能网联汽车系统架构

2. 集成测试

可分为软件集成和系统集成两部分，主要用于测试软硬件接口设计是否合理、通信是否正常。

3. 系统测试

用于测试系统的软硬件是否存在集成缺陷。

4. 验收测试

主要关注智能网联汽车能否执行并完成规定条件下的自主驾驶任务。

这些测试内容考察了单一功能满足设计需求的能力，检查了软硬件的集成缺陷，并测试了智能网联汽车软硬件耦合的任务完成质量。智能网联汽车的智能辅助驾驶系统测试技术得到了业界和学界的深入研究，图16-4所示是典型的辅助驾驶测试内容框架。

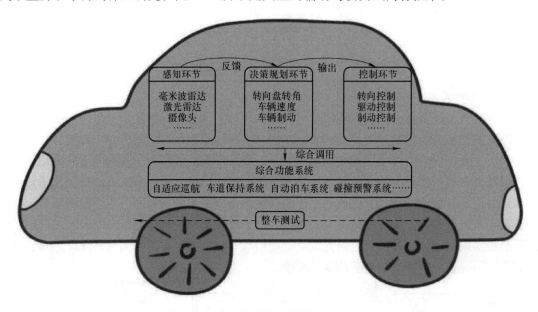

图16-4 典型的辅助驾驶测试内容框架

16.2.2 感知环节测试

在辅助驾驶系统中，感知环节是驾驶系统的"感官"，能够起到辨识周边环境及物体的作用，是辅助驾驶系统能够安全、可靠、高效运行的基础。感知环节的性能缺陷会直接影响决策环节所能调用的信息，使其无法做出可靠的决策。这就促使研究人员需要构建具有情境感知能力的系统，以评估系统在该时刻做出的决策是否可靠。感知环节集成了包括视觉传感器在内的多种不同传感器，例如单目摄像头、双目摄像头、深度摄像头、毫米波雷达、激光雷达等。感知环节通过各种传感器采集智能网联车辆周围交通参与者及环境的信息，结合深度学习、多传感器融合等算法识别周围环境中物体的信息并将收集到的各种感知数据进行融合，进而得到汽车周围环境的数据表示。感知环节使得辅助驾驶系统可以像人类一样去"认知"周围的事物。随着深度神经网络技术的不断发展，感知环节感知的丰富性及准确性得到了显著提升。卷积神经网络（CNN）及在其基础上优化而成的 R-CNN、Fast R-CNN 等深度神经网络能够很好地辨识智能网联汽车周围的环境。目前感知环节的物体识别算法及模型仍存在不同程度的错误率。进行车辆安全性能评估和进一步改进算法均对通过测试检测感知环节的准确性提出了要求。针对感知环节的测试主要分为生成对抗样本、基于内省的自我评估和生成真实图像等方式。

1. 生成对抗样本

生成对抗样本是智能网联汽车感知环节测试中较为常见的方法，类似于传统软件工程方法中基于变异的模糊测试（Mutation – Based Fuzzing）。该方法通过对原测试用例进行平移、交换及突变等修改，在保留原测试用例基本外表不变（人类可正常识别）的基础上，测试感知模块是否会产生错误的识别结果，包括数字对抗样本和实体对抗样本两种。数字对抗样本针对数字图像进行修改，在大部分真实场景下，使用电子手段生成的对抗样本对分类器和探测器的影响甚微，有效的测试经常使用将"贴纸"直接粘贴到实体上的实体对抗样本对感知模块进行攻击测试。

2. 基于内省的自我评估

除以外部攻击的形式模拟系统可能遇到的复杂环境外，另一种思路是从感知环节自身入手，希望其能够自动发现自身存在的错误。这种自我评估能力是基于内省的自我评估，根据过去在同一工作空间运行所积累的经验，预测感知环节出错的概率。

3. 生成真实图像

前两种方式都是通过辅助攻击的方式来对以 CNN 为主的感知环节进行测试，并未直接生成完整的测试图像或测试场景。随着对感知环节测试研究的逐步深入，破碎、单一的素材逐渐不能满足测试需求，测试逐渐转向生成完整的仿真场景或完整的真实场景而非对先前存在的图像引入干扰。

基于仿真场景的感知环节测试已成为当前研究的趋势，仿真环境下感知环节测试的典型评价指标见表 16-1。目前仍存在仿真场景下训练的模型应用于仿真场景时效果良好，应用于真实场景中时效果欠佳的问题。目前，关键问题在于达成虚拟场景与现实场景间的有效转换。

表 16-1 仿真环境下感知环节测试的典型评价指标

测试能力	指标
感知	交通信号灯灯型识别准确率
	交通信号灯灯型识别召回率
	交通信号灯灯型颜色准确率
	障碍物距离识别
	最小分类距离
	识别障碍物离地高度
	障碍物识别准确率
	障碍物识别召回率
	行人识别准确率
	行人识别召回率
	障碍物朝向正确率
	跟踪成功率

16.2.3　决策规划环节测试

感知环节是辅助驾驶系统的"感官",决策规划环节则是辅助驾驶系统的"大脑",是辅助驾驶系统的核心。在感知环节获得周围情况之后,辅助驾驶系统将获取的多维度信息进行数据融合并传递至决策规划环节。决策规划环节依据当前的路况信息决策下一时刻的行为并进行路径规划,然后向控制环节发出信号。决策规划环节是辅助驾驶系统的核心组成部分,依托导航定位系统及感知环节的输出信息,预测外部对象的行为,规划车辆自身的路径。当前辅助驾驶系统通常使用基于数据的深度学习方法及基于运动模型的卡尔曼滤波器等,预测周围的人、车及物体的情况。常用的路径规划方法主要有 Dijkstra 算法、A^* 算法、遗传算法、基于分层网络的搜索算法、实时启发式搜索算法、模糊控制等。目前,研究人员通常使用测试用例引导决策规划环节产生错误的决策以检测决策规划环节的准确性及可靠性。在决策规划环节的测试中,常通过生成致错场景或变异已有场景,测试决策系统的反应,以预测场景置信度和修正弹性行为。

1. 生成致错场景

致错场景(Fault Scenario)表示能够使待测环节发生错误的场景。理想的致错场景能够快速找出决策规划环节算法的漏洞,诱使决策模块产生错误的判断,开发人员即可根据测试结果优化决策规划环节。寻找致错场景的过程中常使用遗传算法、压力测试等优化算法及软件工程方法。

2. 变异已有场景

除直接生成完整的测试场景外,类似于在感知模块中进行的测试,也可通过在已有场景中添加扰动的方式进行测试。结合回归测试、蜕变测试等软件工程方法实现对决策系统的测试。

3. 预测场景置信度

与内省行为相似,某些研究人员考虑决策规划环节响应环节中意外行为的置信度问题,其目的是预测潜在的会对行车安全产生重大影响的不良行为,如越界、碰撞等。

4. 修正弹性行为

弹性是决策规划环节在正常运行过程中发生意外中断时应对的能力,是决策规划环节遇到不确定性的环境或意外的工作情况时,仍然能够继续以安全方式运行的能力。辅助驾驶系统在其运行设计域中的弹性行为至关重要。研究人员通过基于模型的系统工程(MBSE)方法开发了具有弹性的安全关键型自动化系统。MBSE 方法能够保证系统行为,并且能够通过使用严格的模型及广泛的仿真减少对车载测试的依赖。MBSE 方法主要可通过以下两方面实现对弹性系统的开发:

1) 通过使用弹性合同进行决策规划以确保弹性行为。

2) 应用基于仿真的测试方法验证决策规划环节能否处理所有已知情况及对潜在未知情况的处理能力。

决策规划环节测试的典型评价指标见表 16-2。

表 16-2 决策规划环节测试的典型评价指标

测试能力	指标
预测	对车辆预测准确率
	对车辆预测召回率
	对行人预测准确率
	对行人预测召回率
	对自行车预测准确率
	对自行车预测召回率
	车辆直行轨迹预测
	车辆直行变道轨迹预测
	车辆左、右转弯轨迹预测
决策规划	直行策略
	跟车策略
	Stop 策略
	主动变道策略
	普通变道
	主动变道
	低速车辆主动变道
	禁止连续变道策略
	变道取消策略
	停止线掉头策略
	路口直接掉头
	左转弯
	右转弯
	其他策略

16.2.4 综合功能测试

除感知环节、决策规划环节分别进行单元测试外,还需要针对综合功能模块进行测试。ADAS 需要由感知环节、决策规划环节、控制环节等多个单元共同协调,以完成某项具体的功能,这样的控制系统通常为一个功能模块,如自动泊车、ACC、交通标志检测(TSR)、BSD、FCW、LDW、HUD、汽车夜视系统(NVS)、智能车速控制(ISA)、智能前照灯控制(AFL)、泊车辅助(PA)系统、AEB、行人检测系统(PDS)与行人保护(PP)等。多数研究通过基于搜索的方法生成测试场景进行测试。图 16-5 所示是基于搜索的测试场景生成方法。基于搜索的方法通常使用进化算法或多目标搜索算法,这些算法均通过不断迭代生成关键测试场景。进化算法通常使用某一初始测试场景作为生成种子,使用模拟器及适应性函数生成适应度,以表征场景生成的优劣,通过选择器及搜索器生成变异测试用例并反复迭代。多目标搜索算法类似于进化算法的不断迭代过程,同样是在某一大的搜索空间中不断搜索符合要求的测试用例。两者的差别在于进化算法需要提供适应度函数以指导变异的方向,多目标搜索算法则是需要定义距离函数以指导搜索的方向。相关研究通常采用辅助预测器和辅助分类器以提高生成场景的速度及准确性。除了基于搜索的方法外，研究人员提出了基于硬件在环、算法在环的测试方法以测试系统的综合功能。

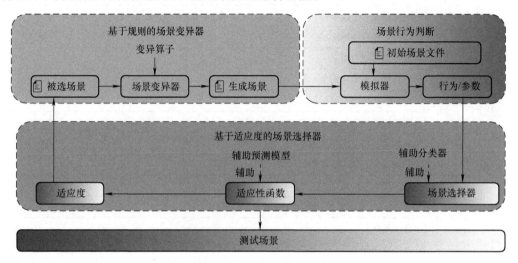

图 16-5　基于搜索的测试场景生成方法

16.2.5　整车测试

除针对感知环节、决策规划环节等单元测试及综合功能测试，还需要进行整车测试以测试整车性能。基于整车的测试不局限于某一单独模块或某种具体功能，而是对整个驾驶系统做出综合评判，因此基于整车的测试不研究来自某一模块的错误。为保证测试的安全与高效，整车测试通常在虚拟环境中使用场景作为测试用例进行测试。

测试场景的内涵可以理解为：场景是智能网联汽车与其行驶环境各组成要素在一段时间内的总体动态描述，这些要素组成由所期望检验的智能网联汽车的功能决定。简言之，场景可认为是智能网联汽车行驶场合与驾驶情景的有机组合。确定场景要素是进行基于场景的智能网联汽车各项测试的首要环节。测试场景要素通常包括气象要素、测试车辆要素、静态环境要素、动态环境要素及交通参与者要素。其中，测试车辆要素主要收集待测车辆的物理信息，如重量、位置、性能及运动状态等。静态场景要素则主要包括障碍物、路面情况、交通标识等路况信息。

针对整车测试的测试方法主要分为两种：一种是通过真实场景和交通数据相结合生成仿真场景进行测试；另一种是通过构建完善全面的测试框架以评估辅助驾驶系统。基于真实场景衍生出的仿真场景相对更加接近真实驾驶场景，通过引入在真实世界中采集的地理信息可衍生出更真实、更具参考价值的测试场景。

16.3　测试方法

测试方法主要指测试内容的组织形式和开展测试的途径。智能网联汽车在进入自动驾驶状态后，车辆的所有行为均来自驾驶系统的自主决策，因此测试方法应当为车辆提供自主决策的自由度,以体现出车辆的决策能力。此外,测试应具备可控性与可重复性,因此测试对象应在特定条件下接受测试。为满足上述两方面需求,根据测试输入及测试过程要求的不同,发展出了3种测试方法,分别是基于用例的测试方法、基于场景的测试方法及公共道路测试方法。3种测试方法对比见表16-3。

表16-3 3种测试方法对比

测试方法	测试输入	测试过程
基于用例的测试方法	预设	预设
基于场景的测试方法	预设	以车辆决策为准
公共道路测试方法	不预设	以车辆决策为准

16.3.1 基于用例的测试方法

通过预先定义的测试用例来测试车辆的某项功能是否满足特定条件下需求的方法,即为基于用例的测试方法。测试用例是指为某个特殊目标而编制的一组测试输入、执行条件及预期结果,以便测试某个程序路径或核实是否满足某个特定需求。

该测试方法对测试过程和结果有明确的要求,如对ABE的测试,需要在不同条件下通过制动使车辆避免与障碍物发生碰撞,以证明功能有效。

由于其对应用条件和预期结果的明确要求,基于用例的测试方法主要适用于功能较为单一的测试与验证,如ADAS功能测试、主动安全测试及辅助驾驶系统开发阶段的单项功能测试等。由于测试输入、测试条件和结果明确且可控,该测试方法具有可重复性强、效率高的优点,也带来了需要预先确定测试输入和测试条件的问题。目前,预设条件的确定主要依赖于对危险数据、事故数据,以及模拟试验数据的分析或理论研判,但是前期的数据采集和分析成本相对较高,并且获得的数据存在局限性。基于用例的测试方法在应用于功能相对复杂和综合的驾驶系统时存在一定不足。该方法只能对某项功能进行测试,难以测试多项功能的综合表现,对测试结果有明确的要求,也难以体现出智能网联汽车的决策能力。

16.3.2 基于场景的测试方法

基于场景的测试方法是指通过预先设定的场景,要求车辆完成某项特定目标或任务来对系统进行测试的方法。场景需要描述特定时间段内发生的事件过程,一般将场景理解为多个事件顺序发生而构成的序列,并会延续一段时间,或描述了一定空间和时间范围内的所有环境,以及交通参与者的状态、行为过程及目的的"剧本"。图16-6所示是一个典型的换道场景。该测试方法的特点在于对测试结果没有明确要求,智能网联汽车可以自主选择采取何种方式来处理当前状况以完成给定目标或任务,具有很高的自由度,从而体现汽车的自主决策水平。

基于场景的测试方法只规定了测试的初始条件,而不预设测试过程和测试结果,要求辅助驾驶系统自主决策,能够对智能网联汽车的综合性能进行测试,因此更适合ADAS的测试需求。由于多种环境感知传感器提出的测试需求,还需要提供系统决策所需的自由度,测试场景的设计更加复杂,环境要素更加丰富,因此测试场景的构建是该测试方法的一大挑战。与基于用例的测试方法类似,基于场景的测试方法同样需要分析多种来源数据以确定测试场

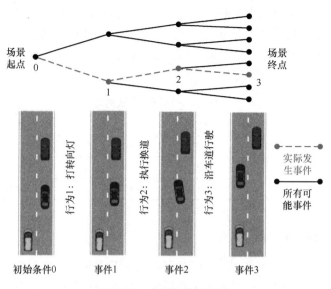

图 16-6　典型的换道场景

景的内容和测试初始条件,依赖于对危险数据、事故数据,以及模拟试验数据的分析或理论研判,因而也面临类似的问题,即数据采集和分析成本相对较高,并且获得的数据存在局限性。

16.3.3　公共道路测试方法

　　公共道路测试是指在现实道路和真实交通环境下开展的测试。该测试方法与上述两种方法相比截然不同,是结合特定测试环境的专用测试方法,无法推广到其他测试工具。公共道路测试可以提供完全真实的、非人工模拟的交通场景,所有交通参与者、气候条件、道路条件都是不受人为控制的真实存在。所有事件均为随机发生,测试本身无预设测试初始条件,车辆在公共道路行驶的过程均是测试过程,全面测试辅助驾驶系统在真实情境下的表现。

　　公共道路测试能够提供真实的交通环境,满足环境感知环节、决策规划环节的测试需求,是进行辅助驾驶测试的最直观方式。该测试方法的缺点在于测试周期长、效率低,难以保证测试阶段安全性且测试成本巨大,同时必须考虑行车风险及法律法规的限制。根据 NHTSA 2013 年的统计数据,平均每 53 万 mile(1mile=1.609km)才会出现一次机动车碰撞事故,而平均每 9900 万 mile 才出现一次致死事故,因此车辆在道路中实际行驶时是极少遇到危险状况和事故的。从统计学角度出发,要验证对比智能网联汽车与人类驾驶的安全性,理论上应至少进行 9900 万 mile 的公共道路测试,这是一个相当远的测试里程,需要完成巨大的工作量。因此,单纯依靠公共道路测试方法来测试辅助驾驶系统不具备可行性。

16.4　辅助驾驶系统测试体系

　　测试要遵循不同的层次进行,依据合理的测试体系进行测试能够提高智能网联汽车研发效率,保证辅助驾驶系统运行的稳定性、准确性及智能网联汽车的安全性及舒适性。百度自动驾驶技术测试体系分为实验室阶段测试、车辆在环测试及道路在环测试三部分。智能网联车辆需要先经过实验室阶段测试、车辆在环测试及封闭测试场测试,完成后再进行开放道路测试,最终投入市场。典型的测试体系架构如图16-7所示。

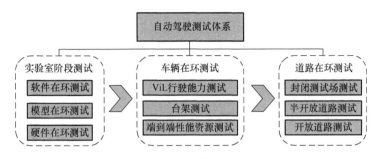

图16-7 典型的测试体系架构

16.4.1 实验室阶段测试

实验室阶段测试的目的是在离线情况下完成对辅助驾驶系统的测试,包括模型的训练评估、各软件模块的测试、仿真测试、集成测试、硬件测试、硬件在环测试等。实验室阶段测试的特点是利用计算机在实验室环境下进行低成本、快速、大量的分析测试,检验软件与硬件系统的功能情况、资源占用情况、可靠性等,为后续将要进行的车辆在环测试及道路在环测试节省成本和时间,提高测试质量和效率。实验室阶段测试主要包括模型在环(MiL)测试、软件在环(SiL)测试、硬件在环(HiL)测试等。

1. 模型在环测试

在系统开发的最初阶段,需要使用没有硬件参与的模型在环测试,用于验证算法的正确性,主要针对高精度定位、环境感知、规划预测及控制等辅助驾驶系统核心算法。在实验室阶段测试评估算法的核心能力,并通过评估每种算法的各种指标来反映辅助驾驶的能力。同时,通过评估结果中的问题项,及时发现并修复算法缺陷和漏洞,从而有效降低发现问题的成本。模型在环仿真平台框架及共性组件如图16-8所示。

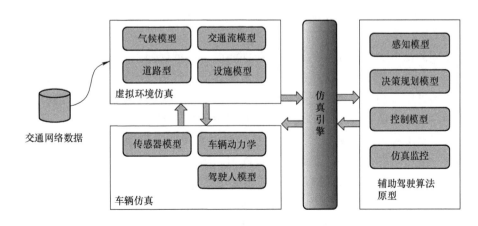

图16-8 模型在环仿真平台框架及共性组件

模型在环测试的评估结果很大程度上取决于评估数据的分布,因此需要评估数据的分类和数据丰富度的规划。在评估数据内容设置完成之后,可以根据计划设置执行数据收集。评估数据可以通过日常驾驶数据或特殊场景的数据收集获得，或者可以通过模拟收集。需要处理收集的数据以形成评估数据。在评估数据集的基础上评估模型或模块，并输出评估指标。

2. 软件在环测试

智能网联汽车不仅包含控制系统，还涉及更多的软件系统，如感知系统、定位系统、决策规划系统、高精度地图系统等，每个环节都需要进行在环测试。传统软件在环工具无法解决这个问题，因此智能网联汽车软件在环测试的关键工具是离线仿真系统，可以同时离线访问每个模块并实时生成车辆状态反馈。

软件在环测试是在设计主机上编译生成智能网联汽车软件源代码，并将其作为单独的进程执行，通过与虚拟环境交互的计算机数值模拟方法完成测试。其目的是测试辅助驾驶系统软件运行状况、模块功能、集成情况、资源占用等，并对各种场景进行仿真测试。软件在环测试中，软件将部署到设计主机端进行仿真，使用主机的高算力完成大规模的虚拟测试。图16-9所示是软件在环测试仿真框架实例。软件在环测试可在物理样机出现之前帮助设计者提前发现系统缺陷和故障，收集代码覆盖率和执行时间指标，但是无法测试系统在物理环境干扰、通信和作动器延迟等工况下的表现。软件在环测试可以在服务器或云端大规模部署和并行测试，并且比模型在环测试的集成度更高。软件在环测试是模型测试的延伸和硬件在环测试的前置。软件在环测试能够以更低的成本发现智能网联

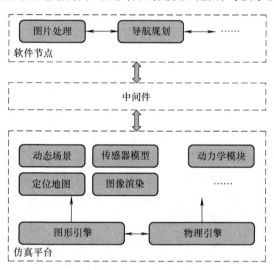

图16-9　软件在环测试仿真框架实例

汽车的功能问题，特别是可以方便地进行"测试驱动开发"，即测试结果参与算法的迭代训练。软件在环测试可以加快软件迭代，并且在前期快速发现、解决软件问题，从而节省研发时间和成本，提高开发效率，已成为最有潜力的仿真测试方法之一。

3. 硬件在环测试

硬件在环测试主要包括环境感知系统在环测试、决策规划系统在环测试和控制执行系统在环测试等，其测试要求包括：持续测试（可根据此时目的进行自动测试）、组合测试（例如，在同一场景中分别对安全性、舒适性进行评价）、扩展性（简单功能的测试结果具有扩展性，例如，对于车道保持的测试结果可扩展应用于高级辅助驾驶功能）。环境感知系统在环测试主要包括摄像头在环测试、雷达在环测试、V2X在环测试，以及多源传感融合系统在环测试等。典型感知系统硬件在环试验台框架如图16-10所示。

HiL是智能网联汽车集成测试阶段一项重要测试技术。它介于模块测试和真实道路测试之间，在智能网联汽车测试链条当中起到承前启后的重要作用。硬件在环集成测试在实验室搭建出一个半实物仿真的测试平台，搭建尽量接近真实道路的行车环境。相比于软件在环测试平台，硬件在环测试技术能从智能网联汽车系统集成的角度，实现前端传感器的硬仿真介入。在实现前端可控传感器仿真的基础上，硬件在环测试能够测试覆盖到自动驾驶系统中的多个主要模块，包含预处理、感知、定位、决策控制等部分。以数据驱动方式组织的集成链

条测试，可以真正打通端到端的智能网联汽车离线测试能力。以真实道路测试记录的数据为基础，通过硬件在环测试技术还原场景，将被测系统放置于接近真实物理世界的测试环境中，实现了虚拟场景仿真到全传感器仿真场景的突破。

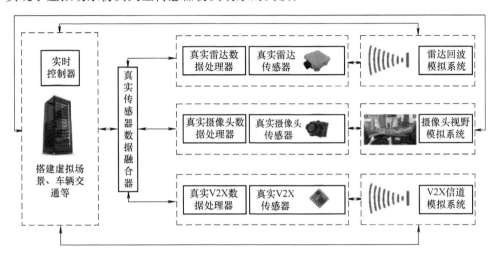

图 16-10　典型感知系统硬件在环试验台框架

硬件在环测试是一种半实物测试方法，智能网联汽车的部分组件或系统采用真实物理设备，而场景、被控对象等则采用数字模型。硬件在环仿真结合数学模型和物理硬件设备，在模拟测试场景的同时引入了时滞、饱和、摩擦等非线性物理特性，显著提高了测试结果的置信度，在一定程度上克服了模型在环/软件在环测试中模型和数据过于理想化的缺点。按照真实物理设备的类型，可以将硬件在环测试方案大致分为以下 3 种。

（1）针对算法软件的快速原型测试

将算法快速部署到真实控制器上，将控制器与工控机相连接，工控机上运行被控对象的模型以模拟电气特性，该方案用于评价软件在真实控制器上的表现是否满足设计需求。

（2）针对传感器的硬件在环

（3）针对执行器的硬件在环

建立包括转向系统、制动系统等在内的硬件在环台架，重点关注算法处理真实物理系统的时滞、非线性的能力，或进一步标定算法参数。

16.4.2　车辆在环测试

车辆在环（ViL）测试，即将整车作为实物，接入到虚拟场景中的一类特殊的硬件在环仿真测试方法。典型的车辆在环测试方案如图 16-11 所示。ViL 测试基于半实物仿真技术思想，是真实车辆和虚拟仿真的联合测试系统。例如，可以在一个封闭场地内实现任意开放道路的集成测试，实现大部分的真实测试需求，并能对 2D、3D 感知环境进行精确仿真控制。ViL 测试在封闭场地内最大限度还原开放道路的场景，降低了实际道路测试风险性，节省测试的成本和时间。相较于硬件在环测试，车辆在环测试能够在整车水平上形成闭环迭代的高效测试框架，有效弥补了硬件在环测试与实车测试之间的差距。具体来说，ViL 测试具有如下特点：

1）实现快速的场景及驾驶测试。
2）高效地验证各控制器的功能。
3）降低实车测试的难度和风险。
4）减少交通事故风险。
5）减少对场地、真实交通和试验车辆的需求。

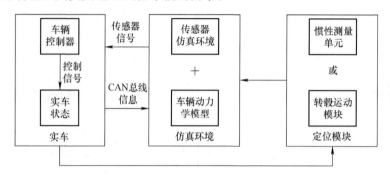

图 16-11　车辆在环测试方案

1. ViL 行驶能力测试

ViL 测试完全还原开放道路的场景，可以做出开放道路不敢尝试的极限危险动作，实现场景的迁移。ViL 测试充分利用空场地，在此空场地内载入不同的地图，将远程地图进行本地化测试，同时可以在前期测试地图的完好性，保障后期道路测试的安全。抽取地上的典型场景后，将这些典型场景编号，自由排列后完成自动化测试，同时可以进行智能网联汽车长时间性能和耐久测试，测试过程中还能够实现场景的迅速转换和测试的快速介入，因此在前期测试就能积累大量的经验，模拟各种极端场景，在测试中探索车辆的行驶能力边界。

2. 台架测试

智能网联汽车集成测试过程中，实验室离线环境并不能完美还原智能网联汽车真实的状况，如何才能在室内环境安全便捷地进行动态测试及满足测试需求便成为亟待解决的问题。为了解决这个问题，结合汽车行业经验，目前通过设计使用举升机结构，在室内实验室环境安全简便地实现智能网联汽车动态测试。台架测试是基于半实物仿真的思路，在外部环境难以还原或者还原成本太高的情况下，对能够仿真的部分进行仿真测试，其余则使用真实环境进行测试。

配合使用专用的 CAN 总线设备，实现智能网联汽车车载网络测试、智能网联汽车纵向控制精度测试、智能网联汽车横向控制精度测试、智能网联汽车耐久测试等相关项目，并设计制作基于嵌入式的便携式接入设备，测试用例自动化调用执行。

3. 端到端性能资源测试

智能网联汽车测试中，系统整体运行过程中的资源消耗情况和系统整体端到端耗时是集成封闭场地测试当中需要重点关注的项目。在集成测试过程中，通过监控系统各部分资源消耗和统计各个算法模块的计算耗时及过程传输间的耗时，可以进行智能网联汽车整体性能资源测试分析。

具体的端对端性能资源测试，即智能网联汽车资源消耗和性能耗时测试项目，见表 16-4。

表16-4 端对端性能资源测试

性能耗时测试/ms	端到端
	雷达预处理
	感知
	决策
	规划
	控制
	总传输时延
	预处理→感知
	感知→决策
	决策→规划
	规划→控制
资源消耗测试（%）	CPU 计算
	CPU 控制
	MEM 计算
	MEM 控制

16.4.3 道路在环测试

道路在环测试是对智能网联汽车在实际道路上的行驶情况进行测试分析，考察智能网联汽车在各种道路场景和障碍物下的感知、决策规划及控制能力和应对措施。道路在环测试是测试体系中不可或缺的环节，任何智能网联汽车都要经过道路在环测试的验证。道路在环测试包括封闭测试场测试、半开放道路测试及开放道路测试。

1. 封闭测试场测试

封闭测试场测试将智能网联汽车置于专用的受控区域，从环境到车辆系统均为实物，场地采用柔性化设计构造典型交通场景，使智能网联汽车能够在有限的场地条件下，尽可能地经历不同环境和场景的测试。智能网联汽车在上路之前需要首先在封闭测试场完成各种场景测试。封闭测试场测试的目的在于检测智能网联汽车的基本功能和软硬件系统运行情况，并进行简单基础场景测试，如直行、转向、交通信号灯识别等。封闭测试场测试可以及早发现驾驶系统和车辆自身基本功能等方面的问题，避免进入开放道路测试时出现事故，从而降低风险且节省时间和成本。

2. 半开放道路测试

在进入开放道路测试之前，智能网联汽车还需要在半开放道路上进行测试。半开放道路，即有可控且规模有限的社会车辆和行人通过的道路。一般选取车速较低、交通密度较低的园区作为半开放道路，其中有社会车辆和行人通过，但流量可控，相比实际开放道路场景要简单。部分半开放道路包括工业园区、有一定规模的驾校、区域测试场等。

3. 开放道路测试

开放道路是指社会车辆和行人正常通行的道路，场景随机多变、交通状况复杂。实际工况的复杂性致使仿真和封闭场地的评价结果可能与真实情况存在偏差，因此智能网联汽车在量产前必须在开放道路上进行连续测试,它是道路在环测试的最终环节,是智能网联汽车积累测试数据、提升技术水平,并最终商业化的必经环节。开放道路测试更加全面真实地检验智能网联汽车在各种复杂场景下的运行状况及化解危机情况的能力,对系统工作情况、各模块功能、车辆整体运行等各维度进行综合测试。

16.4.4 对比及分析

实验室阶段测试(模型在环测试、软件在环测试、硬件在环测试等)和车辆在环测试均属于智能网联汽车的虚拟测试。

在智能网联汽车发展的早期阶段,多采用实车测试对智能网联汽车的安全性进行验证。随着自动驾驶等级的提高,单一功能和节点已经无法满足智能网联汽车测试需求,而向复杂且多节点的测试转变。此后,测试场景变得无限丰富、极其复杂、不可预测、不可穷尽,甚至有限的道路测试已不能覆盖智能网联汽车所面临的全部情况,需要新的测试方法来测试评价智能网联汽车的智能度与安全性等关键性能。虚拟测试由于测试场景丰富、计算速度快、测试效率高、资源消耗低、可重复性好、可嵌入车辆开发的各个环节等优点得到了广泛使用。表16-5展示了虚拟测试、封闭测试场测试、开放道路测试的对比,从测试真实度、测试成本、测试效率、可重复性、测试场景数量和测试目的等角度展开。

表16-5 虚拟测试、封闭测试场测试、开放道路测试的对比

测试指标	虚拟测试	封闭测试场测试	开放道路测试
测试真实度	取决于模型的真实度,相比较而言,真实度较低	较为真实,但缺少真实的其他交通参与者的动态变化要素	真实,与实际上路的智能网联汽车的行驶环境一致
测试成本	低,软件系统的成本相对较低	测试场地搭建成本较高	高,需要多人多车长时间行驶
测试效率	高,多核心并行测试可极大提高仿真速度	较高,可针对性地对关键场景进行强化测试	低,基于道路里程的测试方法需要多车长时间行驶
可重复性	强,可根据定义数据搭建相同的测试场景	较强,可通过场景配置要求进行场景要素的重构	差,不可进行公共道路上的重复性测试
测试场景数量	多,在给定逻辑场景参数空间的情况下可生成任意数量的测试场景	较少,由于试验场地限制,虽然可根据场景要素的改变,尽可能多地构建场景,但相比虚拟测试和开放道路,测试场景数量仍较低	多,在测试时间足够长的情况下可以遇到尽可能多的所需的测试场景
测试目的	嵌入系统开发的各个环节,进行海量的场景测试,验证智能网联功能的边界	对关键场景进行验证,同时可通过配置场景要素搭建现实中未遇到或概率低的场景类型,验证系统在边界情况下的操作	明确相关事件的统计学规律,在实际情况中验证系统边界,检测智能网联车与传统车辆之间的交互,发现未被考虑到的新场景

目前,智能网联汽车的测试工作大约90%通过虚拟测试完成,9%在封闭测试场完成,1%通过开放道路测试完成。其中,虚拟测试是加速自动驾驶技术迭代的核心环节,主要在研发初期进行,封闭测试场测试是智能网联汽车测试的有效手段,开放道路测试则是检测智

能网联汽车整车性能的最终环节,也是投入商业化生产的前置条件。虚拟测试、封闭测试场测试与开放道路测试三者之间互为补充,形成测试闭环。具体而言,仿真可以提高测试速度,其结果通过封闭测试场和开放道路验证,封闭测试场和开放道路测试发现的新场景又可以反馈补充到虚拟测试场景库中。

虚拟测试具有易实现、易部署的优点,然而其测试结果的可靠性高度依赖于仿真软件对真实物理环境的模拟,传感器的物理建模精度、三维动态虚拟图像渲染的正确性、车辆动力学模型的准确度,以及交通行为建模的逼真度均影响测试结果。由此导致目前的虚拟测试对交通行为的建模在精度和真实性上均有所欠缺,无法真实复现动态随机的交通环境。

封闭测试场测试能够真实、快速地有效评价智能网联汽车整车性能和人机交互性能,但是标准规范缺失也导致现有封闭测试场水平不一致、测试结果无法互认等问题十分突出,此外,场地运营成本较高。场地建设缺乏规范,建设水平参差不齐,部分场地场景单一,已经落后于智能网联汽车的技术发展水平,无法支持车联网测试;测试通过标准不统一,测试准备、车辆技术状态、场景设置、车端和路侧端数据采集与处理方法不一致,导致各封闭测试场的评价结果存在差异,制约了测试互认工作的开展。

作为测试的最终环节,开放道路测试的测试成本较高,而且周期长,具有一定的安全风险,目前还需要完善相应的测试方式及其相应的法律法规支持与规范。表 16-6 总结了虚拟测试、封闭测试场测试、开放道路测试的优缺点。

表 16-6 虚拟测试、封闭测试场测试、开放道路测试的优缺点

测试方法	优点	缺点
虚拟测试	安全性高、效率高、成本低;场景可重复性好	存在真实性损失,测试结果置信度不足;部分性能测试与参数标定无法实现
封闭测试场测试	安全性较高、场景可重复性较好;可进行性能测试和参数标定	场景数量受限于场地基础设施;测试场地投资成本较高;测试效率较低
开放道路测试	可进行性能测试和参数标定;测试的最终环节	安全性较低;边缘场景出现概率较低、测试成本高、测试周期长

16.5 实车测试–道路测试场地及政策

16.5.1 封闭测试场现状

目前,国内各省市为推动智能网联汽车产业发展,鼓励、支持、规范智能网联汽车技术的研发和应用,北京、上海、重庆等地先后发布了智能网联汽车公共道路测试实施细则或管理办法;工信部、公安部、交通运输部等部门也从国家层面给出了参考文件。

2018 年 5 月,交通运输部出台了《自动驾驶封闭测试场地建设技术指南(暂行)》(交办科技〔2018〕59 号)。这是国家部委出台的第一部关于自动驾驶技术封闭测试场地建设技术的规范性文件,文件内容包含 3 大类道路或交通控制设施条件、一批测试工具与设施等 22 个测试场景。2020 年 4 月,中国汽车工程学会发布的 T/CSAE 125—2020《智能网联汽车测试场设计技术要求》中列出了 19 个基础测试场景和 7 个特殊测试场景。2022 年 10 月,

国家市场监督管理总局、国家标准化管理委员会发布 GB/T 41798—2022《智能网联汽车 自动驾驶功能场地试验方法及要求》。该标准针对智能网联汽车自动驾驶功能通用的 8 大检测项目，规定 32 个试验场景。标准的制定与实施将为行业管理部门提供技术支撑，引导企业生产满足行业需求的技术产品，推动其更大规模的应用，有效提升我国车辆智能化技术水平及道路安全水平。测试场相关标准规范指南规定的测试场景见表 16-7。

表 16-7　测试场相关标准规范指南规定的测试场景

序号	《自动驾驶封闭测试场地建设技术指南（暂行）》（交办科技〔2018〕59 号）	T/CSAE 125—2020《智能网联汽车测试场设计技术要求》	GB/T 41798—2022《智能网联汽车 自动驾驶功能场地试验方法及要求》
1	自动转向"S"形路线	车速保持	限速标志
2	自动加速与制动	车道保持	弯道
3	弯道行驶	跟车行驶	停车让行标志和标线
4	坡道停车和起步	并道行驶	机动车信号灯
5	道路入口	超车	方向指示信号灯
6	道路出口	驶入/驶出匝道	快速路车道信号灯
7	人行横道减速	交叉路口通行	无信号灯路口右侧存在直行车辆
8	减速丘限速	环形路口通行	无信号灯路口左侧存在直行车辆
9	道路限速	交通信号灯通行	无信号灯路口对向存在直行车辆
10	施工区	施工区域通行	静止车辆占用部分车道
11	停车让行	前方车辆变道识别与避让	环形路口
12	减速让行	道路弱势群体避让通行	匝道
13	锥形交通路标	障碍物避让通行	隧道
14	人行横道信号灯识别与响应	N 形掉头	收费站
15	平面交叉口	U 形掉头	施工车道
16	进出环岛	靠边停车	行人通过人行横道线
17	模拟隧道	避让对向来车	行人沿道路行走
18	前方车辆静止	网联通信	自行车同车道骑行
19	前方车辆紧急制动	自动泊车	摩托车同车道行驶
20	前方车辆减速	坡道	前方车辆切入
21	主动换道	隧道（含模拟隧道）	前方车辆切出
22	前方行人横穿	天气和灯光环境模拟道路	目标车辆停-走
23	—	模拟加油站和充电站	对向车辆借道行驶
24	—	模拟公交站	目标车辆切出后存在静止车辆
25	—	模拟高速公路收费站	前方车辆紧急制动
26	—	网联功能	行人横穿道路
27	—	—	自行车横穿道路
28	—	—	停车点
29	—	—	港湾式站台
30	—	—	普通站台
31	—	—	动态驾驶任务干扰及接管
32	—	—	最小风险策略

智能网联汽车封闭测试场的建设目标在于创建场景可控及场景可复现的仿真环境,以对智能网联汽车的自动驾驶功能和网联功能进行测试。国内智能网联汽车封闭测试场主要由以下 5 部分组成。

1. 基础测试场地

基础测试场地主要包括 ADAS 测试场地、模拟高速(快速路)、模拟城市路网、模拟公路、模拟低等级道路、模拟隧道、模拟停车场、模拟街景等,以及配套建设的交通标志、标线、信号灯和交通安全设施等。

2. 模拟自然环境

模拟自然环境主要包括模拟雨、雾、雪、路面结冰和模拟自然光照等。

3. 交通要素系统

交通要素系统主要包括机动车、非机动车、行人、交通管制设施和异常物体(如动物)等。在模拟交通流时,机动车多采用真实汽车,在测试存在碰撞风险的场景时,多采用模拟汽车、模拟摩托车;非机动车和行人多采用静态或动态模拟自行车及行人。

4. 通信系统

通信系统主要包括有线通信系统、无线通信系统、交通环境检测系统、边缘计算系统和高精度定位系统等。

5. 控制中心

控制中心主要包括场地管理系统、云存储系统、交通信号控制系统和显示屏幕等。

国内主要智能网联汽车试验场见表 16-8。

表 16-8 国内主要智能网联汽车试验场

地点	预计示范区大小	道路长度	道路类型	设施	应用功能
上海	150km²	一期道路长度可达 3.6km,四期道路总里程可达 500km	十字路口、模拟隧道、林荫道、加油站和室内停车场	智能信号灯及路侧智能通信设备	辅助驾驶、V2X 网联汽车
北京	封闭测试区 0.65km²	一期开放测试道路长度约 10km	城市及乡村道路;高速道路(上下匝道、模拟人工收费站、电子车牌)等多种道路形状和路面	路灯、可移动假人、气球车、信号灯、检测设备、天气模拟装置	绿色用车、智能驾驶、智慧路网、便捷停车、生活服务、智慧管理
重庆	二期 2.24km²	一期测试道路全长 6km	二期试验道路包含各种特殊道路、乡村道路、高速环路及模拟城镇道路的测试环境	信号灯、路侧设施、微波检测器	测试道路交通场景、行车效率场景、信息服务类场景、通信和定位能力场景
武汉	第三阶段 90km²	一期测试道路长约 4.3km	模拟湿滑、涉水、山路、林地、高速、砖石、桥梁等多种路况	智能传感器等监控设施	智能网联汽车、智慧新生活
杭州	杭州云熙小镇和桐乡乌镇	—	—	交通大数据平台、智能车载终端、智能路网设施、全自动停车系统等	偏重展示:V2X 智能网联、绿色出行、便捷停车

（续）

地点	预计示范区大小	道路长度	道路类型	设施	应用功能
长春	100km²	约100km	城市快速路、城市轨道交通、城乡街道、乡村道路、隧道、桥梁、立交桥、山地、环湖、坡路等	—	智能驾驶、绿色出行、共享汽车、智慧路网
无锡	两年内扩建为0.14km²	封闭测试道路3.53km	公路测试区、多功能测试区、城市街区、环道和高速测试区	隔离/减速设施、车道线、临时障碍物、交通信号和标志	对汽车功能符合性、性能可靠性和稳定性性能测试，并对自动驾驶技术提供第三方测试认证
深圳	0.3km²	约8km	高速公路、隧道、金属架桥、林荫路、环岛、多叉路口	可移动建筑单墙、大型室内极端天气测试场	无人驾驶汽车小镇，可提高出行效率

16.5.2 开放道路测试现状

2017年12月18日，北京市交通委、市公安交管局、经济信息化委联合发布了《北京市关于加快推进自动驾驶车辆道路测试有关工作的指导意见（试行）》，这是国内第一个关于智能网联汽车道路测试的文件，也是我国智能网联汽车产业的重要里程碑。文件中明确规定了对测试主体、测试驾驶人、测试车辆的要求，以及测试如何管理和测试中发生事故后如何认定责任等事项。

国内其他地区，如广州、深圳、长沙、长春、天津等地，也先后发布了相关的实施细则或管理办法，以推动智能网联汽车产业的发展，同时为满足要求的测试主体发放牌照，开放部分道路。根据测试主体的需求和技术现状，逐渐为测试主体开放更高复杂度的道路，满足不同测试层面的需求，推动道路测试相关工作。

将各地发表的政策进行对比。在国内各地发布的关于智能网联汽车道路测试管理规范或管理办法中，都对测试主体、测试车辆和测试驾驶人进行了条件要求，但又不尽相同，见表16-9。

表16-9 国内主要城市对测试主体、测试车辆和测试驾驶人的差异

项目	北京	上海	重庆
测试主体	独立法人单位性质、安装监管装置	与《智能网联汽车道路测试管理规范（试行）》文件要求相同	仅要求为具有自动驾驶技术及产品研发或生产能力的整车企业、改装车生产企业、零部件企业、电子信息企业、科研院所/高校、交通运输企业、其他科技型企业
测试车辆	按照要求进行不少于规定里程与规定场景的测试，具备实际道路测试能力，具备安全警告提醒功能	要求在第三方机构指定的封闭测试区内进行实车试验，每个测试项目有效试验次数不少于30次，测试结果达标率不小于90%	具备人工紧急制动功能，并支持"手动驾驶"和"自动驾驶"两种模式，两种模式之间的切换安全、快速、简单。可保证测试驾驶人随时接管车辆控制；辅助驾驶系统必须具备系统提醒及安全警告功能
测试驾驶人	在危险场景下接管车辆操作时间超过50h	与测试主体是否签订劳动合同无要求，有50h以上的辅助驾驶系统操作经验	要求不低于50h的道路测试培训和充分了解车辆的性能和测试驾驶

表 16-10 对比了国内各地对智能网联汽车在进行开放道路测试前需要在封闭区开展的测试项目，这些项目可根据智能网联汽车的认知与交通法规遵守能力、执行能力、应急处置能力、综合驾驶能力进行分类。认知与交通法规遵守能力主要考察智能网联汽车对道路、标志标线等设施的认知及对交通法规的遵守能力。执行能力主要考察智能网联汽车准确控制车辆运动位置的能力。应急处置能力主要考察智能网联汽车对突发情况和人工介入接管后可以正常工作的能力。综合驾驶能力主要考察智能网联车辆在面对特定场景或特定任务时，能有效处理动态交通、遵守交通规则、正确控制车辆的能力。北京的测试项目共有 40 项，其中反映遵守交通规则的内容偏多。上海的测试项目共有 17 项，和工信部、公安部、交通运输部规定的测试项目相差不大。重庆的测试项目共有 20 项，比较注重场景的多样性。

表 16-10　国内各地测试项目

分类依据	北京	上海	重庆	工信部、公安部、交通运输部
认知与交通法规遵守能力	识别交通标志；识别交通标线；识别交通信号灯；识别交通指挥手势	限速信息识别及响应；交通信号灯识别及响应；行人和非机动车识别及避让	人行横道通行	交通标志和标线的识别及响应；交通信号灯识别及响应*；行人和非机动车识别及避让*
执行能力	曲线行驶；直角转弯；起伏路行驶；过限宽门；窄路掉头；坡道停车和起步	障碍检测及响应	一键退出；障碍物识别及响应；坡道停-走	障碍物识别及响应
应急处置能力	紧急情况处置；人工介入后的可操控性；紧急停车	车辆碰撞自动紧急制动；道路弱势群体碰撞自动紧急制动	自动紧急制动；应急车辆避让；动态驾驶任务接管	自动紧急制动；人工操作接管
综合驾驶能力	起步；停车；跟车；变更车道；直行通过路口；通过人行横道线；路口左转弯；路口右转弯；路口掉头；靠边停车；通过公共汽车；会车；通过环岛；主辅路行驶；通过模拟苜蓿叶式立交；通过学校区域；通过隧道；超车；倒车入库；侧方停车；通过雨区道路；通过雾区道路；通过湿滑路面；通过遗撒路面；避让应急车辆；夜间行驶；网联驾驶	跟车行驶（包括停车和起步）；前方车辆变更车道检测及响应并道行驶；超车；靠路边停车；交叉路口通行；环形路口通行车道保持控制；探测并避让对向来车；停车场通行；网联通信	车道变少通行；车道内行驶；并道行驶；学校区域通行；施工区域通行；环岛通行；交叉路口通行；高速场景匝道通行；收费站通行；会车让行；特殊天气行驶；夜间行驶	前方车辆行驶状态识别及响应；环形路口通行*；跟车行驶；靠路边停车；超车；并道；交叉路口通行*；网联通信*

注：标 * 的为选测项目。

第17章 仿真测试

17.1 引言

自动驾驶技术的发展旨在通过减少人为错误，提升交通安全、便利特殊交通参与者、缓解交通拥堵，从而极大提高未来交通系统的智能化水平。尽管其潜力巨大，但自动驾驶技术在全天候和全场景下的安全驾驶能力仍处于探索阶段。这一探索过程面临诸多安全挑战，包括复杂多变的交通场景、极端天气条件的不可预测性、系统的感知认知和决策执行局限性、数据隐私问题、潜在的人为误用，以及伦理法律问题等。这些挑战产生的安全问题包括预期功能安全（SOTIF）问题、功能安全（FuSa）问题、信息安全问题，以及基于社会属性的交互安全问题和法律道德责任问题。这些多维安全问题的相互作用增加了自动驾驶车辆的行驶风险，可能导致交通事故频发，严重威胁人们的生命财产安全，并引发公众对自动驾驶技术的信任危机，影响技术的普及和推广。随着更高级别的自动驾驶系统在现实世界中的部署，自动驾驶系统的仿真测试对于自动驾驶车辆的安全性将变得至关重要。

17.2 仿真测试技术的概述、定义和流程

17.2.1 仿真测试技术概述

Elrofai 提出"场景是在一个特定时间范围内，测试车辆周围动态环境的持续变化，包括测试车辆在该环境中的行为"。Koskimies 认为"场景是系统在执行特定任务时的一系列事件的非正式描述，可使用一种面向对象的建模方法来描述场景"。Rand 公司在自动驾驶研究报告中提出"场景是用来检测和验证自动驾驶系统在特定行驶环境下行为能力的一系列要素的组合"。综合以上观点，这些场景定义在核心要素上存在一致性：都包含道路环境要素、其他交通参与者、车辆驾驶任务，同时，这些要素都会持续一定时间，具有动态变化的特性。自动驾驶测试场景的定义可以理解为：场景是自动驾驶汽车与其行驶环境各组成要素在一段时间内的总体动态描述，这些要素组成由所期望检验的自动驾驶汽车的功能决定。简言之，场景可认为是自动驾驶汽车行驶场合与驾驶情景的有机组合。

自动驾驶测试场景具有无限丰富、极其复杂、难以预测、不可穷尽等特点，因此，基于仿真测试的场景应满足可量化（场景的各个要素特征可以被量化）、可复现（场景在目前技术基础和测试软件上可以进行复现）和高保真（能够在一定程度上呈现或反映真实世界中的场景）的要求。

17.2.2 仿真测试技术的定义

自动驾驶车辆安全性验证与确认中的验证和确认是一个通用的概念，常缩写为

"V&V"。根据 GB/T 19000—2016《质量管理体系 基础和术语》的术语定义,验证技术是在开发的各个阶段,从技术人员的角度来说,测试当前的开发成果主观上是否符合设计的规范;而确认技术是从用户应用的角度出发,测试当前的开发成果客观上是否符合用户的真正需求。从自动驾驶系统安全性方面来说,验证是确保自动驾驶系统的各个部分和功能符合预定的技术和安全标准,确认是评估整个系统是否符合用户的实际需求和期望,特别是在现实世界的各种驾驶场景下表现的安全性能。当前,L3 级及以下的自动驾驶车辆安全性验证与确认,主要面向现有的自动驾驶系统在固定运行设计域(ODD)中的安全性能,L4 级与 L5 级的自动驾驶车辆安全性验证与确认则分别面向自动驾驶技术在非极端场景与多变且复杂的全域场景下的安全性能,以期达到驾驶决策的 FuSa 和 SOTIF 目标。

17.2.3 仿真测试技术的流程

自动驾驶车辆的安全性验证和确认流程可分为两个主要阶段:功能设计开发阶段和功能实际应用阶段,如图 17-1 所示。

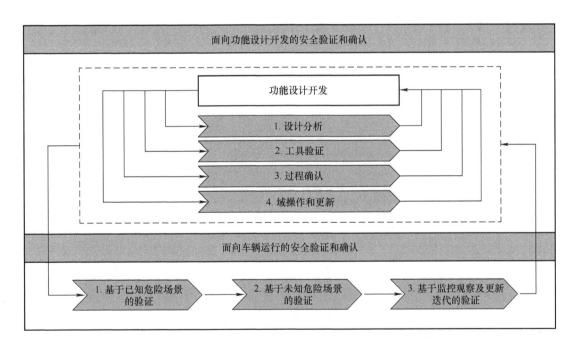

图 17-1 面向功能设计开发和功能实际应用两阶段的自动驾驶汽车安全性验证确认流程

1. 功能设计开发阶段

此阶段关注自动驾驶车辆在设计开发阶段的安全性验证和确认。根据国际标准化组织(ISO)颁布的 ISO 26262:2018《道路车辆 功能安全》和 ISO 21448:2022《道路车辆 预期功能安全》系列标准,自动驾驶系统的安全性验证和确认涵盖针对功能安全和预期功能安全的设计分析、工具验证、过程确认,以及域操作和更新这四个方面。

2. 功能实际应用阶段

此阶段专注于车辆运行的安全性验证和确认。完整的系统安全验证并不止于功能验证阶段,还涉及确认过程和测试场景工具的验证。根据 ISO/TR 4804:2020《道路车辆 自动驾驶系统的安全和网络安全设计、验证和确认》标准，自动驾驶车辆在功能实际应用阶段需要进行三个步骤的车辆安全性验证和确认。

第一个步骤是对系统进行验证，以确保其满足通过设计安全策略确定的所有安全要求。这可能包括列举所有已知的不安全场景，并采取合理措施来应对，从而确保整体的安全性和可靠性。该步骤旨在保证覆盖所有已知场景并确保系统的预期运行。为了提高验证过程的经济效益和泛化能力，考虑边际成本变得尤为重要。一种可能的方法是通过借用现有车辆系统进行验证，以减少开销和提高效率。

第二个步骤是专注于未知不安全场景的验证。由于某些不安全场景无法预见或明确设计，系统的100%可靠性无法实现，因此，这个步骤的重点为在多种环境下，如仿真场景、封闭场地和现实世界道路，对自动驾驶系统可能遇到的未知不安全场景进行验证和自适应解决。

第三个步骤是针对自动驾驶系统部署后的安全性能进行实时监控和迭代验证。这一过程不仅需要持续关注并解决发现的安全问题，还需要在更新和迭代时谨慎管理变更，以防解决一个问题时引入新的风险。这一步骤强调了自动驾驶安全性验证的持续性和动态管理。

17.3 自动驾驶车辆安全性验证确认法规与标准

随着自动驾驶技术的日益发展，有关于自动驾驶安全性验证确认的法规逐渐发布，表17-1概述了自动驾驶安全性验证确认相关的国际和国内法规和标准，领域内仍进一步探讨L3级以上自动驾驶系统的开发规范和验证标准及流程。

表17-1 自动驾驶安全性验证确认相关的国际和国内法规和标准

法规/标准	国家	发布时间	法规/标准名称
法规	国内	2021年	《道路交通安全法》（修订）
	国际及各国家	2016年	美国《联邦自动驾驶汽车政策》
		2020年	UN/WP. 29 R155、R156、R157
		2021年	德国《自动驾驶法》
标准及指南	国内	2020年	自动驾驶汽车试验道路技术标准
		2021年	《智能网联汽车生产企业及产品准入管理指南》
		2021年	《机动车运行安全技术条件》（GB 7258—2022）
		2022年	《汽车驾驶自动化分级》
		2023年	《智能网联汽车标准体系指南》
	国际及各国家	2014年	SAE J3016
		2018年	日本《自动驾驶汽车安全技术指南》
		2018年	ISO 26262：2018
		2019年	美国 UL 4600《自动驾驶产品安全评估标准》
		2020年	SAE J3018

第17章 仿真测试

(续)

法规/标准	国家	发布时间	法规/标准名称
标准及指南	国际及各国家	2020 年	ISO/TR 4804：2020
		2022 年	ISO 21448：2022
		2022 年	美国《无人驾驶汽车乘客保护规定》

17.3.1 自动驾驶车辆安全性验证确认相关的国际和国内法规

为了确保自动驾驶技术的安全性，各国都在积极推进自动驾驶车辆安全性验证确认的发展，以确保自动驾驶技术的安全性和可靠性。自 2012 年以来，美国至少有 41 个州和哥伦比亚特区考虑了自动驾驶汽车相关的法律，其中 29 个州已颁布了相关立法，另有 11 个州已发布了行政命令。2016 年 9 月，美国交通部（DOT）推出《联邦自动驾驶汽车政策》，提出了 15 项安全评估标准，同时对监管机构的创建、协助自动驾驶汽车测试和部署进行了描述。随后，各国也纷纷提出了各自针对自动驾驶安全性的相关法规。2020 年，联合国世界车辆法规协调论坛（UN/WP. 29）发布了 3 项关于智能网联汽车的法规 R155、R156 和 R157 等，分别涉及信息安全、软件升级、自动车道保持系统和自动驾驶安全验证等。在 2021 年，我国修订了《道路交通安全法》，以维护道路交通秩序，保护民众财产及人身安全。

17.3.2 自动驾驶车辆安全性验证确认相关的国际和国内标准

为提供自动化、系统化的信息安全问题解决方案，SAE 2014 年发布了汽车信息安全指南 SAE J3016：2014《推荐实践 道路机动车辆驾驶自动化系统相关术语的分类和定义》。ISO 于 2018 年更新了 ISO 26262：2018，针对电子系统及控制程序的可控性进行评价。非营利标准组织（UL）于 2019 年发布了 UL 4600《自动驾驶产品安全评估标准》，这是第一个针对无人驾驶车辆的安全评估标准。SAE 于 2020 年提出了 SAE J3018《高度自动驾驶汽车在公共道路上的安全测试》，为 L3～L5 级自动驾驶汽车的公共道路安全测试提供指导。ISO 于 2020 年提出了关于道路车辆的技术报告 ISO/TR 4804：2020，描述了开发和验证自动驾驶系统的全球适用基本安全原则的步骤。同年，我国汽标委规划了十余个与自动驾驶相关的国标，其中也包括关于仿真验证的国标。2022 年，ISO 颁布了新标准 ISO 21448：2022。这些标准和指导方针共同构成了全球自动驾驶汽车安全的复杂和多层次的法规体系，反映了行业对确保自动驾驶安全性的持续努力。

17.4 仿真测试的核心要素

17.4.1 仿真测试的要素种类

确定场景要素是进行基于场景的自动驾驶汽车虚拟测试的首要环节。OpenDrive 和 OpenScenario 是目前最为常用的场景描述开源文件格式，其对场景要素中的道路要素和交通动态要素进行了详细的规定。

测试场景要素主要包括测试车辆基础信息和交通环境要素两大类，其中，测试车辆基础信息又包括测试车辆基础要素、目标信息及驾驶行为 3 类：

1) 测试车辆基础要素，包括几何特征、性能特性和驾驶系统。

2) 测试车辆目标信息，包括感知识别类目标、路径规划类目标、紧急避撞类目标和联网通信类目标。

3) 测试车辆驾驶行为，包括纵向运动行为、横向运动行为和位置状态。

交通环境要素包括以下 7 类：

1) 道路信息层，包括车道线、路口形状、车道数、道路几何和拓扑结构等。

2) 道路基础设施层，包括交通指示牌、树木、护栏、交通设施等。

3) 道路信息层与道路设施层的特殊动态变化层，包括树木折断、障碍物移动、道路维修、施工现场几何或拓扑结构等。

4) 动态目标层，包括行人、其他交通参与者及其动态、交互、操作等。

5) 气候环境状况层，包括天气、光照、风速、温度、湿度、电磁波、机械波等。

6) 数字通信信息层，包括 V2X 信息、高精地图，以及车 – 车、车 – 人、车 – 路、车 – 云、车 – 网等之间的通信信息等。

7) 自车状态层，包括移动平台（车）车载设备，如告知设备、定位设备、计算设备、通信设备等，以及车载人员，如驾驶人、乘客、动物等。

17.4.2 仿真测试的相关数据

1. 仿真测试的数据来源

在自动驾驶领域，仿真测试的数据来源是多元化的，主要可以分为真实数据、模拟数据和基于专家经验的数据三大类。这些数据来源为自动驾驶系统的开发、测试与验证提供了丰富的资源。

真实数据是通过在实际车辆上部署多种传感器采集平台（如雷达、摄像头、高精度惯导系统等）来收集的，它包括自然驾驶数据、事故数据、路侧单元监控数据及特定测试场景（如驾驶人考试、智能汽车封闭测试场测试、开放道路测试）的数据。其中，自然驾驶数据反映了车辆在正常行驶过程中的各种情况；事故数据，如来自中国的 CI – DAS 数据库、德国的 GIDAS 数据、美国 NHTSA 的 GES 数据库等，提供了道路交通事故的详细分析；路侧单元监控数据主要由公安交警、路政等机构的监控设施采集，而驾驶人考试场景数据及封闭测试场测试数据则分别来源于机动车驾驶人考试管理系统和专门的封闭测试场。

模拟数据是在控制环境下生成的，包括驾驶模拟器数据和通过自动驾驶汽车在仿真环境中虚拟运行获得的数据。驾驶模拟器能够提供安全、高效且具有良好重复性的测试环境，而仿真数据则通过模拟真实或假设的交通场景来产生，对于评估自动驾驶系统的反应和决策制定能力至关重要。

基于专家经验的数据来源于长期积累的测试经验和知识，以及各国发布的自动驾驶测试相关的标准和法规。例如，Euro NCAP 对 AEB 功能的测试就明确了不同测试场景的要求，为自动驾驶系统提供了验证的基准。

综上所述，自动驾驶仿真测试的数据来源涵盖从实际驾驶环境到控制试验环境的广泛领域，每种数据来源都在自动驾驶系统的开发和验证过程中扮演着不可替代的角色。通过这些多样化的数据输入，研发团队可以更全面地评估自动驾驶系统的性能，确保其在真实世界中的安全性和可靠性。

2. 仿真测试的数据处理和同步

在自动驾驶系统的仿真测试中，数据处理和同步技术是确保高质量测试结果的关键因素。这包括时间同步和空间同步两个主要方面，它们共同保证了从不同传感器收集的数据能够在时间和空间上进行准确的对齐和整合。

时间同步对于自动驾驶系统中多传感器数据的整合至关重要，因为它确保了数据流在时间轴上的一致性。为达到纳秒级的时间同步精度，通常采用 GPS、GNSS、Galileo 或北斗卫星导航系统等卫星导航技术。这些高精度时钟源能够为自动驾驶车辆上的各种传感器提供统一的时间基准，从而实现高精度的时间同步。通过这种同步，研究人员可以确保数据的时序正确性，有效地分析和处理多源信息。

空间同步则确保不同传感器采集的数据在空间维度上能够准确匹配。这涉及将各个传感器的坐标系一到一个公共的参考框架中，以便于数据的综合分析和处理。空间同步对于理解和重建车辆周围的环境，以及进行精确的行为分析和决策制定至关重要。例如，在处理来自摄像头和雷达的数据时，空间同步可以帮助研究人员确保这些传感器数据在描述同一物体或场景时的一致性。

综上所述，时间同步和空间同步在自动驾驶系统的仿真测试数据处理中发挥着至关重要的作用。它们不仅提高了数据处理的准确性和效率，而且对于保证测试结果的可靠性和系统的最终性能具有决定性影响。因此，采用先进的同步技术是实现高质量自动驾驶仿真测试的基础之一。

3. 仿真测试的仿真环境建模

在自动驾驶系统的开发与验证过程中，仿真环境建模是一个关键环节，它允许研究人员和工程师在没有实际上路测试风险的情况下，评估系统的性能和安全性。仿真环境建模主要包括道路场景建模、交通环境建模，以及气象和电磁环境建模三个重要方面。

道路场景建模致力于精确复制现实世界中的道路环境，包括道路的几何特性（如弯道半径、坡度）、物理特性（如路面材质、摩擦系数）和行为特性（如交通标志、路灯）。这一过程确保了仿真环境中的道路场景与实际驾驶环境尽可能相似，从而提高仿真测试的真实性和可靠性。

交通环境建模关注交通流和周边车辆的行为模式。它不仅模拟了正确的交通流量信息，还包括车辆间的互动行为，如跟车、超车和车辆在交叉路口的行为。这种模型使得自动驾驶系统能够在多变的交通条件下进行测试，从而更全面地评估系统在复杂交通环境中的表现。

气象和电磁环境建模则旨在重现真实世界中的天气条件和电磁干扰，包括模拟不同的天气状态（如晴天、雨天、雾天）对视觉传感器的影响，以及电磁信号的阴影效应、多普勒频移对无线通信的影响。通过这种建模，可以评估自动驾驶系统在各种气象条件和电磁环境下的稳定性和可靠性。

综上所述，自动驾驶系统的仿真环境建模通过细致模拟现实世界的各种条件和情境，为自动驾驶技术的开发与测试提供了一个无风险、高效率的平台。这种仿真方法不仅加速了自动驾驶系统的研究与开发过程，也显著提高了系统最终实施时的安全性和可靠性。

4. 仿真测试的全球自动驾驶测试场景库案例

在自动驾驶技术的发展过程中，构建和维护一个全面的测试场景库对于评估和验证系统性能至关重要。全球范围内的多个项目和计划已经着手实施这一目标，提供了宝贵的数据资源和研究基础。德国的 PEGASUS 项目和 KITTI 数据集、美国 NHTSA 的自动驾驶测试架构项目和加州大学伯克利分校的 BSS100K 数据库,以及我国的"昆仑计划"和百度 ApolloScape 数据集都是在这一领域内的杰出代表。

这些项目和数据集通过收集和分析大量真实世界和模拟环境下的驾驶场景,为自动驾驶系统的研究、开发和测试提供了丰富的数据资源。例如,德国的 PEGASUS 项目旨在建立自动驾驶系统的标准化测试方法,而 KITTI 数据集提供了一系列用于立体视觉、光流、视觉测距、三维对象检测和三维跟踪的真实场景数据。美国 NHTSA 的自动驾驶测试架构项目则致力于制定自动驾驶汽车安全性的评估准则,加州大学伯克利分校的 BSS100K 数据库提供了大规模的街景数据集,用于研究城市环境下的自动驾驶技术。我国的"昆仑计划"和百度 ApolloScape 数据集则分别在国内外为自动驾驶研究提供了大量的场景数据和仿真测试环境。

通过对这些自动驾驶测试场景库的构建和数据来源的深入分析,研究人员和开发者不仅能够获取各种驾驶条件下的实用场景数据,还能够基于这些数据进行算法开发和系统验证。这种系统性的整理和分析方法显著提高了自动驾驶技术研究的效率和有效性,有助于加速自动驾驶技术的发展和在实际应用中的落地。

综上所述,全球自动驾驶测试场景库的案例展示了在不同国家和地区,针对自动驾驶技术测试和验证需求的共同努力和成就。这些项目和数据集不仅促进了自动驾驶技术的研究,也为整个行业的标准化和发展提供了重要的支持。

17.4.3 仿真测试的处理方法

由于不同数据来源之间的场景数据格式及类型可能存在差异,并且原始数据中可能存在大量无效数据、错误数据,因此,需要对场景数据进行适当处理才能形成真正可用的自动驾驶汽车测试场景。场景数据处理的关键在于场景要素的解构与重构。德国 PEGASUS 项目提出了场景数据处理的 7 个步骤:生成通用环境描述、检查数据格式、生成附加信息、分析场景之间的关联程度、分析场景发生的可能性、聚类逻辑场景数据并计算频率分布、根据生成的逻辑场景生成具体测试场景。国内百度公司提出了包括场景分类规则定义、场景标签(元素分解、量化)、标签聚类的场景聚类三步法。

17.5 自动驾驶汽车仿真测试方法

在自动驾驶系统的产品开发周期中,仿真测试技术发挥着至关重要的作用。它允许研发团队通过物理建模、环境模拟和数值仿真等手段,在没有实际上路测试风险的情况下,全面评估自动驾驶算法的功能性、稳健性,以及系统的功能、性能,尤其是安全可靠性。本节旨在详细解析仿真测试平台的系统架构,包括平台的概览以及构成仿真测试系统的关键技术。

17.5.1 平台系统架构概览

仿真测试平台的系统架构体现了仿真测试技术的特点,反映了仿真测试系统的功能组成及其相互关联性。这一架构通常基于模型的开发方法(Model-Based Development,MBD),以及软硬件在环及人在环(Software-in-the-Loop, Hardware-in-the-Loop, and Human-in-the-Loop)等多物理体在环技术,支撑从概念设计到产品定型的全过程。在此架构下,环境模拟（包括道路、交通、天气和光照模拟）、传感器建模，以及自动驾驶算法的计算平台等元素，均被整合以支持高效、安全且高质量的产品开发。

例如，仿真测试平台可用于定义车辆在雨天的制动性能需求，并通过流程化测试验证其符合性。需求的定义反映了被测对象的系统或产品需求，决定了仿真测试场景的选择、仿真测试方法和工具的使用，以及仿真测试评价指标或标准的制定。仿真测试平台因此成为开展仿真测试、核查或验证系统是否满足产品设计需求的关键工具。

17.5.2 仿真测试的关键技术

1. 环境模拟技术

环境模拟技术涵盖道路、交通及天气、光照等模拟，它是汽车自动驾驶仿真技术的重要组成部分，也是与传统汽车模拟仿真技术的主要区别。这些技术确保了仿真测试场景的真实性和适用性，为自动驾驶系统提供了全面的测试环境。

2. 传感器建模技术

传感器建模技术包括对汽车自动驾驶中使用的各种环境传感器（如摄像头、雷达、激光雷达等）的精确模拟。通过传感器建模，可以在仿真环境中重现传感器的性能和限制，为自动驾驶系统的感知算法提供测试数据。

3. 数值仿真技术

数值仿真技术基于高精度的物理模型和高效的数值仿真算法，支持纯软件仿真、实时软硬件在环仿真，以及包含驾驶人的人在环仿真等多种仿真方法。这些技术手段使得研发团队能够在不同阶段以不同精细度和实时性要求，进行仿真测试和评价。

综上所述，仿真测试平台的系统架构及其关键技术为汽车自动驾驶的研发提供了一个全面、高效和安全的测试环境。通过这些先进的仿真技术，可以大幅度降低对实车测试的依赖，加速自动驾驶技术的研发进程，确保产品从概念到市场的高质量输出。

17.5.3 自动驾驶仿真场景验证和认证方法的先进技术

1. 模型在环测试

模型在环（Model-in-the-Loop，MiL）测试是自动驾驶系统开发早期阶段的重要测试方法，它通过使用模拟场景、车辆动力学模型、传感器模型和决策规划算法，在虚拟环境下进行测试，主要目的是在没有实际硬件介入的情况下验证算法的正确性。这种测试方法特别强调在安全性方面，自动驾驶算法必须确保发生危险的概率极低，至少要与传统车辆的安全性水平相当。

MiL测试的关键在于建模的精度和计算效率。车辆动力学建模是MiL测试中较为成熟的部分，其中不仅包括基于理论的建模方法，还有基于系统辨识、数据驱动，以及面向对象的多种建模方式。传感器建模则包括单目摄像头、双目摄像头、雷达和车载定位系统等多种技术，每种技术都有其独特的建模方法，如基于小孔成像原理、扩展卡尔曼滤波技术、目标几何特征或物理模型等。

为满足自动驾驶汽车的虚拟测试需求，市场上出现了多种专业的虚拟测试软件平台，如PreScan、PanoSim、VTD、CarSaker和CarSim等。这些平台在车辆动力学建模、传感器建模及场景建模等方面各有卓越之处，选择适合的测试平台组成测试工具链是实现全覆盖、低成本测试的关键。

国内外高校和研究机构已经利用这些虚拟测试平台进行了一系列的试验研究。例如，同济大学团队利用 PreScan 测试平台验证了自动紧急制动系统，并研究了紧急制动过程中的相关参数。吉林大学开发的 PanoSim 平台被用来研究驾驶人驾驶习性，并提出了考虑不同驾驶习性的 ADAS 控制策略，进行了算法仿真验证。此外，Sundaravadivelu 等人在 AVL-CRUISE 中搭建虚拟测试环境，并与 CarMaker 进行联合仿真，对所需的车辆动力学模型进行了测试验证。Hossain 等人则基于 Unity 3D 游戏引擎构建了自动驾驶的虚拟测试环境，用于测试传感器感知状态与车辆动力学特性。

综上所述，模型在环测试为自动驾驶系统的开发提供了一个安全、高效且成本低廉的测试环境，通过高精度的建模和仿真，可以在产品实际投入使用之前，全面验证自动驾驶算法的功能性和安全性。

2. 硬件在环测试

硬件在环（Hardware-in-the-Loop，HiL）测试是自动驾驶系统开发过程中的关键环节，涵盖了环境感知系统、决策规划系统和控制执行系统的在环测试，如图 17-2 所示。这种测试方法通过将实际的硬件组件，如传感器和控制器，集成到模拟的虚拟环境中，可以在没有真实车辆的情况下，对自动驾驶系统进行全面的测试和验证。HiL 测试的主要目的是验证系统的功能正确性、安全性及实时性，同时保证测试过程的高效率和低成本。

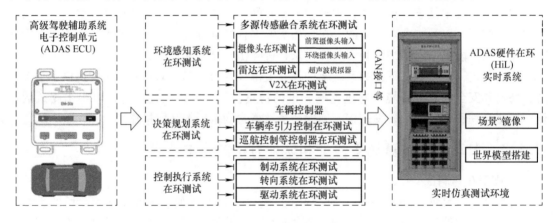

图 17-2　硬件在环测试

（1）环境感知系统在环测试

环境感知系统的 HiL 测试主要包括摄像头、雷达、V2X 及多源传感器融合系统的测试。通过模拟真实的环境条件，如射频环境，可以准确地生成目标回波，进而评估雷达系统的性能。例如，吉林大学搭建的毫米波雷达 HiL 试验台不仅可以测试雷达误检率，还能评估雷达在不同空间环境中的传播损耗。多源传感器融合系统的 HiL 测试框架能够通过闭环测试获取感知数据及车辆 CAN 总线数据，进一步增强测试的实用性和准确性。

（2）决策规划系统在环测试

决策规划系统的 HiL 测试是将真实的车辆控制器放入模拟的整车环境中进行的测试，目的是通过仿真模型模拟受控对象的状态，并通过各种接口将车辆控制器与仿真模型进行连接。这种测试方法能够在系统开发的早期阶段验证控制器的功能正确性及实时性，对保证自动驾驶汽车的安全性至关重要。

(3) 控制执行系统在环测试

控制执行系统的 HiL 测试主要涉及制动系统、转向系统和驱动系统等。这种测试方法不仅可以验证控制算法的实时性和正确性，还能评估系统对通信时间延迟的适应性。通过搭建专门的 HiL 测试平台，如结合电子液压制动与电子机械制动的制动控制系统，可以对自动驾驶汽车的关键控制系统进行实时验证。

HiL 测试的关键要求包括持续测试、组合测试和扩展性。持续测试允许根据测试目的进行自动化测试；组合测试能够在同一场景中评价不同的性能指标，如安全性和舒适性；扩展性则意味着简单功能的测试结果具有广泛的应用价值。

随着自动驾驶汽车功能的日益复杂化，硬件在环测试成为验证自动驾驶安全性的一个不可或缺的环节。目前，虽然控制执行系统的 HiL 测试方法已相对成熟，但如何搭建可靠的环境感知系统和决策规划系统的 HiL 试验台仍是未来研究工作的重点。通过选择合适的测试平台并组成高效的测试工具链，硬件在环测试能够为自动驾驶汽车的全面覆盖、低成本测试提供强有力的支持。

3. 车辆在环测试

车辆在环（Vehicle-in-the-Loop，ViL）测试是自动驾驶系统验证过程中的一项关键技术，它将整车嵌入到一个虚拟的测试环境中进行性能测试。该方法主要通过模拟各种实际驾驶场景来测试整车的性能，包括但不限于封闭场地车辆在环和转毂平台车辆在环测试。车辆在环测试的核心在于有效地将车辆信息与模拟环境互传，以及确保模拟环境中生成的传感器信息能够准确地传递给车辆的控制系统。

车辆在环测试的实施涉及多种技术和方法。Tamas 等研究人员开发的基于开源交通流量模拟器 SOMU 的仿真测试环境能够模拟测试车辆周围的道路环境和其他交通参与者。通过 CAN 总线，实现了测试车辆与仿真软件之间的数据连接，成功地在现实空旷环境中进行了车辆在环测试。中国科学院大学利用 ACP 理论，即人工系统 + 计算试验 + 平行执行，构建了一个自动驾驶汽车的测试验证平台，该平台能够并行执行与实际交通环境相类似的测试，覆盖了环境感知、动态认知规划和智能决策等自动驾驶的关键功能。此外，Wang 等人提出了一个整合网络物理-社会空间的并行驾驶概念，基于 CPSS 和 ACP 智能机器系统，以及车辆与驾驶人之间的信息交互，为自动驾驶汽车提供了新的测试和验证途径。Xu 等人建立的微缩车辆在环试验台则通过室内超宽带技术实现了高精度定位，并可灵活配置路面材料和路面几何结构，为测试提供了更多可能性。

综上所述，车辆在环测试通过将真实车辆与高度模拟的虚拟环境结合，为自动驾驶汽车的系统开发提供了一个既安全又高效的测试平台。这种测试方法不仅可以准确地评估车辆在特定场景下的性能，还可以在车辆开发的早期阶段发现潜在问题，加速自动驾驶技术的迭代与优化。随着测试技术的不断进步和测试平台的不断完善，车辆在环测试将在自动驾驶系统验证和认证过程中发挥越来越重要的作用。

4. 责任敏感安全模型的仿真场景验证和认证方法

责任敏感安全（Responsibility-Sensitive Safety，简称 RSS）模型是一项革命性的自动驾驶汽车形式化安全模型，旨在确保自动驾驶汽车在道路上的行驶达到严格的安全标准。作为一种基于责任的安全模型，RSS 模型在形式化验证自动驾驶系统的安全性方面发挥着关键作用。通过严格的数学框架,RSS 模型将法律关于"注意义务"的解释具体化,并应用于自动驾驶汽车,确保其行为在任何情况下都符合安全规范。

RSS 模型的三大目标为:合理性(如确保车辆遵守交通规则)、实用性(如适用于多种场景的驾驶策略)和有效性(如通过实际测试验证其可行性)。通过将安全规则形式化为 5 个基本的"常识"原则,如图 17-3 所示,RSS 模型不仅保障了自动驾驶汽车的行为与人类对法律的合理解释一致,还确保了驾驶策略的灵活性和防御性,避免了过度防御行为导致的交通阻塞。此外,RSS 模型的设计还包括通过"归纳原则"确保其解释的有效性和可验证性,进一步增强了模型的实用价值和扩展性。

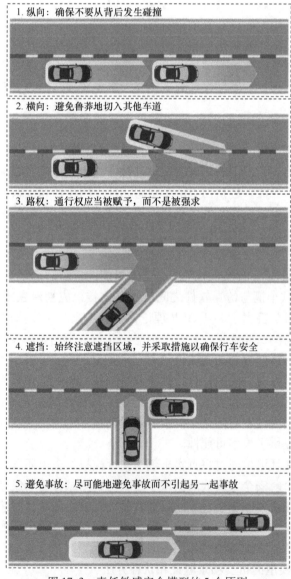

图 17-3 责任敏感安全模型的 5 个原则

在仿真场景验证和认证的应用上,RSS 模型已被多个组织和平台采纳,展示了其广泛的适用性和有效性。例如,中国百度 Apollo 自动驾驶平台、法国汽车零部件供应商法雷奥、中国智能交通产业联盟，以及美国亚利桑那州自动驾驶移动出行研究所等，均已成功将 RSS 模型应用于自动驾驶汽车的测试和验证中。这些应用案例不仅证明了 RSS 模型在确保自动驾驶汽车安全性方面的有效性，也为自动驾驶汽车的商业化推广提供了重要的理论和实践支持。

然而，RSS 模型也面临着技术限制、法律和道路环境限制，以及人为偏见等挑战，这些因素可能影响模型的安全标准和车辆行为。尽管如此，责任敏感安全模型以五个常识性原则为基础，通过数学框架将安全规则形式化，用于验证车辆在复杂场景中的安全性。

5. 基于安全力场的仿真场景验证和认证方法

安全力场（Safety-Force-Field，SFF）是一种先进的基于形式化方法的安全性验证技术，旨在确保自动驾驶系统的安全性和可靠性。通过采用模型检查技术，SFF 能够对自动驾驶系统进行全面的安全性分析，包括系统的输入、输出、状态变量和约束条件的检查。这种方法的核心在于构建一个详尽的形式化模型，通过这个模型检查自动驾驶系统的各个组成部分，确保它们在所有可能的运行情况下均能保持安全性。

SFF 的基本原理是构建一个能够代表自动驾驶系统行为的形式化模型，然后利用该模型进行系统安全性的检查。通过识别系统中可能的威胁因素，SFF 旨在发现那些可能导致安全问题的特定条件或事件，进而提出相应的解决方案或预防措施，以确保系统的终端用户安全。

SFF 的优点包括其高效性和有效性，能够迅速识别并定位可能导致安全隐患的问题，为自动驾驶系统提供强有力的安全保障。此外，通过提前识别潜在威胁，SFF 能够帮助开发团队及时调整系统设计，避免安全事故的发生。

然而，SFF 也存在一定的局限性。构建一个全面且准确的形式化模型需要大量的时间和资源投入，而且模型的完整性和准确性直接影响验证结果的可靠性。模型的不完整或不准确可能会导致误报或漏报，影响系统的最终安全性评估。此外，由于自动驾驶系统的高复杂性，形式化模型可能无法完全覆盖所有的运行场景，从而存在导致安全问题的隐患。

尽管存在这些挑战，基于安全力场的仿真场景验证和认证方法仍然是当前自动驾驶系统安全性验证领域中的一项重要技术。随着形式化方法和模型检查技术的不断进步，SFF 在提高自动驾驶系统安全性、降低安全风险方面的潜力将进一步得到发掘和利用。为此，持续优化形式化模型的构建过程和提高模型的准确性将是未来研究的重点方向。

6. 基于道路可达集的仿真场景验证和认证方法

在自动驾驶技术的发展与应用中，确保系统的安全性是至关重要的。形式化验证可达性分析（Reachability Analysis）作为一种高效的分析方法，为自动驾驶系统的安全性验证提供了强有力的支持。可达性分析通过基于模型检查的方法，允许研究人员证明自动驾驶控制系统能从一系列初始状态安全地过渡到目标状态，这一过程涉及状态空间的构建和搜索，包括状态变量的定义、初始状态和目标状态的界定、状态转移函数的制定，以及利用各种搜索算法在状态空间中寻找可能的状态转移路径。

基于道路可达集的仿真场景验证和认证方法，特别强调了自动驾驶系统在复杂道路环境中的安全性分析。该方法的核心在于构建一个全面的状态空间，覆盖自动驾驶汽车可能遇到的所有道路条件和交通情况，进而通过搜索这一状态空间来验证自动驾驶系统在任何给定场景下的行为是否满足安全标准。

面对可达性分析过程中的挑战,如状态空间的高复杂度、自动驾驶系统本身的复杂性、多模式系统的多样性、时间与空间限制,以及非确定性因素等,研究人员提出了多种解决策略。这些策略包括利用高级模型检查技术简化状态空间、应用启发式搜索算法提高搜索效率、采用分段时间模型和空间模型处理时间与空间限制,以及通过概率模型和统计方法来考虑和处理系统的非确定性因素。

基于道路可达集的仿真场景验证和认证方法,不仅为自动驾驶系统的安全性验证提供了一种可靠的技术手段,也促进了自动驾驶技术的发展和应用。通过精确地分析自动驾驶系统在各种可能的道路环境中的行为,这种方法有助于提高自动驾驶系统的安全性,为自动驾驶汽车的商业化部署奠定了坚实的安全基础。随着自动驾驶技术的不断进步和应用范围的不断扩大,基于道路可达集的仿真场景验证和认证方法将继续发挥其重要作用,确保自动驾驶汽车在各种道路条件下的安全运行。

7. 基于形式化在线验证的仿真场景验证和认证方法

形式化在线验证是一种针对自动驾驶汽车在高度不确定的环境中运行的安全性验证方法。基于形式化在线验证的仿真场景验证和认证方法如图 17-4 所示。由于自动驾驶车辆每天都会遇到独一无二的道路场景,传统的离线(静态)认证方法难以满足其安全验证需求。因此,形式化在线验证方法被引入,以便在车辆运行期间实时验证其安全特性。

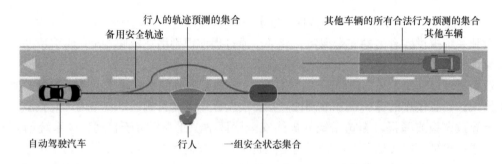

图 17-4 基于形式化在线验证的仿真场景验证和认证方法

在线验证方法的主要优点是能够实时防止自动驾驶车辆发生意外,并通过收集车辆的运行状态数据,有效监控其安全性,从而大幅提高自动驾驶汽车的可靠性和行驶安全性。这种方法通常涉及逻辑推理或避免不可避免的碰撞状态,确保车辆能够在动态环境中安全行驶。进一步地,现有方法如稳健的模型预测控制、正确构造的控制器,以及结合可达性分析的方法等,都旨在确保车辆避免不安全状态或保持在一组不变的安全状态内。

然而,形式化在线验证也面临着一些挑战。首先,这种方法可能会消耗大量的数据带宽,降低网络性能。其次,一旦网络出现故障,可能会影响自动驾驶汽车的正常运作,从而危及行驶安全。最后,在线验证可能会暴露车辆信息,面临安全威胁。

尽管存在这些挑战,形式化在线验证方法仍是自动驾驶车辆安全验证的重要方向。它允许车辆在高度不确定和动态变化的交通环境中进行实时安全监控和调整,为自动驾驶汽车的安全落地提供了新的途径。未来的研究将需要解决在线验证方法中的技术和安全挑战,优化网络性能,保护车辆信息安全,同时提高验证的准确性和效率,确保自动驾驶汽车在各种道路条件下的安全可靠性。

17.6 自动驾驶汽车仿真测试方法

在自动驾驶汽车的产品开发周期中,从概念设计到算法研发,再到系统测试及最终的安全可靠性验证,仿真测试技术都起着不可或缺的作用。通过仿真测试,可以高效、安全且低成本地对自动驾驶系统进行全面评估,确保其功能性、稳健性及最重要的安全可靠性。

17.6.1 车辆动力学与驾驶模型仿真技术

1. 车辆动力学仿真

车辆动力学仿真是自动驾驶仿真系统的核心组成部分,它通过模拟车辆在不同驾驶输入下的运动状态,提供了对车辆性能预测的重要手段,这包括基于多体动力学的建模和基于参数的建模两种主要方法。前者通过详细模拟车辆各部件之间的相互作用建模,虽然仿真精度高,但运算复杂度较大;后者则侧重于使用车辆的参数特性进行简化建模,计算速度快且适用于快速迭代测试。

车辆动力学仿真是自动驾驶仿真系统的核心组成部分,它通过模拟车辆在不同驾驶输入下的运动状态,提供了对车辆性能预测的重要手段。例如,车辆动力学仿真可用于评估车辆在急转弯或刹车时的稳定性和反应能力。

2. 驾驶模型仿真

驾驶模型仿真技术旨在模拟人类驾驶人的控制行为,以实现车辆驾驶模拟。这种模拟考虑了车辆的最大加速度、道路曲率等实际影响因素,使仿真测试更接近真实驾驶情况。特别是在自动驾驶系统中,驾驶模型不仅能模拟人类驾驶人的行为,还能与 ADAS 控制算法共同工作,以测试和验证自动驾驶系统的性能。

17.6.2 环境感知传感器仿真模型搭建技术

环境感知传感器是自动驾驶系统的"眼睛",它们对于系统的感知能力至关重要。环境感知传感器仿真技术包括对摄像头、雷达、激光雷达等传感器的模拟,旨在重现这些传感器在不同环境条件下的性能和限制。通过传感器仿真,可以在仿真环境中生成与真实世界相似的传感器数据,为自动驾驶算法的开发和测试提供支持。这项技术不仅涉及对传感器本身特性的仿真,还包括对道路、交通、天气等环境因素的模拟,确保传感器数据的真实性和适用性。

综上所述,自动驾驶汽车的仿真测试方法涵盖了车辆动力学与驾驶模型仿真技术、环境感知传感器仿真模型搭建技术等多个方面。这些仿真技术为自动驾驶汽车的研发提供了强大的工具,使得在产品投入市场前能够进行全面而深入的性能验证,确保其安全可靠。

17.7 自动驾驶汽车仿真测试技术的研究展望

自动驾驶技术作为未来机动车行业的关键发展方向,其安全性验证尤为重要。虽然全球学者已对基于场景的自动驾驶汽车虚拟测试进行了广泛研究并取得一定成果,但当前研究水平尚未完全满足测试需求,缺乏一个完善的自动驾驶汽车虚拟测试评价体系。针对这一挑战,未来的研究需要在以下关键领域进行深入探讨:

(1) 场景解构与自动重构技术

自动驾驶汽车测试需要应对真实交通场景的复杂多变性，通过场景特征要素提取实现场景解构，并根据测试需求自动重构测试场景。关键在于如何标记和选择合适的场景要素，以及如何根据这些要素的耦合关系进行有效重构，以生成适应不同自动驾驶功能测试的场景。

(2) 人-车-环境系统一体化高置信度建模

建立人-车-环境一体化高置信度模型是自动驾驶虚拟测试的基础。未来的研究应更深入探索环境感知传感器物理机理建模方法，以及如何构建人-车-环境的耦合模型，以提高模型精度和计算效率。

(3) 构建自动驾驶汽车虚拟测试标准工具链

当前自动驾驶汽车的虚拟测试尚缺乏统一标准。明确不同虚拟测试平台之间的测试优势，建立统一、规范的测试标准工具链是未来研究的重要方向。

(4) 混合交通模拟与测试

考虑不同自动驾驶汽车渗透率下的混合交通模型，分析不同自动驾驶汽车数量对交通的影响，建立混合交通测试模型，是自动驾驶虚拟测试的新领域。

(5) 测试案例动态自适应随机生成机制

针对自动驾驶汽车工作环境的复杂多样性，建立测试案例动态自适应随机生成机制，通过海量数据高速并发生成，是未来研究的重点。

(6) 建立自动驾驶汽车虚拟测试标准体系

针对自动驾驶汽车的虚拟测试评价体系尚处于初步阶段，未来应基于技术发展趋势，研发适应的虚拟测试评价体系架构，从而建立完善的测试标准体系。

综上所述，自动驾驶汽车虚拟测试领域面临着众多挑战和发展机遇。通过深入研究上述关键领域，不仅可以提高自动驾驶汽车的测试效率和精度，还能为自动驾驶技术的安全性和可靠性提供坚实的保障，进一步推动自动驾驶技术的发展和应用。

17.8 GCKontrol 与 GCAir 仿真软件概述

随着自动化技术的发展，以最大化减少损失为目的的仿真技术得到高度重视，融合系统论、控制论、相似理论及信息技术为一体，在诸多领域中发挥着日益重要的作用，其理论与方法的研究也在不断深化发展着。

计算机仿真是指以计算机为主要工具，运行系统的数学模型，通过分析仿真系统输出，达到对实际系统的预测与评估。但现有仿真系统研究中的许多概念内容模糊、外延难以界定，例如，各个仿真系统实现功能各不相同，接口不一，这都大大阻碍了仿真系统的发展。在统一的框架下实现对所设计系统的设计、构建、仿真等功能，是未来基于仿真技术的数字孪生系统及智能制造发展的重要一环，已成为当前研究的热点。

北京世冠金洋科技发展有限公司作为国内系统仿真技术领军者、数字孪生核心技术供应商、智能制造关键技术供应商，以基于模型的系统工程（Model-Based Systems Engineering, MBSE）思想为基础，自主研发了 GCKontrol 系统设计与仿真软件和 GCAir 系统仿真测试验证一体化平台，为复杂装备系统研制的正向设计提供了工具支撑，为数字孪生技术落地提供了解决方案。

本节对 GCKontrol 与 GCAir 两大软件的功能实现情况、主要结构实现方法、技术路线及使用案例进行介绍，并阐述其在使用过程中软件之间的联系。

17.8.1 GCKontrol 系统设计与仿真软件概述

GCKontrol 系统设计与仿真软件架构如图 17-5 所示。该架构由基础元素、建模仿真和模型前后处理三大部分组成。在基础元素中包含建模元素、状态图、求解器与生成代码三大部分，通过模型库、虚拟子系统嵌套、全局参数等建模仿真来完善构建的模型。最后提供模型的前后接口，便于对模型进行进一步的处理。

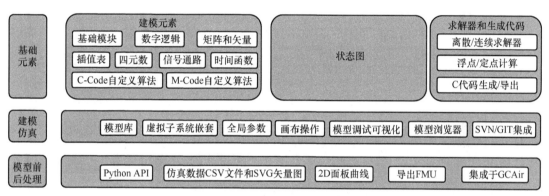

图 17-5　GCKontrol 系统设计与仿真软件架构

GCKontrol 功能众多，使用过程中主要包括建模、仿真、数据分析、模型集成四步。每一步中通过软件所含有的功能使仿真模型构建更加完善或使用户操作更加方便快捷。软件主要结构功能如图 17-6 所示。

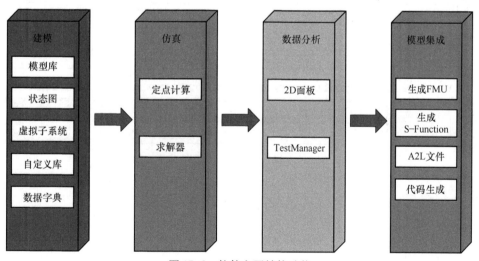

图 17-6　软件主要结构功能

17.8.2 GCAir 系统仿真测试验证一体化平台概述

GCAir 系统仿真测试验证一体化平台软件架构如图 17-7 所示。GCAir 支持多源异构模型集成，从全虚拟仿真到半实物仿真的一键切换，能够在同一平台上完成模型在环、软件在环、硬件在环仿真及测试，具备连续综合集成测试验证的能力，可应用于复杂装备从设计研发到运行维护的全生命周期。

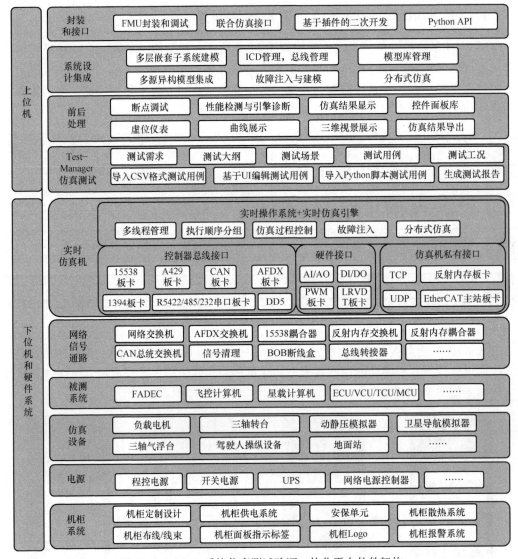

图 17-7　GCAir 系统仿真测试验证一体化平台软件架构

17.9　GCKontrol 与 GCAir 仿真软件功能

17.9.1　软件功能布局

针对系统的软件仿真与测验流程，其主要流程为：首先，定义系统功能及用户需求；然后根据功能与需求对系统进行设计；其次，在完善设计之后，利用特定系统仿真软件，通过添加变量、定义函数等操作，在软件中构建所需测试验证的系统；然后，在完成仿真模型之后，再利用仿真测试软件搭建测试模型，对仿真模型进行测试与验证，并收集相应的测试结果；最后，利用测试结果进一步完善仿真模型，优化系统。系统仿真测试流程图如图17-8所示。

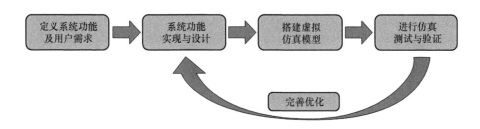

图 17-8　系统仿真测试流程图

在仿真测试流程中，用于搭建仿真模型的仿真软件与进行测试与验证的仿真平台一般由仿真软件企业提供，设计者在设计系统的过程中，仅需要了解软件使用方法即可。

GCKontrol 作为一款系统设计与仿真软件，在仿真测试流程中主要用于使用软件包含的模块对所研究系统及系统的被测对象进行模型的仿真与搭建。而 GCAir 作为系统仿真测试验证一体化平台，其在仿真测试流程中主要作用为：提供仿真模型接口，提供 2D 开发面板，用于仿真模型的测试与验证。

17.9.2　GCKontrol 软件功能

GCKontrol 系统设计与仿真软件是一款图形化建模仿真工具，其主要功能如下：

（1）图形化信号流建模

GCKontrol 提供多元化模型库，库中包含丰富的信号流元素，用户将模型库中的元素拖拽至工程界面并连线，即可确立模块间的数学关系，从而实现系统模型的构建。GCKontrol 支持的模型库包括标准数学函数库、时间函数库、插值表库、四元数库、信号通路库、数字逻辑库、状态图和子系统等。

（2）状态图建模

状态图建模是一种图形化编程方法，方便描述复杂系统的执行逻辑、决策逻辑、计算逻辑、故障管理等。GCKontrol 支持状态图建模，用户可以用状态图元素创建复杂的状态图系统/子系统。GCKontrol 的状态图功能主要包括 5 大部分：编程、运算、数据管理、层次浏览、调试；带有状态图子系统的 GCKontrol 工程支持自动生成代码，导出 FMU，封装为虚拟子系统、封装为库等。

（3）用户自定义算法：C – Code 模块

GCKontrol 软件支持将已有的 C 代码加入仿真模型，多个 C – Code 模块可导入相同或不同的 C 代码文件，支持第三方库加载及环境变量引用，扩展和丰富了 C – Code 模块功能，满足用户的不同需求。

（4）模型架构和模型库：虚拟子系统

用户在建模时可控制子系统的调度周期、设置子系统的中断函数，使子系统在外部控制信号使能/触发时，子系统内部任务才可执行，从而实现对不同子系统/子任务的灵活配置与调度。虚拟子系统也大大提高了模型的可读性、维护性、复用性。

(5) 模型架构和模型库：自定义库封装和管理

如图 17-9 所示，自定义库封装可以把虚拟子系统保存到库，实现子系统模型的封装，库里的子系统可被不同的工程复用或被同一个工程共享使用，也可以采用 Git 对模型库进行版本管理。

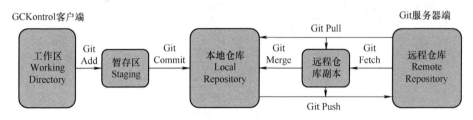

图 17-9　自定义库封装和管理

(6) 高质量 C 代码生成，用于嵌入式系统

如图 17-10 所示，在嵌入式代码开发中，传统的流程是基于需求文件进行手写代码，这个流程迭代慢、开发慢、效率低、缺陷多、验证困难。现代开发流程是基于模型的系统设计，工程师将设计需求分为不同的功能模型，在功能模型的基础上又拆分为多个算法单元模型。基于模型自动生成嵌入式代码，在模型级别进行测试；再把多个模型代码集部署到嵌入式平台，在系统级别进行测试。GCKontrol 可实现代码生成、代码集成的功能。

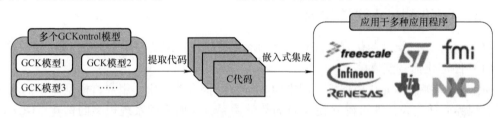

图 17-10　C 代码

(7) 跨平台 FMU 导出

基于 FMI 标准封装的模型文件称为 FMU。FMU 具有下列应用成效：系统快速集成，不需要大量开发软件定制接口，就可以进行模型的联合仿真；专业之间可实现模型重用；为整个系统的设计带来更丰富、更科学的分析手段，为分析跨学科和多系统交联的验证和确认提供技术方法。GCKontrol 支持将工程视为一个独立的模块，可以生成符合 FMI 1.0 或 2.0 国际标准的 FMU，支持导出协同仿真（Co-Simulation，CS）2.0 的 FMU，导出的 FMU 包含源代码、输入输出配置、模型参数和内部变量，可在 Windows/Linux 系统跨平台运行。

(8) 自动化建模仿真：Python API

为了提高流程自动化，GCKontrol 提供了一套 Python API 接口函数，用户可编写 Python 脚本，对这些 API 进行灵活的组合和运用，完成多种任务。此功能可使用户摆脱频繁手动对工程界面进行批量操作的繁重劳动。

(9) 模型数据调试可视化

为提高开发效率和开发质量，GCKontrol 提供丰富的模型调试和分析功能。在模型调试阶段，GCKontrol 支持显示信号的数据维度、数据类型、数据值等，在仿真中实时观测数据传递，仿真结束后回看仿真过程每一刻的数据。

(10)仿真结果可视化

系统仿真的结果需要具备丰富的显示方式,才能使用户理解复杂系统的输出,并做出分析判断和对比评估,包括不同层次的子系统输出、每个层级的各元素、各模块输出等。GCKontrol 提供的 2D 面板可视化,配置简单高效、功能丰富多样。

17.9.3 GCAir 软件功能

GCAir 系统作为仿真测试验证一体化平台,其主要功能如下:

(1)系统架构设计

用 GCAir 可以实现复杂系统的架构设计,步骤如下:在接口控制文件(Interface Control Document,ICD)定义接口和总线;在画布创建子系统;对子系统进行接口和总线的实例化;在子系统内导入行为模型 FMU、Python、C/C++、插值表等,并实现子系统内部的功能设计;把行为模型的输入输出与子系统的接口和总线相连;对多个子系统进行接口和总线的连接。

(2)ICD 总线管理

在航空航电领域,用 ICD 来描述系统/分系统、设备与系统之间的接口关系。在系统设计仿真验证时,系统复杂、报文多、信号多、数据总线配置烦琐,需要定义多种报文数据格式、收发矩阵、节点等,才能实现节点网络间的通信。GCAir 提供的 ICD 总线管理工具,可使用户快速高效地配置数据总线。在虚拟仿真阶段、半实物仿真阶段均可使用这些配置。

(3)模型库管理

GCAir 模型库管理可以把用户建好的子系统保存到库,实现了子系统的封装,库里的子系统可被不同的工程复用或被同一个工程共享使用。

(4)系统模型构建

GCAir 提供了系统模型构建的丰富操作,可对子系统进行参数设置、故障设置、端口/总线添加等,使用户可根据具体的系统设计需求,灵活配置子系统。

(5)多源异构系统集成

GCAir 平台基于 FMI 标准、立足于复杂系统的架构设计和模型规范化问题,完成了对多源异构模型集成的全面支持。GCAir 支持模型交换(Model Exchange,ME)2.0 标准和 CS 1.0/2.0 标准的 FMU,从而实现对复杂系统的总体设计与建模、模型间接口关系的设计与建模。

GCAir 提供了丰富的硬件板卡集成接口,如 1553B、A429、CAN、UART、反射内存、EtherCAT 等,用于完成复杂系统的半实物仿真,为复杂系统的研制解决核心问题。

(6)第三方软件联合仿真

在系统仿真时,某些复杂系统的部分模型需要在指定的仿真软件中运行,才可完成系统总体仿真。GCAir 支持与第三方联合仿真,具有 Python 模块、TCP 模块、DDS 总线等,用户可灵活配置系统仿真。

(7)半实物仿真

在半实物仿真系统中,被控对象是虚拟的,控制系统是实物,GCAir 可完成半实物仿真,用于验证控制系统设备及控制算法的安全性、可靠性,实时性是半实物仿真的必要前提。GCAir 实时仿真机的软件部分由实时操作系统和实时仿真引擎组成,实时性误差精度 <0.1ms。

GCAir 的仿真引擎（Simulation Engine，SE）服务程序是运行仿真模型的实体，可实现多线程执行、顺序分组执行、仿真控制、故障注入、分布式仿真等功能，使半实物仿真系统具有可控性，可实现系统总体的反复优化、重点评估、多方案比较、快速更新。

（8）虚拟仿真

复杂系统仿真时，在半实物仿真之前需要进行全虚拟仿真，以完成 MiL 验证。GCAir 支持全虚拟仿真，该过程中被控制对象和控制系统都是虚拟的。

（9）虚实融合

GCAir 支持从全虚拟仿真到半实物仿真的一键切换功能，实现了 MiL 与 HiL 测试的快捷切换，对已配置好的子系统右键选择"设置为被测硬件"，即可切换至半实物仿真模式。在进行半实物仿真时，被测硬件子系统内部跳过 FMU 模型运行，按该子系统配置好的板卡总线信号报文与硬件实物进行通信。

（10）分布式实时仿真

GCAir 支持分布式仿真，支持对大型复杂装备系统的分布式半实物仿真。大型复杂装备系统硬件设备种类多、数量多，如多个控制器设备、多个激励设备、人机交互设备等，每个设备又有多种通信方式，如数据总线、以太网、AIO/DIO 等，并且该系统需要使用多种硬件板卡资源，设备到设备之间物理距离远。

GCAir 分布式仿真系统具有多个实时仿真机，并实现了分布式仿真技术，可完成不同物理位置、不同硬件设备的系统组网与半实物仿真。

（11）自动化测试 TestManager

TestManager 是 GCAir 自动化测试的配套工具，可实现基于需求的自动化批量仿真测试。将 GCAir 工程导入 TestManager，根据测试需求在 TestManager 配置测试场景、测试用例、测试工况，运行仿真即可完成自动化批量测试，并生成测试报告。TestManager 支持全虚拟系统的批量仿真测试，也支持半实物系统的批量仿真测试，可涵盖 MiL、SiL、HiL 全业务流程，减少了半实物系统的开发调试、测试验证时间。

（12）GCAir Python API

为了提高流程自动化，GCAir 提供了一套 Python API 接口函数，用户可基于日常的 Python IDE（如 PyCharm 等）编写 Python 脚本，对这些 API 进行灵活的组合和运用，完成多种任务，可使用户摆脱频繁手动对工程界面进行批量操作的繁重劳动。

（13）支持基于插件的二次开发

为了满足用户的某些特定需求，GCAir 支持定制开发和定制界面。GCAir 提供了基于插件的二次开发功能，插件与 GCAir 实现数据收发通信，完成定制系统的实时仿真与人机交互，确保了定制软件的独立性与开放性。

17.10 GCKontrol 与 GCAir 仿真软件优势

17.10.1 GCKontrol 软件优势

（1）学习成本低

GCKontrol 保留了 Simulink 操作习惯，用户可快速搭建模型；在控制系统设计领域能替代主流基于模型的设计（Model Based Design，MBD）平台——Simulink。

（2）自动生成代码可控

GCKontrol 构建的模型能自动生成 C 代码，可配置为浮点/定点计算，满足实时性，可用于嵌入式系统，而且代码生成过程可调可控。

（3）仿真速度快

相比于 Simulink，GCKontrol 生成代码的运行机制在纯虚拟仿真时的模型解算速度提高了 10~20 倍。

（4）模型代码开源

用 GCKontrol 开发的所有模型，示例工程都是白盒，允许用户自定义修改。

17.10.2 GCAir 软件优势

（1）虚实结合仿真测试验证

GCKontrol 与 GCAir 形成了控制系统一体化工具链，支持从纯虚拟模型设计、代码生成、实时仿真，到半实物仿真的全生命流程开发。

（2）丰富的多源异构模型集成接口

GCAir 接口丰富，可集成来自不同软件、硬件设备的模型，可实现系统仿真，提高了模型的置信度及模型运算效率。

（3）与需求分析软件无缝衔接

按照控制系统设计的应用场景和需求定义软件功能，能够解决实际工程问题，并且需求与设计之间的迭代以工程文件的形式保存。

（4）V 型流程全生命周期测试支持

针对需求建立测试场景，以文件形式保存测试用例，从纯虚拟测试到半实物测试，实现全生命周期测试自动化，有效缩短产品对需求的验证。

17.11 GCKontrol 与 GCAir 仿真软件应用实例

在实际使用过程中，GCKontrol 将与 GCAir 相互配合，其中，GCKontrol 将通过软件中所含丰富的模块辅助操作者对所研究的控制系统及被控对象进行建模，并能够导出后端软件可使用的代码或 FMU 等文件。GCAir 提供多端口，能够接收各类建模软件导出的文件，集成后对模型进行仿真测试并得出测试结果。软件技术路线如图 17-11 所示。

软件应用实例以 GCAir 与第三方软件联合仿真实现为例，其意义及实现方式如下。

17.11.1 实例概述

当前汽车产业向智能化方向飞速发展。智能化的机械系统一般包含电子控制、液压与电气驱动、机械机构等组成部分，由电子控制系统通过电液驱动执行环节完成作业，这些组成部分集成在一起，使其动力学特性极为复杂。这些系统由于各自的学科特点不同，其建模和仿真分析所采用的方法也不同，并且具有各自不同的数值求解方法。要分析智能化机械产品复杂的动力学性能，必须能够将电子控制、液压与电气、机械结构等不同部分的仿真模型集成到一起，从而分析它们之间的交互作用。联合仿真能力是异构系统集成仿真必备的条件，

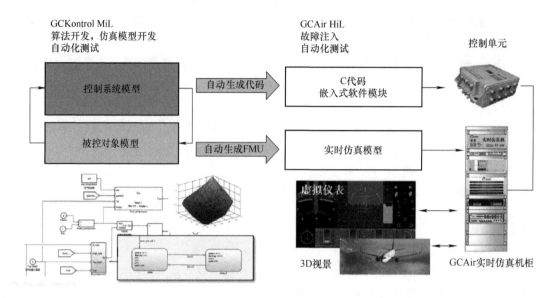

图 17-11 软件技术路线

GCAir 基于 FMI 标准,可以配置导出 FMU,此 FMU 可以被第三方仿真软件导入,通过传输控制协议(TCP)通信实现 GCAir 与第三方仿真软件之间联合仿真,其原理如图 17-12 所示。

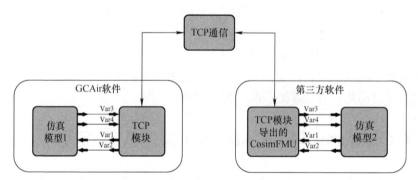

图 17-12 GCAir 与第三方软件联合仿真原理

17.11.2 GCAir 与 Simulink 联合仿真

GCAir 通过 TCP 模块与 Simulink 在同一台计算机上实现数据传送与接收,把 GCAir 中的正弦波、时间数据传输到 MATLAB/Simulink 中,并在 Simulink 中显示,观察 GCAir 仿真时间与 Simulink 时间的关系;同时把 Simulink 中的常数值传输到 GCAir 中并显示。

(1)GCAir 软件中建立仿真模型

在 GCAir 中新建工程,并创建子系统,在创建的子系统中使用 TCP 模块与 Var 模块。TCP 模块可以设置传输的通道数及输入与输出接口。

设定好输入与输出接口后,生成 TCP 模块的 FMU。使用 Var 模块,设定传输的正弦函数与 GCAir 的仿真时间 SIMTIME。上述步骤完成后,TCP 模块与 Var 模块在子系统先进行连接。

（2）Simulink 中建立仿真模型

完成 GCAir 软件中的模型构建后，于 Simulink 中建立工程，并搭建联合仿真测试所需的模型。在 Simulink 中导入 GCAir 中 TCP 模块生成的 FMU。

Simulink 中使用 FMU_Import 模块导入 FMU 后，搭建测试所需的模型。

（3）GCAir 软件中建立仿真模型

在 Simulink 求解器中，选定适当步长求解，GCAir 与 Simulink 联合仿真时，为保证联合仿真有效进行，两软件的仿真步长需要为整数倍关系。

17.11.3 联合仿真应用

GCAir 导出 FMU_slave 扩展了 GCAir 平台的应用场景。

基于机理模型的应用：便于在 Simulink、SimulationX 中完成控制模型、子系统模型的快速开发，与 GCAir 进行联合调试。

基于机器学习的应用：数据驱动与模型驱动融合，能够更好地发挥各自优势，基于数据发掘潜在的规律，模型将已有的知识形成控制，两者互补，学习到的新规律可以融入到机理模型，而机理模型又能够为学习奠定基础。在 GCAir 中建立机理模型，通过 Python 环境搭建智能算法，借助 FMPy 可以与 GCAir 工程进行实时的数据交互，通过不断仿真对智能算法进行训练。

第18章 实车测试

近年来,随着汽车工业的发展与科学技术的进步,智能车辆逐渐成为各国未来交通的发展趋势及核心,其不仅能够降低交通事故发生率、提高驾驶安全性、保障行车安全,而且能够提高交通效率、促进节能环保,是提升道路交通智能化水平、推动交通运输行业转型升级的重要途径。车辆作为交通环境中的一员,由于其内部各个系统任何指令的决策输出,都密切关系道路及公共交通安全,一旦未能准确预估其行为的发生,轻则带来不舒适的驾乘体验,重则可能产生严重的经济财产损失,甚至威胁到人员生命安全。因此,测试验证环节是车辆研发生产过程中至关重要的一环。

自动驾驶系统作为一个涵盖人工智能、传感技术、通信网络、自动控制的复杂系统,其技术体现了多领域、多学科的交叉融合,是智能车辆相较于传统汽车而言最为关键的部分。不同于传统汽车偏重物理性能的测试评价体系,自动驾驶车辆的测试评价任务覆盖多种功能及各项性能的表现,其中包括系统对环境的识别感知、对危险情况的响应时间及处理方式、车辆的安全运行轨迹,以及各系统间的协同配合等。自动驾驶等级越高,汽车系统的复杂性进一步增加,多变的环境、复杂的交通、多样的驾驶任务和动态的行驶状况等对测试验证阶段提出了更高的要求。如何在自动驾驶车辆量产上路前对其系统进行严格、充分的测试,全面、高效地验证其算法合理性及系统稳定性,已成为业内一大挑战。目前,国际标准化组织及各国都在积极研究自动驾驶测试相关的方法及标准。UN/WP.29自动驾驶安全验证工作组针对系统验证提出了"多支柱法"理论,其中包括审核与认证、虚拟测试、场地测试、真实道路测试等多个"支柱"。2020年初,中央多部委联合发布了《智能汽车创新发展战略》,明确指出将完善测试评价技术作为主要任务,重点研发虚拟仿真测试、软硬件结合仿真、实车道路测试等技术与验证工具。可以看出,各国对自动驾驶汽车测试验证技术的发展都极为重视。

当前常用的自动驾驶测试验证方法可分为开放道路测试、封闭测试场测试、虚拟仿真测试三大类。其中,开放道路测试与封闭测试场测试多采用实车进行,采用实车进行的测试因其能够最真实、直接地反映自动驾驶车辆的表现,成为最常用也最必要的测试验证方法,但是实车测试也存在测试里程长、测试周期久、耗费成本高等问题,一些极端工况、危险场景可遇不可求且测试难度大,安全问题也是一大困扰。此外,相关交通法规的限制及保险理赔机制缺失也给自动驾驶系统实车测试带来了诸多困难。虚拟仿真测试是利用人-车-环境中某一部分或整体的虚拟模型来代替真实实体进行测试的一种手段,借助于计算机仿真技术的发展,已被广泛运用在自动驾驶系统测试领域。与实车测试相比,虚拟仿真测试具有测试速度快、成本低、无安全风险等优点,并且通过仿真能覆盖实车测试不易覆盖的边缘场景,可进行重复仿真、数据易收集,能尽早地发现系统存在的问题。在自动驾驶系统开发的过程中,测试验证的时间越早、虚拟化程度越高,则开发成本越低,反之成本增加。同时,测试场景真实程度越高,测试结果会更为可靠。随着仿真技术水平的提高和在测试领域应用的普及，行业旨在通过仿真平台完成99.9%的测试量，封闭测试场测试达到0.09%的测试量，最后0.01%的测试量到实路上去完成，以此达到更高效、经济的状态，图18-1所示为测试真实程度对比。

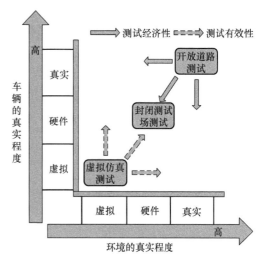

欧洲从大型的ADAS测试项目中总结出了一套完整的自动驾驶测试方法，从开发的流程顺序上可以分为四种：仿真测试、驾驶模拟器测试、受控场地测试和实证测试（Field Operational Tests，FOT），如图18-2所示。其中，仿真测试和驾驶模拟器测试在研发初期进行。测试中采用虚拟场景和车辆，只能在有限程度上评价自动驾驶系统的性能，保障基本的系统安全。系统开发后期必须进行受控场地测试，在试验场实际复现典型的交通场景。这一阶段能够真实、快速、有效地评估整车级系统的性

图18-1 测试真实程度对比

能及用户层面相关的性能。由于前三项测试方法能够模拟的场景有限，而实际行驶工况复杂多变，自动驾驶汽车在量产前必须在公共道路上进行大量实车测试，所以实证测试是对自动驾驶测试的最终评价过程。然而实证测试成本高、耗时长且具有一定的风险，故而在前期的受控场地测试中要充分地挖掘出系统的缺陷，提高测试效率。

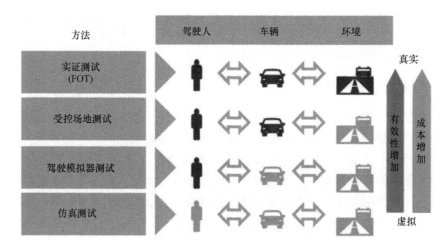

图18-2 自动驾驶典型测试方法

辅助驾驶功能的实车测试是评估其性能和安全性的重要环节，也是自动驾驶技术发展的重要支撑。随着智能网联汽车高等级的自动化和网联化系统不断产业化落地，对测试的依赖越来越深入，尤其是面对即将量产落地的L3级以上自动驾驶产品，对现有的测试技术、标准和法规，都提出了新的挑战，需要新的技术突破。这些测试通常在控制环境下进行，包括设定的道路条件和特定的驾驶场景。测试过程中，需要收集系统行为、反应速度、车辆控制能力等方面的数据。

大规模实车测试对于智能驾驶系统来说也是必不可少的，由于真实交通中更加千变万

化,而驾驶模拟器或者受控场地测试只能复现很小一部分,评价的结果可能与真实情况有偏差,因此需要大规模路试来对智能驾驶汽车在整个交通环境中的运行进行验证。在开放道路测试中,功能数据、行为数据、环境数据都要同步采集。功能数据往往来源于辅助驾驶系统本身。行为数据核心是监控驾驶人反应,其来源于额外安装的内部摄像头、眼球追踪仪、生理检测设备。而环境数据会同时来源于车辆自身的环境传感器和一些额外安装的性能更高的传感设备,如激光雷达、INS或者高清摄像头。当然目前这种方法已经更多被数据闭环的方式所代替。

18.1 客观评价

18.1.1 客观评价的定义

自动驾驶汽车实车测试中的客观评价主要从研发技术角度出发,评价智能网联汽车在普遍交通环境下的识别能力、变道性能、跟车性能、路口通过性等通用指标,进行通过性考核,进而对整车部分智能驾驶功能进行量化或者参数化考核测试。

自动驾驶功能开启、激活、关闭与退出操作中系统的反应都可以用客观的时长来描述。车辆因加减速、转向、制动等行为给驾驶人和乘客带来的驾驶乘坐体验,应根据纵向加速度、纵向减速度、纵向加减速度的变化、制动频度、侧向加速度、侧向加速度的变化率、横向位置的变化等客观参数来衡量。自动驾驶系统在实际道路测试中在每段试验道路上的完成时间、接管次数、与其他车辆交互的车头时距、安全距离、横向距离、信号提示、对弱势交通参与者反应与警示,以及与弱势交通参与者保持的安全时距和心理安全时距等客观数据,是自动驾驶系统实际道路试验中的客观评价依据。

18.1.2 客观评价的分类

系统性能评估:评估辅助驾驶系统在各种驾驶场景下的性能表现,包括系统的准确性、响应速度、车辆控制能力等。通过记录和分析系统的行为数据,可以评估系统是否按照预期工作,并在各种情况下保持稳定性。准确性是指自动驾驶车辆能够精准地执行相关驾驶行为,不会由于车辆的驾驶行为对其他交通参与者产生过大影响,甚至发生碰撞事故。自动驾驶车辆应该在正确识别功能运行边界及道路条件的基础上准确做出驾驶决策、实施符合交通法规的合理驾驶行为,其应该符合其他交通参与者的一般预期,不对车流速度造成负面影响,不让其他交通参与者对其行为感到迷惑,不影响道路安全。本项测试内容中对于车辆巡线行驶能力、限速行驶能力等要求可通过客观方式进行测试,其余测试内容可通过主观评价方式进行测评。

安全性评估:评估辅助驾驶系统的安全性能,包括遵守交通规则、正确识别和响应周围环境、与其他车辆和行人的交互等。通过记录系统的行为数据,并与标准的安全要求进行比较,可以评估系统在安全性方面的表现。安全是自动驾驶车辆的一种状态,即通过持续的危险识别和风险管理过程,将人员伤害或财产损失的风险降低并保持在可接受的水平或其以下。提升道路安全与行驶效率是自动驾驶车辆的主要目的,因此安全性能直接影响自动驾驶车辆的性能评价结果,属于测试中的一票否决项,若车辆的安全性能未通过测评,则本次测试未通过。此处的安全不应只关注本车是否可通过相应措施尽量降低本车风险,同样需要关注本车的相应措施是否会严重影响交通流,对外界其他交通参与者与本车造成危险。

人机交互评价:评估辅助驾驶系统与驾驶人之间的交互界面和交流效果。这包括系统的提示和警告方式、驾驶人对系统指令的理解和反应等。通过观察驾驶人的行为和采集用户反馈,可以评估系统的人机交互设计是否合理和有效。

车辆控制评估:评估辅助驾驶系统对车辆控制的效果和稳定性。这包括车辆的操控性、加速度和制动性能等。通过记录车辆行驶过程中的数据,并与标准的车辆控制要求进行比较,可以评估系统对车辆控制的影响。

故障检测和容错能力评估:评估辅助驾驶系统对故障的检测和处理能力,以及系统的容错性。通过模拟和触发各种故障情况,并观察系统的反应和恢复能力,可以评估系统在故障情况下的表现。

这些客观评价的依据通常来自实际测试过程中采集到的数据和记录,包括传感器数据、车辆参数、系统输出等。这些数据可以被分析和比对,以评估辅助驾驶系统的性能和安全性,并为系统的优化和改进提供依据。

18.2 主观评价

18.2.1 主观评价的定义

实车测试中的主观评价基于驾驶人或乘客的主观体验和反馈,以评估辅助驾驶系统的舒适性、易用性、安全性、智能性、交互体验和用户满意度。在车辆行驶过程中,影响乘客舒适度的因素主要包括纵向加速度、纵向加速度的变化率、横摆角速度、横摆角速度的变化率、曲率及曲率变化率等。汽车用户对产品的各项需求并不是都能够用客观定量的指标来评价,同时,用户对产品的感知与产品的客观指标并不呈现线性关系,因此,用主观评价的方法更能体现产品的用户体验。

自动驾驶车辆在行驶时,车辆与驾驶人(或乘员)、外部道路环境和外部交通环境进行持续交互,而行驶环境复杂多变,自动驾驶系统在每个事件中都应有正确的响应,这些响应体现车辆的匀速行驶、加速、减速、转向、制动等动作,车辆的这些匀速行驶、加速、减速、转向、制动等动作都会给车内人员和车外的交通参与者造成不同主观感受。车内驾驶人(乘员)对车辆行驶中的感受并不是完全能够用车辆的速度、加速度、横摆角、俯仰角等能够量化的指标来评判,而是综合了一些主观感受,例如,车辆行驶的稳健性、对前面车辆响应及时精准、对行人礼让等。

自动驾驶系统在满足法律法规要求的同时需要满足用户的需求。对自动驾驶系统的主观评价主要由驾驶人、乘员、调度员对自动驾驶功能的开启、激活、关闭、接管,以及车内乘员感受和车辆在行驶环境中的表现等方面构成。

18.2.2 主观评价的指标

驾驶舒适性:评估辅助驾驶系统对驾驶人的舒适性影响,包括平稳性、顺畅性、减轻驾驶负担的程度、辅助干预情况。驾驶人可以通过评估车辆的加速、制动、转向过程,以及辅助驾驶系统的干预情况来提供主观反馈。平稳性评估是指评估车辆的加速、制动和转向过程中的平稳性。辅助驾驶系统应该提供平滑的加速和制动,避免剧烈变速和紧急制动。驾驶人会主观感受到车辆的平稳性,并能通过自身的舒适感来评估辅助驾驶系统的表现。顺畅性评估是指评估辅助驾驶系统的操作是否自然、流畅、与驾驶人的意图和预期相匹配。系统的反应速度、转向响应和车道保持功能的准确性都会对顺畅性产生影响。驾驶人会根据他们对车辆操作的流畅程度来评估辅助驾驶系统的表现。减轻驾驶负担程度评估是指评估辅助驾驶系统在驾驶过程中对驾驶人的减负效果。辅助驾驶系统的存在应该减轻驾驶人的工作负担,使驾驶过程更轻松和舒适。驾驶人会通过评估他们的疲劳程度、注意力集中度和驾驶压力来提供对辅助驾驶系统减负效果的主观反馈。辅助干预情况评估是指评估辅助驾驶系统的干预过程对驾驶舒适性的影响。辅助驾驶系统可能会对驾驶过程进行干预,如自动制动、自动转向等。这些干预应该平滑、适时和符合驾驶人的意图,以确保舒适性和安全性。驾驶人会通过评估系统的干预方式和干预时机来提供主观反馈。这些方面的评估可以通过驾驶人的主观体验和反馈来获取。这可以通过对驾驶人的观察、记录驾驶过程中的感受和评估,以及与驾驶人的交流和访谈来实现。同时,也可以采集驾驶人生理指标(如心率、皮肤电阻等)来客观衡量驾驶舒适性。通过综合考虑这些因素,可以评估辅助驾驶系统对驾驶人舒适性的影响,从而为系统的优化和改进提供指导和反馈。驾驶舒适性评价如图 18-3 所示。

操作便利性:评估辅助驾驶系统的用户界面和操作方式的易用性和直观性。乘员的主观评价可以包括对控制按钮、显示界面和语音命令等的使用体验。其中包括通过用户界面评估辅助驾驶系统的控制界面和显示界面的设计和布局。用户界面应该直观、清晰,使驾驶人能够轻松理解和使用系统的各种功能,如图 18-4 所示。评估中可以考虑控制按钮的布置、显示界面的信息呈现方式,以及与其他车辆控制系统的集成等方面。评估辅助驾驶系统操作方式的便捷性和可操作性的标准是操作方式应该符合驾驶人的习惯和期望,容易上手和操作。这可能涉及物理按钮、触摸屏、转向盘上的控制或语音命令等不同的操作方式。评估辅助驾驶系统使用过程中的简单性和直观性的标准是系统应该提供明确的指令、操作流程和反馈,使乘员能够轻松地理解和使用系统的各项功能。评估中可以考虑乘员在实际使用过程中的使用体验和反馈。

图 18-3　驾驶舒适性评价

图 18-4　用户界面

交互效果:评估辅助驾驶系统与驾驶人之间的交互效果和反馈机制。系统应该能够及时、准确地响应驾驶人的指令或请求,并提供清晰的反馈信息。评估中可以考虑系统的响应速度、反馈信息的可读性和理解性、反馈机制的准确性等方面。响应速度评估是指评估辅助驾驶系统对驾驶人指令或请求的响应速度。系统应该能够迅速、准确地理解驾驶人的指令或请求,并相应地采取措施。评估中可以考虑系统处理指令的时间延迟,以及系统的反应速度与驾驶人期望的匹配程度。反馈信息的可读性评估是指评估辅助驾驶系统提供给驾驶人的反馈信息的可读性和清晰度。系统应该以易读、易理解的方式向驾驶人提供相关信息,如显示屏上的图标、文字提示或语音指令。评估中可以考虑反馈信息的字体大小、颜色对比度、图标设计和语音指令的清晰度等方面。反馈信息的理解性评估是指评估驾驶人对辅助驾驶系统提供的反馈信息的理解程度。系统应该使用驾驶人熟悉且易于理解的术语、图标或语音指令,以便驾驶人能够准确理解系统的反馈意义。评估中可以通过驾驶人的反馈和解释来了解他们对系统反馈的理解程度。反馈机制的准确性评估是指评估辅助驾驶系统提供的反馈机制的准确性。系统应该能够正确解读驾驶人的指令、识别驾驶场景,并相应地提供准确的反馈。评估中可以通过与实际驾驶场景进行比较,观察系统反馈是否与实际情况相符。这些方面的评估可以通过多种方法实现,如模拟实际驾驶场景进行测试、人机界面评估、可用性测试和用户调查等,此外还包括系统的警告和提示方式、驾驶人对系统指令的理解和遵循程度等。其中,警告和提示方式指评估辅助驾驶系统使用的警告和提示方式对驾驶人的有效性和理解程度,包括视觉提示(如图标、指示灯)、听觉提示(如声音、语音指令)或触觉提示(如振动)。评估中可以考虑提示的清晰度、可见性、音量和振动强度等因素,以及驾驶人对这些提示的理解程度和反应。驾驶人对系统指令的理解指评估驾驶人对辅助驾驶系统指令的理解程度,包括驾驶人对系统提供的指令或建议的意图的理解,以及驾驶人对指令的准确理解和正确执行。图 18-5 所示为驾驶交互效果评价,评价中可以通过与驾驶人进行交流、观察他们的行为和操作来获取驾驶人对系统指令理解程度的主观反馈和客观数据。驾驶人对系统的遵循程度指评估驾驶人对辅助驾驶系统指令的遵循程度和依赖程度。这涉及驾驶人是否按照系统的指令和建议进行驾驶,以及他们对系统的信任程度和对系统的决策的依赖程度。评估中需要收集驾驶人的主观反馈和观察其实际操作过程。通过综合考虑这些方面的评估结果,可以评估交互效果的质量和效果,并为系统的改进和优化提供指导和反馈。

图 18-5 驾驶交互效果评价

信任度和可靠性:评估驾驶人对辅助驾驶系统的信任程度和对系统的可靠性的主观感受。这可以通过驾驶人的信任程度调查、问卷调查和访谈等方式获取。此外,还可以结合量化数据,如驾驶人的行为和决策,以提供更全面的评估。通过综合考虑信任度和可靠性的评估结果,可以了解驾驶人对辅助驾驶系统的信任程度和对系统可靠性的主观感受,为系统改进和优化提供指导和反馈,如图 18-6 所示。

图 18-6　信任度和可靠性评价

这些主观评价指标提供了用户的观点和体验，可以帮助评估辅助驾驶系统在实际使用中的人机交互和用户体验方面的表现。结合客观评价和主观评价可以更全面地评估辅助驾驶系统的性能、安全性和用户接受度。

主观和客观评价各有优缺点，将二者优点结合起来对无人车的道路测试进行综合评价的方法便是主客观相结合的评价方法。对于车辆的测试方法来讲，必要性和可行性是其必须考虑的两个维度，缺一不可，而主客观结合的测试方式是可以经得起科学推敲的。

18.3　开放道路测试

18.3.1　开放道路测试概念

不同于 L0 ~ L2 级驾驶辅助系统功能的自动化车辆安全测试，根据 SAE J3016 相关标准规定，L3 级驾驶自动化车辆可以实现在特定条件下的自动驾驶，即有条件的自动驾驶，L3 级以上驾驶自动化车辆在符合条件的情况下可以实现高度甚至完全自动化驾驶行为，即自动驾驶系统的运行场景更加丰富。因此，L3 级及以上驾驶自动化车辆的测试除了需要在封闭试验场内搭建的较为理想、规范的场景、用例内进行测试，还需要在真实的开放道路上进行测试。开放道路是车辆运行的最终真实环境，自动驾驶功能在功能范围内、符合条件的情况下，要面对复杂多样的真实环境。不管是车辆的安全行驶能力、车辆提醒接管能力、驾驶人状态监控功能、车辆通信功能，还是人机交互能力，都要经历多变、复杂的真实世界的考验。在充分保证安全的情况下，开展自动驾驶实际道路测试是测评 L3 级及以上驾驶自动化车辆的必要环节。

18.3.2　实车测试的一般步骤

辅助驾驶功能实车测试的一般步骤主要包含：

1）环境准备：确定测试路段和道路条件，并确保测试场地的安全性。可能需要设置特定的标志、路障或道路标线。

2）车辆准备：安装辅助驾驶系统，并确保其正常工作。可能需要校准传感器或进行软件更新。

3）数据采集：通过传感器和其他数据记录设备，收集车辆行驶过程中的数据。这些数据可能包括图像、雷达、激光雷达和车辆参数等。

4）测试方案设计：确定测试的具体目标和场景，如高速公路驾驶、城市道路驾驶或停车等。

5）测试执行：按照设计好的测试方案，在实际道路上进行测试。期间需要记录车辆的行驶情况，包括辅助驾驶系统的参与程度、车辆控制的稳定性等。

6）数据分析：对采集到的数据进行分析，评估辅助驾驶系统的性能。可以通过对比系统的行为和预期结果来确定其准确性和安全性。

7）优化和改进：根据测试结果，对辅助驾驶系统进行优化和改进。这可能涉及软件更新、参数调整或其他技术改进。

需要注意的是，辅助驾驶功能的实车测试是一个复杂且持续的过程。为了确保安全性和可靠性，测试应该遵守相应的法规和道路交通规则，并在受控的环境下进行，以最大限度地减小潜在的风险。此外，还需要进行严格的验证测试，以确保系统在各种情况下的稳定性和可靠性。

18.3.3 常见的场地测试类型

1. 高速公路测试

高速公路是具有特别重要的政治经济意义的公路，有四条或四条以上车道，设有中央分隔带、全部立体交叉并具有完善的交通安全设施与管理设施、服务设施，全部控制出入，是专供汽车高速行驶的专用公路。四车道高速公路应能适应年平均日交通量为25000～55000辆，六车道高速公路应能适应年平均日交通量为45000～80000辆，八车道高速公路应能适应年平均日交通量为60000～100000辆。

高速公路测试主要是测试自动驾驶汽车在高速公路等具有较为单一路况的道路环境下的运行性能，高速公路测试更是智能网联汽车发展和道路交通管理创新的"难点"和"痛点"。高速公路测试的主要任务是测试辅助驾驶系统的巡航控制、车道保持、车距控制、变道及车速控制等性能，并评估其对交通标志等的感知能力。这种测试可以评估系统在高速路段上的稳定性、反应速度和车辆控制能力。

业界普遍认为，自动驾驶将首先在高速公路环境下得到应用。因此高速运行条件下的自动驾驶功能和性能测试是自动驾驶极限工况测试的重要环节，然而受政府土地政策的约束和基于封闭场地建设成本的考虑，现有的绝大多数封闭测试场地没有真实的高速公路测试环境。利用简单的模拟搭建难以构建出高速公路分向行驶、全部控制出入、高时速、跨线立交、桥隧结合的特点，无法满足自动驾驶在高速工况下的测试需求。针对上述问题，我国各级政府、相关企业可利用高速公路老旧路、复线，采取半封闭或封闭的方式规划建设自动驾驶高速公路封闭测试场地；对于技术相对稳定、成熟的自动驾驶汽车的测试，可以在车流量较少、车道数量较多的高速公路规划一条或几条自动驾驶专业测试车道，以应对自动驾驶在高速公路环境下的测试需求。图18-7和图18-8所示分别为高速公路及高速公路雪地测试。

2. 城市道路测试

在城市道路环境中测试辅助驾驶系统的性能，包括交通信号识别、交叉口驾驶、停车等功能。城市道路具有繁忙、复杂的路口、人行道等情况，是自动驾驶汽车的典型应用场景，城市道路测试主要通过采用车厢内/车外摄像头进行视频记录，以及采用惯性导航仪、差分GPS等传感器进行数据采集，对自动驾驶汽车运行轨迹、响应时间、准确性等关键性能指标进行评估。这种测试可以评估系统在城市交通环境中的适应性和安全性能。

图18-7　高速公路测试

图18-8　高速公路雪地测试

在城市道路测试中，将装备有自动驾驶系统的车辆置于实际交通环境中，使其在现实道路和真实交通环境中自然行驶，并通过车内装载的雷达、摄像头等传感器记录测试数据，用以反映和验证自动驾驶车辆的性能表现。道路测试可以提供完全真实随机的、非人工干预的交通场景，在测试过程中所有的交通参与者、道路环境、气候条件等各种因素都真实存在，所有元素随机组合、所有事件随机发生，可以更好地验证车辆面对真实复杂交通场景的行驶能力，是保障自动驾驶车辆正式商用后在复杂道路交通环境中安全、可靠行驶的必要步骤。图18-9所示为城市道路区域测试。目前，国内外均开展了

图18-9　城市道路区域测试

相关的公共道路测试项目，而且政府及产业正在积极推进有关规定的施行，给予车辆道路测试的合法地位，消除可能面临的法律障碍，减小测试企业及其他交通参与者的风险，促进智能网联汽车产业生态的健康发展。在国际方面，自2016年9月起，NHTSA连续发布自动驾驶汽车相关的多项政策，指导各州开展自动驾驶汽车上路测试。

城市道路主要包括二级公路和三级公路、机动车和非机动车公用道路，以及连接住宅区、经济中心或工业园区的干线公路或运输繁忙的次干线公路区域。双车道二级公路应能适应年平均日交通量为5000~15000辆，双车道三级公路应能适应年平均日交通量为2000~6000辆。

3. 夜间驾驶测试

在夜间条件下测试辅助驾驶系统的性能，包括夜间视觉识别、道路照明适应性等。这种

测试可以评估系统在低光条件下的准确性和稳定性,如图18-10所示。

图18-10　夜间驾驶测试

4. 复杂道路测试

复杂道路测试在具有复杂道路结构和场景的测试场地上进行,如十字路口、山区、曲线道路、施工区域等。这种测试可以评估系统在复杂道路条件下的应对能力和安全性能,如图18-11所示。

图18-11　复杂道路测试

5. 恶劣天气测试

恶劣天气条件下的自动驾驶一直是阻碍自动驾驶车辆进入L4级或更高自动化级别的问题。在恶劣天气条件下进行测试,如雨天、雪天或浓雾等。这种测试可以评估系统在恶劣天气条件下的传感器性能、车辆控制能力和安全性。

尽管国内外团队在恶劣的天气条件下进行了大量的自动驾驶研究和测试,但当风窗玻璃、刮水器在雨雪中连续运行时,车辆就会停止运行。例如,在爱沙尼亚的冬季,由于气温较低,自动控制的小型公共汽车无法在夜间正常充电,并且由于额外的取暖而耗电,不得不缩短每天的运行时间。然而,芬兰自动驾驶公共汽车并没有因为下雪而停滞不前,而且已经开始在下雪天气进行公开试驾。目前,L2级自动驾驶在雨雪条件下的性能几乎不能满足预期,例如,车道保持功能在公路雪地打滑时,汽车会转向过度。谷歌Waymo也参加了无人测试车辆冰雪路面测试,如图18-12所示。特斯拉的Autopilot可以在正常的雨雪中导航,路标清晰可见,但在某些棘手的情况下,在暴雨或车道线出现遮盖时仍然难以驾驶。另一个典型的L2级自动驾驶供应商GM的Super Cruise,官方禁止在湿滑或其他不利条件下(包括雨、雨夹雪、雾、冰或雪)使用自动驾驶功能。显然,恶劣的天气条件限制了自动驾驶系统掌控转向盘,人们仍然不能完全相信自动驾驶系统能独自工作。因此,为了让 ADAS 继续向前推进到下一个时代,自动驾驶汽车需要更多的时间来适应各种天气。

图 18-12　谷歌 Waymo 无人测试车辆冰雪路面测试

6. 紧急情况测试

模拟紧急情况,如突然出现的障碍物、紧急制动等,以测试系统的反应速度和紧急情况下的车辆控制能力。这些场地测试可以通过设置特定的测试场地、道路条件和交通情景来模拟实际道路环境。通过在这些受控条件下进行测试,可以更好地评估辅助驾驶系统的性能、安全性和适应性,同时降低测试风险,包括自动紧急制动测试、前车紧急制动测试、行人横穿紧急制动测试等。自动紧急制动测试前方目标一般分为两大类:车辆和弱势道路使用者(VRU)。车辆类包括乘用车、货车、公共汽车等。VRU 类包括行人(成人与儿童)、自行车、动力两轮车,以后还可能包括动物。测试时自动驾驶车辆与目标车辆保持一定的相对距离行驶,在达到要求车速后目标车制动停车,测试自动驾驶车辆是否能触发 AEB,以及是否会与目标假车发生碰撞。在自动驾驶前车紧急制动测试中,测试工程师会时刻关注并记录两车运动过程中的速度、加速度、横纵向相对距离,以及判断触发 AEB 时刻起到最后制动停车时自动驾驶车辆的加速度、制动停车时相对于假车的相对距离等高精度数据是否满足标准要求。行人横穿紧急制动测试是指自动驾驶车辆以要求车速在测试车道上行驶,行人会在适当的时机横穿测试道路,测试自动驾驶车辆是否能触发 AEB,以及是否会与行人发生碰撞。在自动驾驶行人横穿紧急制动测试中,测试工程师会根据自动驾驶车辆行驶的速度,准确地让行人以一定速度横穿测试道路,同时时刻关注并记录车辆运动过程中的速度、加速度、横纵向相对距离,以及判断触发 AEB 时刻起到最后制动停车时自动驾驶车辆的加速度、制动停车时相对于假人的相对距离等高精度数据是否满足规定的测试要求。图 18-13 和图 18-14 所示分别为自动紧急制动测试及前车紧急制动测试,图 18-15 所示为行人横穿紧急制动测试。

18.3.4　测试项目设置

结合工信部、公安部、交通运输部三部委共同发布的《智能网联汽车道路测试管理规范(试行)》,测试项目设置可以包含以下方面:

1)基本交通管理设施检测与响应能力测试,测试内容应包含 GB 5768—2022《道路交通标志和标线》、GB 14887—2011《道路交通信号灯》、GB 14886—2016《道路交通信号灯

图 18-13　自动紧急制动测试

图 18-14　前车紧急制动测试

图 18-15　行人横穿紧急制动测试

设置与安装规范》等标准要求的道路交通设施种类和安装规范等内容。

2）前方车道内动静态目标（机动车、非机动车、行人、障碍物等）识别与响应能力测试，测试内容应包含感知识别不同目标（非机动车、行人、障碍物）的类型和状态、跟随不同交通参与者（机动车、非机动车、行人）行驶、车速车距控制等内容。

3）遵守规则行车能力测试，测试内容应包含超车、并道、通过交叉口等内容。

4）安全接管与应急制动能力测试，测试内容应包含靠边停车与起步、应急车道内停车、人工接管等内容。

5）综合能力测试，综合考察自动驾驶汽车的交通语言认知能力、安全文明驾驶能力、复杂环境通行能力、多参与对象协同行驶能力、网联通信能力等内容。

18.4 场地测试

18.4.1 场地测试的定义

自动驾驶作为智能网联汽车智能化和网联化两条技术路径的最终结合点与实现形式，是汽车产业发展、技术开发和标准制定的重要对象。实际道路测试对于验证自动驾驶功能与性能的优劣具备重要意义，也是有待突破的自动驾驶测试评价核心难题。开展自动驾驶实际道路测试的研究工作，是贯彻落实政府主管部门关于智能网联汽车产业发展有关要求的重要手段，也是智能网联汽车标准体系建设的有力举措，有助于产业与各研究机构建立对自动驾驶实际道路测试的统一理解、规范基本概念，使不同测试机构检测结果具备互认基础，对发挥资源集聚优势和节约开发测试成本具有重要作用，并对提升我国汽车标准化水平和加强国际标准法规协调工作具有重要意义。

实车测试中的场地测试通常是在受控的环境下进行，如测试场或者开放的场地，以评估辅助驾驶系统在不同场景和特定道路条件下的性能。自动驾驶封闭测试场测试是自动驾驶开放道路测试及自动驾驶汽车大规模市场化应用的必要前提，近年来国内外开展了大量的自动驾驶封闭测试场地建设工作。

自动驾驶功能实际道路评价中测试道路选择需要涵盖车辆自动驾驶功能测试、车辆自动驾驶运行范围，符合实际交通场景测试的要求。测试道路选择应使自动驾驶测试具备连贯性，避免过多人工接管和自动驾驶功能场景路段过于单一。测试道路选择应满足监管要求，测试道路应具有风险评估、风险预案处理和测试监管。受控场地测试提供了最接近真实道路的交通与通信环境，采用柔性化设计，保证自动驾驶汽车能够在有限的场地条件下，尽可能多地经历不同的场景，通过专业的测试设备和定量化的评估手段可以完成无安全风险条件下的自动驾驶汽车基本功能和性能的测试。受控场地测试是开放道路测试的前提条件，可以降低自动驾驶汽车在开放道路测试中的风险，为此世界各国均在积极推进受控场地的建设。

虽然各国都在大力推进自动驾驶车辆道路测试的发展，但开放道路测试仍处于初期试行阶段，为保证人员及车辆的安全，并未开放所有公共道路和区域。根据研究数据表明，自动驾驶算法若想证明其系统安全性不低于人类驾驶人水平，至少需要 2.4 亿 km 的道路测试且无事故发生，这将耗费巨大的时间和经济成本。仅依靠部分开放道路以及测试示范区进行路测，难以满足自动驾驶汽车旺盛的测试需求，故智能网联汽车在进入公共道路交通环境前，仍需要通过虚拟仿真、封闭测试场地测试等手段模拟各种道路交通场景，并对其在不同场景下的功能和性能进行测试评估。

封闭测试场测试依托于专用的封闭测试场地，通过在固定区域设置具有封闭物理界限并具备自动驾驶测试所需环境条件的场地，对自动驾驶车辆进行测试。从环境到待测车辆系统均为实物，强调环境对真实场景的还原能力。不同于公共道路测试的是，封闭测试场中环境及动态交通参与者不具有很强的随机性，而是在由模拟的交通参与者（如假人、假车等）

和场地内的道路环境要素组成的交通场景下进行测试，其场景是预先可控的，只能保证自动驾驶车辆在有限的场地条件下，尽可能多地经历不同环境和场景的测试。测试项目除了包含基本的功能测试（起步、停车、变道）、感知能力测试以外，还能覆盖多种道路典型交通环境下的感知、决策、控制和网联功能，对关键场景进行强化测试。

自动驾驶封闭测试场是实现无人驾驶汽车使用中遇到的各种各样道路条件和使用条件的测试场地，用于验证和试验无人汽车的软件算法的正确性。2018年，交通运输部发布的《自动驾驶封闭场地建设技术指南（暂行）》（以下简称《技术指南》）中规定，封闭测试场地应至少含有直线道路、弯道路段、道路出入口、坡道路段等测试道路；应至少设置有人行横道、减速丘、道路限速、道路施工、停车让行、减速让行和锥形交通路标等交通控制设施，有条件的场地可设置可变情报板、可变限速板、潮汐车道等控制设施；应至少含有一处双向十字形交叉口或双向丁字形路口、一处环岛；应能提供控制车辆、假人、模拟隧道、惯性导航、车载定位设备、摄像头等测试工具及非机动车隔离栏等设施；应具备全覆盖、低延时的路侧通信设备，无线通信设备应支持802.11p、LTE-V2X、5G、Wi-Fi中至少一种协议，有线通信设备应具备光端机接口和RJ45接口。《技术指南》充分考虑了封闭测试场地的建设规模和可操作性，包括场地要求、通信要求、供电要求和其他要求四个方面。在场地要求方面，除了对场景测试的连续性、测试区域的安全防护及对周围环境的噪声、空气污染的影响进行要求外，重点对测试场地的类型和各类场地的建设规范（如场地可选取的位置路宽、路段组合、交通标线及交通标志类型、坡度、交通参与者及其他交通附属物）进行了约束，共涉及测试场地22种。考虑到《技术指南》的可操作性及封闭测试场地建设的易行性，《技术指南》未对不同公路及道路等级、各类路面材质、不同类型的交叉口等对自动驾驶功能测试影响较小的因素进行详细的分类和严格的约束。此外自动驾驶测试场景多种多样、无法穷尽，因此各类场景对应的设施、设备也不能穷举，基于上述考虑，《技术指南》中的各类测试设备、测试设施也以测试自动驾驶的安全性为主。

图18-16所示为封闭场地/实际道路测试需求，自动驾驶汽车实车测试是其商业化应用的关键环节，是实现自动驾驶汽车应用场景最为直接和有效的途径之一。实际上，道路测试一直是自动驾驶汽车研发过程中最为重要和费时的环节之一。道路测试的目的是验证自动驾驶汽车在真实道路环境中的行驶、感知、识别、规划和控制性能，以评估其在城市道路、高速公路等不同道路环境下的实际性能。道路测试主要包括城市道路实测、高速公路实测、仿真试验等。

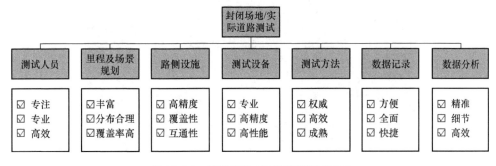

图18-16　封闭场地/实际道路测试需求

18.4.2 综合驾驶能力测试场景

1）起步、停车：自动驾驶车辆自动或借助测试驾驶人介入检查车辆状态，将档位换到行进档，开启转向灯。自动驾驶车辆在无测试驾驶人介入下平稳起步、无后溜，不熄火。自动驾驶车辆在行驶过程中遇到前车拥堵缓行停车时，自动降低速度并停车（不驻车），如图18-17所示。

图18-17 起步、停车测试

2）跟车、会车、超车：跟车时自动驾驶车辆根据所在车道、路况和前车车速，合理加减速，速度变化及时、平顺。会车时自动驾驶车辆正确判断会车地点，会车有危险时，控制车速，提前避让，调整会车地点，会车时与对方车辆保持安全间距。自动驾驶车辆超车前，保持与被超越车辆的安全跟车距离。依据左侧交通状况，开启左转向灯，选择合理时机，鸣喇叭或交替使用远近光灯，从被超越车辆的左侧超越。超车时，依据被超越车辆的动态，保持横向安全距离。超越后，在不影响超越车辆正常行驶的情况下，开启右转向灯，逐渐驶回原车道，关闭转向灯，如图18-18所示。

图18-18 超车测试

3）直行通过路口：自动驾驶车辆依据所通行路口交通情况，减速或停车，采取正确的操作方法，安全通过路口。

4）路口转弯：自动驾驶车辆依据所通行路口交通状况，减速或停车，根据行驶方向选择相关车道、正确使用转向灯，根据不同路口采取正确的操作方法，安全通过路口。T4 级及以上，需要测试异性复杂路口。

5）侧方停车：自动驾驶车辆在库前方一次倒车入库，中途不得停车，车轮不触轧车道边线，车身不触碰库位边线，出库后关闭转向灯。

6）通过环岛：自动驾驶车辆按照环岛道路曲线安全驶入和驶出环岛。

7）主辅路行驶：自动驾驶车辆依据主辅路交通情况，自动减速或停车，正确使用转向灯完成主辅路变更。

8）通过隧道：自动驾驶车辆行驶至隧道前，依据隧道处道路交通标志，按标志要求操作。驶抵隧道时先减速，开启前照灯，鸣喇叭，驶抵隧道出口，鸣喇叭，关闭前照灯。禁止鸣喇叭的区域不得鸣喇叭。

9）靠边停车：自动驾驶车辆开启右转向灯，依据后方和右侧交通情况，减速，向右转向靠边，平稳停车。关闭转向灯，自动或借助测试驾驶人介入熄火并启动驻车制动器，停车后，车身距离道路右侧边缘线或人行道边缘 30cm 以内。

10）倒车入库：评估过程中，自动驾驶车辆进退途中不得停车。从道路一端控制线倒入车库停车，再前进出库向另一端驶过控制线后倒入车库停车，最后前进驶出车库。

11）通过雨区、雾区、雪区道路：自动驾驶车辆感知周边环境，视雨量情况，减速或保持车速，并开启前照灯、危险警告闪光灯，安全通行，需要测试交通信号灯路口。通过雾区道路时，自动驾驶车辆视水平能见度情况，减速或保持车速，并开启雾灯、示廓灯、前照灯、危险警告闪光灯，安全通行，需要测试交通信号灯路口。

12）夜间行驶：自动驾驶车辆起步前开启前照灯。行驶中正确使用灯光。无照明或照明不良的道路使用远光灯；照明良好的道路、会车、路口转弯、近距离跟车等情况，使用近光灯。超车、通过急弯、坡路、拱桥、人行横道或没有交通信号灯控制路口时，应交替使用远近光灯示意。

13）避让应急车辆：自动驾驶车辆感知周边环境，依据应急车辆所在位置和车道，做出避让动作，保证应急车辆快速通过。

在自动驾驶汽车试验场方面，世界各国都积极投入和支持无人驾驶技术，美、欧、日等发达国家及地区都在积极建设无人驾驶测试场。2015 年，美国在密歇根州开放了首个自动驾驶封闭测试园区 M-City，占地 13 万 m^2，车道线总长约 8km，包含不同路面材质的城市道路、乡村道路等多样化的道路结构形态，如图 18-19 所示，其涵盖了多种停车位、公交站、隧道、桥梁、施工区等特殊路段场景。此外，还设计了用于测试自动驾驶汽车传感器性能的专项场景，如不同材质和形状的建筑物存在卫星信号遮挡的路段、金属架桥等。M-City 最大限度地复现了真实的交通环境，是自动驾驶汽车场地测试迈出的重要一步。

始建于 2014 年的 AstaZero 是欧洲现有最大的智能汽车试验场，其内部所有道路均铺设有光纤线路管道，实现了整个测试区域的 Wi-Fi 网络覆盖，为测试车辆与路侧设备实现通信提供了强有力的支撑，如图 18-20 所示。

2017 年 1 月，美国交通部指定了 10 座国家级自动驾驶试验场，这 10 座试验场分布于美国的 9 个州（加州 2 座），具有不同的测试设施，可用于评估自动驾驶汽车的安全性，提供

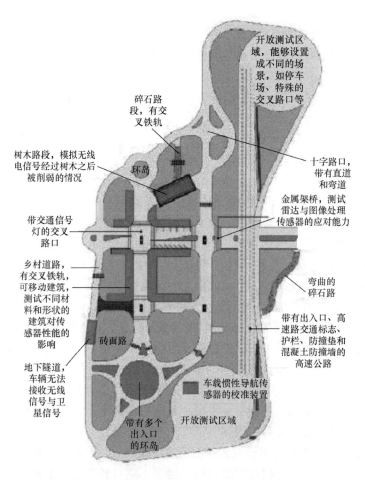

图 18-19　M-City 概况

各类道路和路况条件，并能够承载不同类型的车辆。英国的 Mira 公司修建的 City Circuit 试验场是世界上面积最大、综合性最高的独立试车场之一。除了建立全面的传统车辆各方面性能测试场，还建立了完备的城市基础设施及通信定位设备，能进行城市环境下的自动驾驶智能交通系统及 V2X 的测试。日本 JARI 试验场从 2016 年开始建设，目前共有 9 条车辆测试道路，全部位于 302 万 m² 的城市测试中心内。韩国的 K-City 试验场也于 2016 年开始建设，覆盖 36 万 m²，包括公交车道、高速公路和自动停车区。2017 年 2 月，德国交通部宣布，德国和法国计划在两国之间的一段跨境公路上测试自动驾驶汽车，路段长约 70km，将用于"自动驾驶在实际跨境交通中的测试"。

我国随着相关政策的出台，经工信部批准的智能互联示范区覆盖上海、杭州北京、重庆、深圳等地。2015 年 6 月，工信部批准上海国际汽车城为国内第一个智能网联汽车试点示范区。上海示范区将分四阶段从封闭测试区逐步拓展到开放道路、典型城市和城际走廊。第一期的封闭测试区于 2016 年 6 月正式运营，面积约为 5km²，道路里程为 15km，用于模拟高速道路及城乡道路场景。目前正在建设开放道路段的测试区。2016 年 11 月，重庆启用了智能汽车集成系统试验区一期——城市交通场景试验区 i-VISTA，正式投入运行，如图 18-21 所示。目前可以模拟 50 个城市交通场景的测试，正在建设 36 个重庆西部试验场智

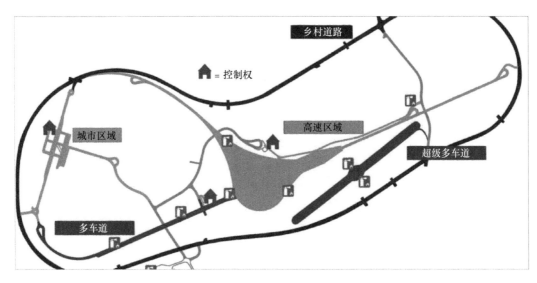

图 18-20 AstaZero 概况

能汽车可靠性试验区。2017 年 9 月，工信部、公安部、江苏省人民政府共建的国家智能交通综合测试基地在无锡正式揭牌。建设基于测试基地内封闭式和测试基地外半开放式实际公共道路测试环境。除此之外，全国各地也在积极建设智能网联汽车示范区，如无锡山水城国家智能交通综合测试基地、重庆车检院自动驾驶测试应用示范基地、长安大学车联网与智能汽车试验场、北京通州国家运营车辆自动驾驶与车路协同测试基地、上海临潼智能网联汽车综合测试示范区、襄

图 18-21 重庆车辆检测研究院

阳市智能网联汽车道路测试封闭试验场等，这些试验场都是为了推进自动驾驶技术的发展和应用而建立的。

封闭测试场既包括传统汽车试验场，也包括在各种试验道路基础上增加智能化和网联化功能的智能网联汽车封闭测试场。与传统汽车试验场测试不同，智能网联汽车封闭测试场的测试重点是考核车辆对交通环境的感知及应对能力，是面向车-车、车-路、车-人等耦合系统的测试。

传统汽车试验场是整车道路试验的场所，重现汽车使用过程中遇到的各种道路条件。其主要任务是鉴定汽车产品质量、研发认证新产品、提供路谱采集条件、研究汽车法规标准等，针对汽车动力传动性、疲劳耐久、振动噪声、操纵稳定性等方面进行测试，考核车辆与道路之间的相互作用力。理论上，新车在试验场耐久试验道上行驶 8000km，相当于在国家公路上行驶 10 万 km。

智能网联汽车封闭测试场或自动驾驶汽车测试场按照不同的测试场景，可以分为 T1～T5 五个级别。其中，T1 为最基础的笔直道路，只有交通信号灯等简单交通设置；T2 为简单

城市场景,可让自动驾驶车辆实现右转;T3 为常见城市场景,有城市平面立交桥;T4 为复杂城市场景,有隧道、林荫道等设置;T5 为特殊城市场景,可实现雨雾、湿滑路面等复杂交通和天气环境。

18.4.3 测试场景构建技术

与道路测试不同的是,封闭场地需要人为构建测试场景。所建场景越接近于公共道路上能遇到的实际场景,测试的有效性会越高,测试结果会越可靠。测试场景中的组成要素一般可以分为动态目标(行人、交通参与者)、静态道路(车道线、障碍物)、环境部分(天气、光照),以及测试车辆自身。测试场景的构建技术可以分为以下三类。

(1) 基于标准法规进行设计搭建

标准法规场景是验证自动驾驶有效性的一种基础测试场景,目前有 ISO、Euro NCAP、C - NCAP、NHTSA 等多项标准及评价规程对场景的设计进行了规范指导。标准法规测试场景认可度高、设计规范、获取方便,但不同国家或地区的不同标准规定的测试场景也可能略有不同,并且制定的场景数量较少、工况较为简单。法规所规定的标准是验证自动驾驶系统功能的最低门槛和限值,是对自动驾驶应当具备的基本能力的测试,若想全面地验证和提高自动驾驶系统功能的安全性,仍需要更多、更丰富的测试场景。图 18-22 所示为银江股份车路协同模拟测试平台。

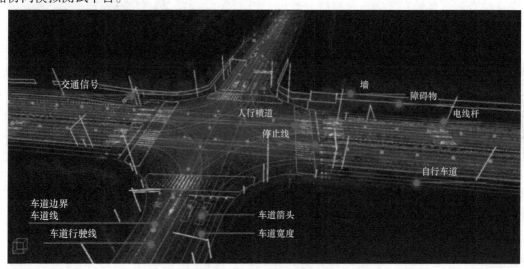

图 18-22 银江股份车路协同模拟测试平台

(2) 基于关键要素进行组合重构

分析场景的组成要素,对测试场景进行多维解构,再对各元素进行组合重构,也是一种生成测试场景的方式。根据关键要素进行组合重构的场景构建方法虽然能生成大量的测试场景,在数量和覆盖度方面都有很好的提高,但由于实际环境可能是实时变化的,交通参与者的动态行为也不只是简单的参数遍历就可以还原的,因此还需要从真实的数据入手,构建与实际交通场景更为相似的测试场景。

(3) 基于真实数据进行提炼转化

真实数据的来源包括自然驾驶数据、危险事故数据、开放道路测试数据、封闭试验场数据及路侧设施监控数据、卫星定位数据等。该方法通过对各类数据背后的场景进行挖掘和探索，对不同形式的数据如 CAN 总线数据、传感器数据、视频数据等进行转换，形成测试场景。常用的形式可分为两种：一种是依靠技术积累、工程经验或场景危险程度，测试反馈情况，通过概率分布统计、聚类分析、识别算法等归纳有测试价值的场景，再据此归纳出的场景特点及描述场景的语言进行三维场景的搭建，该方法前期对数据的分析归纳过程较为耗时，并且需要依赖一定的测试基础与经验；另一种是依靠图像识别及自动数据处理技术等提取真实的测试场景，其主要以行车记录视频、全景图或其他视觉数据为输入。例如，英国 rFPro 公司使用高精度的相位法激光雷达扫描数据路面和路肩，生成分辨率为 1cm 的高精度路面数字模型，同时使用 TOF 激光雷达扫描路侧的街道和场景，为自动驾驶测试提供与真实环境高度匹配的虚拟场景。德国 AAI 公司构建了一套复杂的基于高精地图创建的高仿真虚拟环境，利用真实的驾驶行为数据，使用机器学习算法训练交通参与者的行为，利用人工智能将交通参与者集成到虚拟仿真环境中，其目标是复制真实世界，逼真地模拟所有道路使用者和环境因素。这种基于真实数据设计生成场景的方法还原度高、测试效果好。然而从整车企业开发与测试的角度而言，仍需要从以下两方面寻求突破，对现有方法进行有益的补充：首先，应考虑对数据采集设备的要求，尽量降低数据采集的成本及数据提取与转换的难度，从而提高场景构建过程的经济性，若能将产品化的实车在道路试验中收集的数据加以利用，不需要搭载过于复杂、昂贵的采集设备，不再为构建场景增加额外的采集工作，将大大节省整车企业的测试支出；其次，应加快从数据到场景的转变进程，尽可能提高自动化程度，实现输入数据即能输出虚拟场景，而非仅输出场景特点或描述场景的语言等非直观、非直接的结果，减少人工介入，提高场景的构建效率。图 18-23 所示为 rFpro 和 AAI 公司重建的测试场景。

图 18-23 rFpro 和 AAI 公司重建的测试场景

智能网联汽车封闭测试场建设依然面临诸多挑战：①建设标准不统一，场景差异大；②建设协同性差，数据难共享；③建设成本高，运营收益不佳；④缺乏创新商业模式的测试和验证。

参 考 文 献

[1] KAEMPCHEN N, SCHIELE B, DIETMAYER K. Situation assessment of an autonomous emergency brake for arbitrary vehicle – to – vehicle collision scenarios [J]. IEEE Transactions on Intelligent Transportation Systems, 2009, 10 (4): 678 – 687.

[2] BATZ T, WATSON K, BEYERER J. Recognition of dangerous situations within a cooperative group of vehicles [J]. IEEE Symposium on Intelligent Vehicle, 2009: 907 – 912. DOI: 10.1109/IVS.2009.5164400.

[3] KOLLER D, FRIEDMAN N. Probabilistic graphical models: Principles and techniques [M]. Cambridge: MIT Press, 2009.

[4] SUTSKEVER I, VINYALS O, LE Q V. Sequence to sequence learning with neural networks [J]. Advances in Neural Information Processing Systems, 2014, 2: 3104 – 3112.

[5] STROHBECK J, BELAGIANNIS V, MULLER J, et al. Multiple trajectory prediction with deep temporal and spatial convolutional neural networks [J]. IEEE/RSJ International Conference on Intelligent Robots and Systems, 2020: 1992 – 1998. DOI: 10.1109/IROS45473.2020.9341327.

[6] FERNANDO T, DENMAN S, SRIDHARAN S, et al. Soft + hardwired attention: An LSTM framework for human trajectory prediction and abnormal event detection [J]. Neural Networks, 2018, 108: 46 – 478.

[7] JI Y X, NI L T, ZHAO C, et al. TriPField: A 3D potential field model and its applications to local path planning of autonomous vehicles [J]. IEEE Transactions on Intelligent Transportation Systems, 2023, 24 (3): 3541 – 3554.

[8] 冯雪丽. 智能网联汽车技术 [M]. 北京: 科学出版社, 2020.

[9] 崔胜民, 卞和善. 智能网联汽车技术及仿真实例 [M]. 北京: 人民邮电出版社, 2020: 148 – 149.

[10] 赵志成, 张玉峰, 何佳, 等. 车辆盲区监测系统综述 [J]. 汽车电器, 2018 (10): 20 – 22.

[11] 马文博, 陈帅, 赵士舒, 等. 乘用车盲区监测系统（BSD）主观评价方法研究 [J]. 中国汽车, 2021 (11): 9 – 12, 48.

[12] 何佳, 李长娟, 郭蓬, 等. 车辆盲区监测系统测试评价方法研究 [J]. 汽车实用技术, 2020 (12): 107 – 109.

[13] 郭蓬, 李鑫慧, 唐风敏, 等. 车辆盲区监测系统分析及标准研究 [J]. 汽车电器, 2020 (5): 6 – 8.

[14] 黄宏, 周波, 邵科君. 关于盲区监测系统中外标准的对比 [J]. 时代汽车, 2022 (14): 18 – 20.

[15] 罗健豪. 车道检测方法综述 [J]. 汽车实用技术, 2021, 46 (19): 36 – 39.

[16] 魏忠祥. 自适应驾驶员特性的车道保持辅助控制研究 [D]. 长春: 吉林大学, 2022.

[17] DANG R, WANG J, LI S E, et al. Coordinated adaptive cruise control system with lane – change assistance [J]. IEEE Transactions on Intelligent Transportation Systems, 2015, 16 (5): 2373 – 2383.

[18] LIU Z F, WANG J Q, LI K Q. Robust vehicular radar target determination [J]. Journal of Tsingha University (Science & Technology), 2008, 48 (5): 875 – 878.

[19] MOON S, KANG H J, YI K. Multi – vehicle target selection for adaptive cruise control [J]. Vehicle System Dynamics, 2010, 48 (11): 1325 – 1343.

[20] LI S, WANG J, LI K, et al. Modeling and verification of heavy – duty truck drivers' car – following characteristics [J]. International Journal of Automotive Technology, 2010, 11 (1): 81 – 87.

[21] LI G, LI S E, CHENG B. Field operational test of advanced driver assistance systems in typical Chinese road conditions: the influence of driver gender age and aggression [J]. International Journal of Automotive Technology, 2015, 16 (5): 739 – 750.

[22] ZEESHAN A, ATANAS A P, GUY C. Model predictive control with constraints for a nonlinear adaptive cruise control vehicle model in transition manoeuvres [J]. Vehicle System Dynamics, 2013, 51 (6): 943 –

963.

[23] RACHID A, RODOLFO O, MICHEL B. Combined longitudinal and lateral control for automated vehicle guidance [J]. Vehicle System Dynamics, 2014, 52 (2): 261 – 279.

[24] LI P, WEI M X, HOU X L. Modeling and co – simulation of adaptive cruise control system [J]. Automotive Engineering, 2012, 34 (7): 622 – 626.

[25] PEI X F, LIU Z D, MA G C, et al. Multi – mode switching controller for vehicle adaptive cruise control system [J]. Journal of Mechanical Engineering, 2012, 48 (10): 96 – 102.

[26] GANJI B, KOUZANI A Z, KHOO S Y, et al. Adaptive cruise control of a HEV using sliding mode control [J]. Expert Systems with Applications, 2014, 41 (2): 607 – 615.

[27] LI S E, DENG K, LI K, et al. Terminal sliding mode control of automated car – following system without reliance on longitudinal acceleration information [J]. Mechatronics, 2015, 30: 327 – 337.

[28] KHAYYAM H, NAHAVANDI S, DAVIS S. Adaptive cruise control look – ahead system for energy management of vehicles [J]. Expert Systems with Application, 2012, 39 (3): 3874 – 3885.

[29] SHAKOURI P, ORDYS A, ASKARI M R. Adaptive cruise control with stop & go function using the state – dependent nonlinear model predictive control approach [J]. ISA Transactions, 2012, 51 (5): 622 – 631.

[30] 张丽萍, 刘猛, 刘志刚, 等. 车辆自适应巡航分层控制系统的联合仿真研究 [J]. 机械设计与制造, 2022, 375 (5): 69 – 72 + 77.

[31] 韩晶, 贺庚, 马锦波, 等. 基于 Simulink&PreScan 的自适应巡航建模与仿真 [J]. 汽车科技, 2021, 284 (4): 80 – 86.

[32] 何仁, 冯海鹏. 自动紧急制动 (AEB) 技术的研究与进展 [J]. 汽车安全与节能学报, 2019, 10 (1): 1 – 15.

[33] 刘颖, 贺锦鹏, 刘卫国, 等. 自动紧急制动系统行人测试场景的研究 [J]. 汽车技术, 2014 (3): 35 – 39.

[34] FILDESA B, KEALLB M, BOS N, et al. Effectiveness of low speed autonomous emergency braking inreal-world rear – end crashes [J]. Accident Analysis and Prevention, 2015, 81: 24 – 29.

[35] QIANG C, MIAO L, BING D, et al. Typical pedestrian accident scenarios in China and crash severity mitigation by autonomous emergency braking systems [J]. SAE Technical Papers, 2015. DOI: 10.4271/2015 – 01 – 1464.

[36] 左培文, 张立森, 李育贤. 自动紧急制动系统发展现状与未来趋势 [J]. 汽车工业研究, 2017, 27 (2): 25 – 29.

[37] 陈强, 连晓威, 李旭东. 通过真实交通事故数据验证 AEB 行人系统的有效性 [J]. 质量与认证, 2018 (4): 78 – 80.

[38] 孟醒. 基于 ADAS HIL 系统的典型测试场景提取和场景库搭建 [D]. 天津: 天津职业技术师范大学, 2020.

[39] HAN J, HEO O, PARK M, et al. Vehicle distance estimation using a mono – camera for FCW/AEB system [J]. International Journal of Automotive Technology, 2016, 17 (3): 483 – 491.

[40] KOGLBAUER I, HOLZINGER J, EICHBERGER A, et al. Autonomous emergency braking systems adapted to snowy road conditions improve drivers' perceived safety and trust [J]. Traffic Injury Prevention, 2018, 19 (3): 1 – 6.

[41] HAN I, LUAN B, HSIEH F. Development of autonomous emergency braking control system based on road friction [C] // 2014 IEEE International Conference on Automation Science and Engineering (CASE). New York: IEEE, 2014: 933 – 937.

[42] 豆心愿. 复杂工况下自动紧急制动控制策略研究及评价 [D]. 长春: 吉林大学, 2018.

[43] 郭文博. 车辆 AEB 系统防撞预警控制及仿真测试方法研究[D]. 重庆：重庆理工大学，2021.

[44] BALAL E, CHEU R L, SARKODIE G T. A binary decision model for discretionary lane changing move based on fuzzy inference system[J]. Transportation Research Part C：Emerging Technologies，2016，67：47-61.

[45] XU G, LIU L, OU Y, et al. Dynamic modeling of driver control strategy of lane-change behavior and trajectory planning for collision prediction[J]. IEEE Transactions on Intelligent Transportation Systems，2012，13（3）：1138-1155.

[46] QIAN X, FLORENT A, BENDER P, et al. Optimal trajectory planning for autonomous driving integrating logical constraints：A MIQP perspective[C]//2016 IEEE 19th International Conference on Intelligent Transportation Systems. New York：IEEE，2016. DOI：10.1109/ITSC.2016.7795555.

[47] THRUN S, MONTEMERLO M, DAHLKAMP H, et al. Stanley：The robot that won the DARPA grand challenge[J]. Journal of Field Robotics，2006，23（9）：661-692.

[48] TAN H S, BU F, BOUGLER B. A real-world application of lane-guidance technologies-Automated snow-blower[J]. IEEE Transactions on Intelligent Transportation Systems，2007，8（3）：538-548.

[49] WANG H, MENG Q, CHEN S. Competitive and cooperative behaviour analysis of connected and autonomous vehicles across unsignalised intersections：A game-theoretic approach[J]. Transportation Research Part B：Methodological，2021，149：322-346.

[50] 孙潇鹏，郭海龙，肖心远，等. 智能网联汽车信息安全标准研究综述[J]. 广东交通职业技术学院学报，2023，22（1）：44-47，71.

[51] 项焰林. 智能汽车信息安全技术的发展现状与展望[J]. 网络安全技术与应用，2021（12）：146-148.

[52] 暴爽，李丽香，彭海朋. 智能车联网信息安全研究[J]. 信息安全与通信保密，2023（3）：10-20.

[53] 陈翔翔. 基于 Hybrid A* 算法的自动泊车路径规划与跟踪控制研究[D]. 西安：长安大学，2022.

[54] ZHANG J, SHI Z, YANG X, et al. Trajectory planning and tracking control for autonomous parallel parking of a non-holonomic vehicle[J]. Measurement and Control，2020，53（9-10）：1800-1816.

[55] YU L, WANG X, HOU Z, et al. Path planning optimization for driverless vehicle in parallel parking integrating radial basis function neural network[J]. Applied Sciences，2021，11（17）：8178. DOI：10.3390/app11178178

[56] ZHOU R F, LIU X F, CAI G P. A new geometry-based secondary path planning for automatic parking[J]. International Journal of Advanced Robotic Systems，2020，17（3）. DOI：10.1177/1729881420930575.

[57] CAI L, GUAN H, ZHANG H L, et al. Multi-maneuver vertical parking path planning and control in a narrow space[J]. Robotics and Autonomous Systems，2022，149. DOI：10.1016/j.robot.2021.103964.

[58] ZHANG H, YANG X, LIANG J, et al. GPS path tracking control of military unmanned vehicle based on preview variable universe fuzzy sliding mode control[J]. Machines，2021，9（12）. DOI：10.3390/machines9120304.

[59] 朱向雷，王海弛. 自动驾驶智能系统测试研究综述[J]. 软件学报. 2021，32（7）：2056-2077

[60] YURTSEVER E, LAMBERT J, CARBALLO A, et al. A survey of autonomous driving：Common practices and emerging technologies[J]. IEEE Access，2020，8：58443-58469.

[61] KOOPMAN P, WAGNER M. Autonomous vehicle safety：An interdisciplinary challenge[J]. IEEE Intelligent Transportation Systems Magazine，2017，9（1）：90-96.

[62] CHEN L, JIAO J, ZHAO T. A novel hazard analysis and risk assessment approach for road vehicle functional safety through integrating STPA with FMEA[J]. Applied Sciences，2020，10（21）：7400. DOI：10.3390/app10217400.

[63] 秦文刚，代堃鹏. 基于实车在环的智能驾驶仿真测试系统开发［J］. 传动技术，2022，36（2）：42－48.

[64] 张嘉玮. 基于 V2V 的盲区预警算法设计和系统开发及虚拟和实车测试技术研究［D］. 长春：吉林大学，2023.

[65] 陈启. 基于激光雷达和相机感知融合的障碍物识别算法研究和系统开发及实车测试［D］. 长春：吉林大学，2023.

[66] 康诚，严欣，唐晓峰. 智能网联汽车自动驾驶仿真测试技术研究综述［J］. 时代汽车，2022（22）：4－6.

[67] 潘新福，欧阳涛，岳承翰，等. 强风模拟环境下的自动驾驶实车测试［J］. 汽车实用技术，2021，46（22）：28－31.

[68] MAURER M，GERDES J C，LENZ B，et al. Autonomous Driving［M］. Berlin：Springer，2016：425－449.

[69] LECUN Y. 1.1 Deep learning hardware：Past，present，and future［C］//2019 IEEE International Solid-State Circuits Conference. New York：IEEE，2019：12－19.

[70] RPEK C，MANZINGER S，KOSCHI M，et al. Using online verification to prevent autonomous vehicles from causing accidents［J］. Nature Machine Intelligence，2020，2（9）：518－528.